起業の常識を覆す

テック系スタートアップのビジネスモデル

井上達彦
TATSUHIKO INOUE

東洋経済新報社

まえがき

▶ ネット系とは異なるテック系

　本書は、日本の経済成長を支える希望の星である「テック系スタートアップ」についての書籍です。テック系の起業家、それを支える創業メンバーや投資家、そして、そのパートナーとなる大企業の担当者はもちろん、起業に関心のある方すべてに役立つ内容を盛り込んだ欲張りな一冊といえます。

　起業にかかわる書籍は、この10年であふれんばかりに充実してきました。まさに百花繚乱、多様な立場の人がそれぞれのキャリアを活かし、深い経験と広い知識をもとに良書を出しています。それだけに、このページを読んでいる皆さんも、

　「この本も同じ内容で読む価値などないのでは？」

と疑問に感じつつ、本書を手に取っていらっしゃるのかもしれません。そこで、本書の必要性を感じ取っていただくために、2つのポイントを述べておきます。

　本書の1つの特徴は、本書がターゲットをテック系のスタートアップに絞ったという点です。今から5年ほど前の話になりますが、筆者がNEDO（国立研究開発法人新エネルギー・産業技術総合開発機構）の調査で、ディープテックのベンチャーについて調査を行っていたときのことです。ある起業家からとても気になる発言がありました。

　「ディープテックにピボットなんてありえないんだよな……」

　ディープテックというのは、科学的な発見や革新的な技術をベースに、

国や世界が解決すべき課題に大きなインパクトを与えうる技術のことです。

　日本がリーンスタートアップに沸き上がり、猫も杓子も「仮説検証とピボットこそが正義だ」と思われていたときのことでした。ビジネス書が紹介する手法の多くは、シリコンバレーのIT系で生まれたものです。それが必ずしもディープテックと呼ばれる研究開発型のスタートアップに合致するとは限りません。

　その後、インタビューを重ねるごとに同様の発言を耳にするようになりました。医薬、農薬、化学素材、半導体、ロボティクス、AIなど、分野はさまざまですが「ピボットするにも技術がなければ、ピボットしようがない」「開発にまでさかのぼるようなピボットはできない」ということが強調されました。

　テック系の起業家たちの話を聞けば聞くほど、ネット系との違いを感じるようになりました。ネット系ではリーンスタートアップ的な手法が主流であり、ピボットが推奨されていたからです。そして、「ネット系の手法はテック系には通用しないのではないか」「テック系に特化した手法や考え方が整理されるべきではないか」と感じるようになりました。この問題意識が出発点になって生まれたのが本書です。

　本書のもう1つの特徴は、世界の学術理論をわかりやすく紹介しようとする点です。手法に焦点を当てた良書はたくさんありますが、必ずしも学術理論と紐づけられているわけではありません。テクニックの背後にある論理や考え方がわかれば応用力が身につきます。本書は、その論理や考え方を学術理論にまでさかのぼって説明します。

▶ 理論と実践と面白さを三位一体とする

　さて、多様に見える起業の書籍ですが、大きく分けると3つのタイプに整理できます。

　第1は、個人的な経験をベースに起業を語った書籍です。起業家自身の

半生が数々のエピソードとともに書き綴られていて、読み手を退屈させません。経験談には知恵や工夫も含まれており、読者は多くの気づきが得られます。起業家の「持論」がベースとなっているので（どの場面でも通用するという一般性は備えていませんが）、起業家の洞察から読者は本質を読み取ることができます。

　第2は、実践に役立つ手法に注目した書籍です。リーンスタートアップ的な仮説検証プロセスや起業に固有なファイナンスの基本について書かれたものがその典型といえます。起業プロセスを支援する立場にある人が、実践的な視点でさまざまな手法を解説しているので、すぐにでも役に立つ知識が得られます。

　第3は、国内外の研究成果をまとめた学術書です。研究者という立場で学術的な視点からファクトに向き合い、これまでの研究の限界を見定め、学術の発展に寄与するものです。起業家にとっても有用な知識が多く含まれているのですが、研究者コミュニティ向けに書かれているので、一般の起業家に手に取られることはほとんどありません。

　問題は、これら3つが別々に進展していることです。起業家の経験談が実践的な手法と対応づけられることはありますが、学術理論にまで紐づけられることはありません。読者としては、自分の頭で、自分なりの解釈で結びつけなければならないのです。

　3つを関連づけるには、どうすればよいのか。カギとなるのは、持論と実践と学術とが織りなす3つの円の重なり合う部分、いわば三位一体となる中心です。

　神戸大学名誉教授の田村正紀さんは、リサーチには「おたく型」と「実務型」と「象牙の塔型」の3つがあり、それぞれ「個人的関心」「産業界・社会の関心」「学会の関心」と対応しているといいます。[1]

　その中の重なり合う領域こそが、至高のポジションであることは自明で

1　田村（2006）。

理論と実践と面白さ

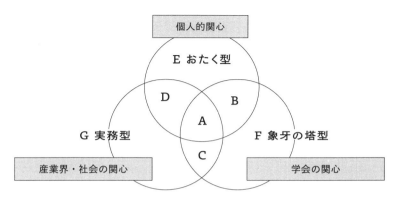

(出所）田村（2006）p.5.

す。「理論」と「実践」に「面白さ」を加味することができれば、まさにこのポジションに立ち、3つの領域の縁結びをすることができるのです。

そのために立てた書籍づくりの方針は、3つに集約されます（本書を執筆するにあたって、私は3つの条件を課しました）。

① 自分自身が（起業家になったつもりで考え）興味と関心が持てること。
② 実社会に役立ち、人々に幸福をもたらす実践的なものであること。
③ 人類の知識に少しでも寄与しうる学術的な側面を持つこと。

第1に、起業家のお話を伺ったり、学術論文を読み進めたりする中で「これは面白い！」と思ったものを取り上げるようにしました。筆者の主観的なバイアスが多分に含まれるのですが、自分自身が楽しめないようなものを書き上げても、読者の皆さんにとって楽しいものになるはずがありません。

幸い、起業家の教育や研究を始めてから10年が経過しているので、どこに「面白さ」があるのかもわかるようになってきました。それは、起業家

が置かれているジレンマやトレードオフ、テック系スタートアップが陥りやすいトラップ（罠）、そして意外性にあふれるパラドックスなどです。

　いずれも、単なる「面白さ」を越えたものです。思い悩む起業家自身も、そのメカニズムを客観的に理解することで、解決の糸口がつかめるようになることでしょう。そこには、その起業家を応援する人たちも共感できる「面白さ」があります。

　第2に、実務の関心に迫るために、現場に足を運び、リアルタイムでその時々の起業活動を映し取るようにしました。前出のNEDOの協力も得てディープテック系25社の経営者にインタビューを行い、その時々の経営課題と構想について語っていただいたのです（うち15社には、複数回のインタビューを実施して経過を追跡しました）。

　その時々の起業活動にこだわったのには理由があります。成功を収めた起業家の体験談は面白いのですが、さまざまな認知バイアスがかかりかねません。人は誰でも、過去を振り返るときに実際よりも秩序だって物事を整理してしまうものです。また、確証バイアスといって、自身の都合の良い因果関係を想定してしまうこともあるので注意が必要です。

　これらのバイアスを避けるには、現在を語ってもらうのが一番です。現在というのは、過去から未来への結節点なので、直近の出来事と、未来に向けての意図を明快に語ってもらえます。そこで、それぞれの成長ステージを現在進行形で切り開こうとするスタートアップに焦点を当て、テック系に固有ともいえる問題をリアルに生々しく語っていただくことにしました（裏を返せば、後づけの論理に終始しないようにしました）。[2]

　第3に、世界の起業研究のトレンドを押さえつつ、定評のある論文を紹介することにしました。起業関連のトップジャーナル3誌について2000年から2024年までの文献データベースを構築し、書誌学分析によって紹介す

2　本書で紹介されているスタートアップは、それぞれのステージで直面する課題をうまく乗り切ったケースとして紹介されています。各社、今後さらに成長していくために、移り行く外部環境の中で、次のステージの課題を克服していく努力をしています。

べき論文を選び出して章立てを考えたのです。

　それが、起業家が成長ステージごとに直面する課題を並べるという基本方針です。具体的には、起業を決意し、市場を選択し、チームを編成し、ビジネスモデルをつくり、戦略を立てる。売却を視野に入れつつも上場を果たし、その後もM&A（吸収合併）を繰り返しながら成長していくというプロセスです。この時間的経過をバックボーンとしながら、解決すべき課題と解決法を紹介することにしました。

▶ 日本のスタートアップエコシステムの成熟に向けて

　冒頭でも述べたように、この10年でスタートアップへの社会の関心は一気に高まりました。一定の実績を積んだ起業家が目立つようになり、その人たちがメンターとなって後続を育成しています。ベンチャーキャピタリストの社会的プレゼンスも高まり、今や学生にとって気になる職種の１つになっています。国の助成金も充実し、マスメディアではスタートアップを見聞きしない日はないぐらいです。

　しかし、日本経済を引っ張り、世界にその名を轟かせるようなスタートアップが次々に誕生するという状態には至っていません。

　日本の主要都市を中心に、スタートアップエコシステムが生まれていますが、参加する人たちのスキルや知識レベルにはバラツキがあります。世界で戦うには未成熟だといわざるをえません。

　そうであるからこそ、起業家も、それを支えるメンバーも、そして投資家も学びを深めていく必要があります。本書がその一助となるかどうかはわかりませんが、取材にご協力いただいた皆さんの関心を、自分なりの「面白さ」として表現することにしました。本書が、エコシステムにおける共通の知識基盤をつくるきっかけとなれば幸いです。

2025年１月　蓼科の山荘の書斎にて
井上達彦

テック系スタートアップのビジネスモデル 目次

まえがき ………………………………………………………………… 2

序章 スタートアップは罪なのか？

1 成功は例外という前提 …………………………………………… 15
2 Jカーブを駆け上がる成長の3段階 ……………………………… 16
3 起業家が抱えるジレンマ ………………………………………… 20
4 学術研究から学ぶ ………………………………………………… 25

1ST STEP

起業して製品をつくる

第1章 起業家になる

1 まさか自分が起業家になるなんて ……………………………… 33

2　起業家精神とは ……………………………………………… 34
3　[事例]医学の知識を農業に持ち込む　アグロデザイン・スタジオ ……… 38
4　起業家精神の発動 ……………………………………………… 47
5　山登りではなく山づくり ……………………………………… 48

第2章 市場を選択する

1　すぐに飛び込むべきか ………………………………………… 51
2　市場選択の理想と現実 ………………………………………… 52
3　[事例]17メートル先へのワイヤレス給電　エイターリンク …… 56
4　高業績をもたらす市場の選択 ………………………………… 63

第3章 創業チームを編成する

1　オンデマンドで集められるのか ……………………………… 67
2　将来の礎を築くために ………………………………………… 68
3　[事例]血糖の新たな標準測定法開発に挑む　Provigate …… 72
4　最初のチーム編成が大切な理由 ……………………………… 79

第4章 規制の空白を埋める

1　ドローンが不時着した ………………………………………… 83
2　スタートアップの規制対応 …………………………………… 84
3　[事例]細胞培養食品で新たな食文化を創る　インテグリカルチャー …… 91
4　規制の空白を埋めるための実績 ……………………………… 98

2ND STEP

ビジネスモデルをつくる

第5章 ビジネスモデルを構想する

1　技術を社会実装する ……………………………………………… 103
2　ビジネスモデルとは何か ………………………………………… 104
3　[事例]3つのステージでビジネスモデルが進化する　インテグリカルチャー …… 110
4　ビジネスモデルの9分類 ………………………………………… 114
5　図解をベースに移植し、組み合わせる ………………………… 118
▶　9つのビジネスモデル …………………………………………… 120

第6章 ピボットする

1　戦略的な方向転換 ………………………………………………… 125
2　迂回するイノベーション ………………………………………… 127
3　[事例]密閉型植物工場で生産性を5倍にする　プランテックス …… 131
4　流動するビジネスモデル ………………………………………… 139

第7章 カテゴリーを越えた顔を持つ

1　既存のカテゴリーに収まるのか ………………………………… 143
2　どのカテゴリーに属するか ……………………………………… 144

3 ［事例］ノーベル賞級の素材でガスを運ぶ Atomis ･･････････････････ 147
4 複数の顔を持つことの強み ･･････････････････････････････････････ 155

第8章　投資家は何をどう見るか

1 ブラックボックスを解き明かす ･･････････････････････････････････ 161
2 直感で飛ばし、熟慮で確かめる ･･････････････････････････････････ 162
3 熟練のベンチャーキャピタリストの考え ･･････････････････････････ 168
4 知識と経験に裏づけられた投資 ･･････････････････････････････････ 174

第9章　出口戦略としてのM&A

1 売却を前提にスタートアップする ････････････････････････････････ 177
2 M&Aにおける早期と後期のトレードオフ ････････････････････････ 180
3 ［事例］日本初の組織再生型靭帯を世界展開する
　 CoreTissue BioEngineering ････････････････････････････････････ 184
4 スタートアップの企業価値を高めるために ････････････････････････ 189

第10章　競争優位を構築する

1 真似したくても真似できない仕組み ･･････････････････････････････ 193
2 競争優位のビジネスモデル ･･････････････････････････････････････ 195
3 ［事例］機密データから宝を生み出す EAGLYS ･･･････････････････ 198
4 競争ネットワークにおけるポジショニング ････････････････････････ 205

| 3RD STEP |

成長の戦略を描き出す

第11章 ビジネスモデルの価値創造力

1 いよいよIPOのタイミング ……… 213
2 バリュードライバー ……… 214
3 ビジネスモデルと競争戦略 ……… 216
4 [事例]ドローン開発の旅を顧客と楽しむ ACSL ……… 218
5 業界を活気づける ……… 228

第12章 イノベーションは周辺から生まれるのか

1 イノベーションの担い手 ……… 231
2 創業チームの業界内外の結びつき ……… 232
3 [事例]不眠症や癌にアプリを処方する サスメド ……… 236
4 ネットワーキングの非対称性 ……… 246

第13章 リフレームして成長する

1 急成長を可能にするプラットフォーム ……… 251
2 模倣によって実現するリフレーム ……… 252
3 [事例]ロボットがビルや街で働くインフラを築く ZMP ……… 258

4 見えない部分を模倣する ………………………… 265

第14章 新しい市場と産業をつくる

1 自社のサービスが代名詞となる ………………………… 269
2 市場の成長と同期化させる3つのステップ ………………………… 270
3 ［事例］低空域におけるドローンの運航管理システム Terra Drone ………………………… 275
4 破天荒でも理にかなう ………………………… 282

第15章 ユニコーンとして成長するための正当性

1 ツケ払いができる存在になる ………………………… 285
2 正当性の源泉を理解し、働きかける ………………………… 286
3 ［事例］新素材と資源循環で社会を変える TBM ………………………… 290
4 適合・選択・操作・創造 ………………………… 298

第16章 ビジネスモデルを組み合わせる

1 投資家と対話する ………………………… 301
2 あなたならどこに投資する? ………………………… 302
3 プロの投資家に聞いてみた ………………………… 306
4 立場によって見方が違う ………………………… 311
5 成長ステージで望まれるビジネスモデル ………………………… 319

終章 テック系起業家へのメッセージ

1 テック系スタートアップのビジネスモデル ………………………… 323
2 学術と実践から見えてきたこと ………………………… 327

あとがき ………………………… 336
参考文献 ………………………… 340

序 章

スタートアップは
罪なのか？

この貴重な銀の燭台を使って、
正しい人間とならなければなりません。
――映画『レ・ミゼラブル』ミリエル司教

1 成功は例外という前提

▶ 推定有罪

　「スタートアップは、無実が証明されるまでは有罪だ」

　このように言い放つベンチャーキャピタリストがいます。[1]「スタートアップのほとんどは失敗してしまう」ということを自覚せよというメッセージです。投資家はそのことを知っているのですが、起業家たちはそれを知りません。たとえ、統計のデータとして知っていたとしても、「自分だけは特別だ。だから失敗するはずはない」と思っているかもしれません。

　しかし、実は客観的なデータとしては9割が失敗するのです。このことからもスタートアップは有罪だと推定されてもおかしくはありません。

　法律の世界では「推定無罪」といって、有罪が確定するまでは、被告人は無罪と推定されます。いわゆる「疑わしきは罰せず」の原則です。

　スタートアップの世界が「推定無罪」とは逆の「推定有罪」が成立しているとするならば、起業家は「無罪」を主張するために何をすればよいのでしょうか。助成金を出す政府系機関、資金を提供する投資家、メディア、ならびに未来の利用者が「失敗するであろう」と思い込んでいるわけですから、これは難儀です。

　厳しい言い方になるかもしれませんが、「自分は（例外的に）成功する」と証明して正当性を勝ち取るしかありません。そうしなければ、必要な資金やサポートが得られず、本当に有罪になってしまうのです。

1　ベンチャーキャピタリストのダーモント・バーカリのコメント（Fisher et al., 2016）。

▶ 誰にどのように

　このときに大切なのは、誰に対して何を主張するかです。法廷であれば、裁判官や陪審員に証拠を提示することでしょう。幸運にも無罪の判決が出されれば、身の回りの人たちも、メディアも、社会も無実を信じてくれるでしょう。しかるべき理由がない限り、控訴もされないので、一度の判決で正当性は確保されます。この意味でゲームのルールは単純です。

　これに対してスタートアップの場合は、そのルールがもう少し複雑です。評価を下すのは、国の助成機関、ベンチャーキャピタリスト、機関投資家、メディア、利用者、大企業などさまざまです。これらのオーディエンスに無罪（すなわち成功）を主張しなければなりません。

　しかも、ひとたび認められれば、それで済むという話ではありません。スタートアップの場合、成長の節目ごとに実績をもって無罪（つまり成功）を証明しなければ、次のステージに進むことができないのです。

2　Jカーブを駆け上がる成長の3段階

▶ 正当性の獲得と維持

　スタートアップの成長はJカーブにたとえられます。まず掘り下げて停滞し、ある時点から急速に立ち上がるような軌道を描くからです。テック系の場合、たとえ研究ステージを助成金で乗り越えたとしても、その後の技術開発と製品開発に大きな投資が必要になるので、Jカーブはより深く、より長くなるといわれます。だからこそ、テック系スタートアップは罪深いのではないかと疑われてしまうわけです。

　このような難しさを備えたテック系において、成功して次のステージに

進み資金を獲得できるスタートアップと、それができないスタートアップとでは何が違うのでしょうか。インディアナ大学ケリー・スクール・オブ・ビジネスのグレッグ・フィッシャー教授らは、正当性の獲得と維持に注目して、この疑問に答えています。

正当性とは、スタートアップの常識に照らし合わせて「道理にかなっている」と認められることです。社会の中で、ある行動が望ましい、あるいは適切であるという一般化された認識なのです。[2]

正当性を高めることは大切ですが、極限にまで高める必要はありません。ある水準にまで達すれば、必要な資金や支援が社会から集まってくるからです。裏を返せば、正当性がその水準を下回ると、そのスタートアップは社会から認められず、存続の危機に瀕することになります。[3]

それでは、一度社会から認められたスタートアップは、その後もずっと正当だと認められ続けるのでしょうか。残念ながら、成長の段階に合わせて、その都度認められなければならないようです。

フィッシャーらは、Jカーブにたとえられる成長のステージを、①事業の構想、②商業化、③成長という3つに区分して、起業家が「誰に」「何を」アピールすべきかを整理しました（図表0-1）。

ステージごとに正当性の判断を下すオーディエンスは変化します。それぞれ独自の異なる基準で評価するので、注意が必要です。

① 構想段階

第1の段階では、開発された技術コンセプトが評価されるステップです。ここでは、技術の革新性と社会貢献に対するインパクトが注目されます。それゆえ創業チームの中に学術的に評価されているメンバーと社会課題へと橋渡しできるメンバーが含まれているかが大切です。また、研究開

2　Suchman（1995）p.574.
3　Zimmerman and Zeitz（2002）.

図表0-1　テック系ベンチャーのステージごとのオーディエンス対応

オーディエンスの属性	①構想段階	②商業化段階	③成長段階
財源を提供するオーディエンス	助成金管理者、研究者	ベンチャーキャピタル、エンジェル投資家	機関投資家
オーディエンスの目標	知識の向上、社会的問題や課題の解決、技術的進歩の支援	中長期的な財務リターン、将来的な高倍率での投資エグジット、会社の事業化への参画	短期的な財務リターン、前年比でのポートフォリオ価値の増加
オーディエンスの規範	学術的専門規範	長期の財務的自己利益	短期の財務的自己利益、ポートフォリオ価値創造、リスク管理と分散、株主アクティビズム
オーディエンスの価値観	開放性、協業、学習、公共財としての知識	企業価値の創造、競争優位のための独自の知識	ポートフォリオの価値創造、リスク管理、リスク分散、株主の懸念への公的対応
オーディエンスの権威と管理メカニズム	官僚主義、法制度	持分比率、取締役会代表、非公式報告	株主活性化、上場要件への対応、定期的な公式財務報告
オーディエンスの注目	研究の進展、知識の向上、個人の学術的評価	市場での地位、成長のマイルストーンの達成、流動的な出来事への対応、経営陣の起業家としての評判	業績、株価と成長性、幅広い経済要因、ベテラン経営者の管理職としての評価
テックベンチャーに対するオーディエンスの志向性	社会全体に利益をもたらす知識を進歩させる仕組み	中期的に私的な富を生み出し、金融仲介者の評判とキャリアを向上させるメカニズム	短期的な財務リターンを生み出し、投資ポートフォリオのバランスをとるための仕組み
正当性の評価要因	・提案されたコンセプトの技術的妥当性 ・チームの学術的／技術的評価 ・関連機関の認知度（大学ランキング） ・公共財の創出 ・知識の向上と社会的利益に焦点を当てた目標 ・学術的規範・基準の遵守（引用、情報開示）	・技術的進歩の実証 ・チームの起業経験／評判と情熱 ・新規事業に関する情報源 ・市場の可能性（規模、成長性、競争力） ・提案されたビジネスモデルの妥当性 ・実質的なベンチャー企業の業績指標 ・私的財産の保護（特許、秘密保持など） ・経済的利益のための目標 ・法的要件の遵守	・実証された技術的コンセプトの活用 ・経営者としての評価（過去の役割と組織） ・関連組織（投資銀行、監査役、戦略的提携）の認知度および地位 ・組織の財務パフォーマンス ・複数の利害関係者の利害のバランスをとる ・収益と利益の成長に焦点を当てた目標と戦略 ・上場規制（証券取引等監視委員会）およびその他の規制上の懸念事項への対応

発に精通した機関と提携していればプラスに評価されることでしょう。

　評価をするのは、大学教授から構成される委員会です。委員のメンバーは、それぞれの専門知識に照らし合わせ、提出された学術論文やデータの信憑性を評価します。そして、「科学的な論理」に照らし合わせて問題がなければ、助成金に採択されるのです。

　それゆえ、スタートアップ起業家としては、技術的な課題が残っている場合はそれを特定し、今後うまく対処されるという確信を与えることが大切です。そして、その技術が社会的な課題の解決にも寄与するとアピールできれば効果的です。

② **商業化の段階**

　第2の段階では、製品・サービスが市場に適合するかどうかが評価されるステップです。この段階では、7〜10年といった中長期的なタイムスパンでの財務的なリターンが注目されます。それゆえ起業家は、競争戦略とともにビジネスモデルを示し、それに紐づけられた財務予測を示すことが大切です。[4] たとえ試作段階でも、製品やサービスが形になっていなければ話になりません。

　評価をするのは、ベンチャーキャピタリストやエンジェル投資家です。カギとなるのが、財務成果につながる業績評価指標です。売上や利益であるとは限りません。むしろ、利用者数、離反率、顧客1人を獲得するコストなど、将来の売上と利益を左右する中間的な成果指標が見られます。

③ **成長の段階**

　第3の段階では、安定性を維持しつつ成長できるかが評価されるステップです。ここではそのスタートアップが株式公開（IPO）するのに十分な事業基盤を持っているかが注目されます。正当性の評価基準が、象徴的な

4　Hsu（2008）.

メカニズムから財務的リターンへと大きくシフトするわけです。

　評価をするのは、上場企業を対象とする機関投資家です。証券会社や資産運用会社の機関投資家は、社会からの高い関心やシンボリックな製品にはあまり興味がありません。漠然としたイメージや期待よりも、確固たる売上や利益という実績に関心があるのです。

　テック系スタートアップがさらなる成長を追求するためには、株式を公開して資金を集めなければなりません。そのためには戦略を見直し、内部的な組織の運営や管理プロセスを整備し、パートナーとの結びつきを強化する必要があります。従業員、サプライヤー、顧客、投資家を含む多様な利害関係者の利益のバランスをとり、安定的に事業を継続できると実績で示す必要があるのです。

3 起業家が抱えるジレンマ

▶ 起業家は卓越したパフォーマーになれるか

　起業家は、以上の3つの段階のそれぞれで自らの正当性を獲得しなければなりません。正当性を評価するオーディエンスは、それぞれ異なる評価基準を持っているので、2つの点で注意が必要です。

留意点1：成長ステージに移行する難しさ
　Jカーブのあるステージから次のステージに移行するとき、スタートアップは新旧の異なるオーディエンスの期待に応える必要があります。相手の刺さるポイントが違うわけですから、相手に合わせて、どの顔を見せるのかに気配りをしなければなりません。

　その結果、複数の顔（多元的なアイデンティティ）を持つことになります。[5]

「私たちは何者なのか」という問いに答えるのが難しくなるのです。[6]

　たくさんの顔を持つようになると、自己矛盾が生まれます。起業家のある言動がオーディエンスのメンバーを満足させたとしても、その言動は、別のオーディエンスには不満かもしれません。あちらを立てればこちらが立たずという状態になってしまうのです。

　また、八方美人が過ぎると一貫性もなくなります。オーディエンスからは「信頼できない」と思われかねません。「もとの約束と違う」「言動が場当たり的だ」となると、追加的なコミットメントを取りつけるのが難しくなります。[7]

　前のステージと次のステージのオーディエンスの双方に納得してもらうのは容易ではありません。たとえば、第1の構想段階では、科学的ブレイクスルーを学術雑誌に発表することに価値が置かれますが、第2の商業化段階では必ずしも喜ばれません。ベンチャーキャピタルは、知的財産の保護と競争上の優位性に重点を置いているので、通常は公開に対して消極的です。[8]

留意点2：前ステージの最適化に起因する難しさ

　起業家とスタートアップが、前のステージのアイデンティティに埋め込まれてしまうという問題もあります。既得のオーディエンスの期待に応えようと一所懸命に頑張るうちに、オーディエンスとの関係を深め、その規範や信念や価値観から抜け出せなくなるという現象です。

　大学からスピンオフする学術研究者がこの罠に陥りやすいようです。ずっと研究者として活動してきたわけですから、自分や自分の会社のアイデンティティを疑問視したくないはずです。

5　Kraatz and Block（2008）.
6　Navis and Glynn（2011）.
7　Kraatz and Block（2008）.
8　Powell and Sandholtz（2012）.

しかし、そのままの姿ではＪカーブの次のステージで高い評価は得られないこともあります。第１段階で成功したことで生まれる「組織の慣性」に身を委ね、第２段階でも同じ行動をとってしまうと、望ましい結果が得られません。第１の構想段階で高い評価を得たスタートアップほど、次の第２段階で苦労するのはこのためです。

　組織の慣性は、主に２つのメカニズムによって引き起こされます。[9] １つは、関係的ロックインといわれるもので、特定のコミュニティ内で行為者が他者に対して負うべき義務のことです。この義務は、社会的に結びつきが強く、持ちつ持たれつの互恵性がある場合に生まれます。

　もう１つは、認知的ロックインといわれるもので、コミュニティ内でのアイデンティティが強い場合に起こります。新しいステージでは、違うコミュニティの人たちから口出しされ、変化の圧力が働きます。この圧力は創業者の個人的アイデンティティを脅かすことにもなります。拒絶反応が起きてもおかしくありません。[10]

　組織のメンバーも、もともとのアイデンティティに愛着を感じているはずです。新旧の行動の規範や基準の間に矛盾が生じると、メンバーの間にも不協和と混乱が生じかねません。

　こうしてライフサイクルの前段階における正当性のレベルが高いほど、ベンチャー企業のアイデンティティの「埋め込み」度が高くなり、ベンチャー企業が次の段階の正当性の要件を満たすための適応が難しくなるのです。

対応策：正当性の「余剰ストック」を蓄積する

　それでは、起業家はどのようにして、新しいステージへの移行を進めばよいのでしょうか。１つの方法は、正当性の「余剰ストック」を持って

9　Maurer and Ebers (2006).
10　Cardon et al. (2009); Fauchart and Gruber (2011).

おくことです。先に、正当性は閾値を超えれば、追加的なコストを払ってまで高める必要はないと述べました。

しかし、スタートアップの場合、前のステージで尋常でないきわめて高い正当性が得られれば、次のステージでの時間稼ぎにはなります。実際、構想の段階で権威ある助成金を受けたり、有名な学術機関と提携したりしている大学発スタートアップは、多少ビジネスに疎かったとしても、次の商業化の段階において「正当なテック系」と認識される傾向があるようです。

ベンチャーキャピタルとしても、卓越した正当性を持っているスタートアップに対しては、多少あるまじき言動があったとしても、大目に見ることが多いようです。それゆえ正当性の「余剰ストック」があれば、起業家はうまくそれを活用し、時間をかけて次のステージへの移行に取り組むことができます。

正当性は、それ自体が重要な資源として機能し、投資家、従業員、顧客などの資源を引き寄せます。メディアからの好意的な注目、ステイクホルダーとの親密な協力関係、卓越した技術力や評判など、あるステージで培われた資産は、次のステージでも強力な基盤となりうるのです。

スタートアップは、成長のステージごとに、さまざまなオーディエンスが自らの行動をどのように解釈するかに注意する必要があります。矛盾をはらみうる要求にうまく応えながら一貫性をアピールし、成長ステージに移行しなければなりません。

▶ 3つの段階をバックボーンに章立てする

Jカーブの成長ステージという考え方はとても大切で、本書を貫くバックボーンとなります。本書では、大枠としてのフレームワークは、フィッシャーらのものに従いつつ、解像度を上げてスタートアップの成長をたどることにします。それが本書の章立てとなります。

1　起業を決意する

2　市場を選択する
　　3　チームを編成する
　　4　規制に対応する
　　5　ビジネスモデルを描く
　　6　ピボットを行う
　　7　複数のアイデンティティを使い分ける
　　8　投資家を理解する
　　9　EXIT としての売却を考える
　10　戦略的ポジショニングを工夫する
　11　ビジネスモデルの価値創造力を高める
　12　ネットワークでイノベーションを生み出す
　13　リフレームして成長する
　14　新しい市場と産業を M&A でつくる
　15　ユニコーンとして成長する
　16　ビジネスモデルを組み合わせる

　各トピックに紐づけられる理論の選定は、本書の「まえがき」でも記したように、起業系のトップジャーナルを体系的にレビューして選定することにしました。自ら開発した技術をもとにスタートアップするときに、必ず押さえておくべき視点や論点が網羅されるように、学術文献のネットワークを描くことにしました。

4 学術研究から学ぶ

▶ スタートアップの知識基盤を洗い出す

　学術文献のネットワークの描き方には、いくつかの方法があります。スタートアップの各ステージで共通する知識基盤（依拠する概念と理論）を明らかにするために、私たちは書誌結合という手法を用いました。[11]

　書誌結合というのは、同じ文献を引用している研究をグループ（クラスター）にすることによって、類似性を見出し、共通する知識基盤を探る方法です。

　たとえば、2007年に発刊されたデビッド・ティース教授が所属する研究クラスターのほとんどが、1991年のジェイ・バーニー教授の研究[12]を引用して「イノベーションとケイパビリティ」に関する知識を共通の基盤にしているということになります。

　書誌結合によって、出版された学術論文を分類し、類似のトピックを扱う文献間のつながりを特定することができます。[13] この手法を用いることで、ベンチャー研究の研究潮流を探ることが可能になり、[14] 主要なトピックに関する学術研究のつながりを視覚的に表現できるようになるのです。[15]

　学術文献データベースの1つであるWeb of Science（WoS）を用いて2024年8月20日に収集した書誌情報を使用しました。ベンチャー研究全体の構造を探るため、2000年から2024年にかけて主要な国際学術誌で発行された起業関連の6278本の文献を対象に分析を行いました。[16] その結果、

11　坂井・井上（2025）。
12　Teece（2007）；Barney（1991）。
13　Abhishek and Srivastava（2021）。
14　Gauthier（1998）；Donthu et al.（2021）。
15　Gauthier（1998）；Donthu et al.（2021）。

図表0-2　企業関連の文献から見える4つのクラスター

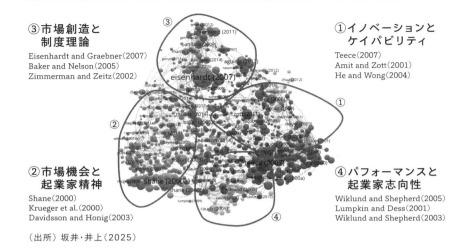

（出所）坂井・井上（2025）

4つのクラスターに集約されることがわかりました。順に説明します。

▶ 4つのクラスター

① イノベーションとケイパビリティ

　1つ目のクラスターは、「イノベーションとケイパビリティ」が主な知識基盤です。起業家にとってイノベーションは、新しい市場を開拓したり、顧客に価値を提供したりするための源泉だといえます。イノベーションによって競合他社との差別化を図り、短期間で市場シェアを獲得することができなければ、ベンチャー企業は市場に埋もれてしまうリスクが高くなります。

　また、ベンチャー企業が成長し続けるためには、イノベーションを起こ

---

16 *Academic Journal Guide*（AJG）の2021年版を参照し、AJGにおいて4*のランクが付与されたトップジャーナル43誌と、起業系トップジャーナル3誌（*Journal of Business Venturing, Entrepreneurship Theory and Practice, Strategic Entrepreneurship Journal*）に掲載された論文を対象にしました。分析の詳細については、坂井・井上（2025）を参照。

すだけではなく、それを支えるためのケイパビリティも重要です。ケイパビリティとは、組織や個人が持つ「能力」や「スキル」を指します。革新的なアイディアがあり、価値を生み出す方法があったとしても、市場への適応力や変化に対応するための学習能力がなければ、持続的な成長を実現することはできません。

特にベンチャー企業は、大企業と比較して、資金、人材、経験といったリソースが限られており、高い柔軟性をもって市場の変化に素早く適応する必要があります。本書でも、新たなビジネスモデルを創造した事例や、企業がどのようにして環境の変化に適応する能力を発揮したのかをテーマにした章（第2章、第5章、第9章、第10章、第11章、第13章）については、このクラスターの学術視点を通じて理解を深めていきます。

② **市場機会と起業家精神**

2つ目のクラスターの視点は、「市場機会と起業家精神」です。起業家精神とは、起業家という響きから、会社を起こすことがポイントだと思われるかもしれませんが、個人もしくは組織が限定的な経営資源にとらわれずに、市場機会を追求する姿勢やスキルのことを指します。[17]

このような姿勢やスキルがなければ、たとえ市場機会を見つけたり、創造したりすることができたとしても、ビジネスとして展開することはできません。逆に、起業家精神が旺盛であっても、魅力的な市場機会を捉えることができなければ、ビジネスを成功させることはできません。市場機会と起業家精神は表裏一体であり、ベンチャー企業が成功するためには欠かせない要素です。

このクラスターに含まれる文献では、起業家がどのように市場機会を認識し、その機会をものにするために行動するかを、主に個人の行動や初期のチームづくりに注目して分析しています。本書でも、これらのトピック

---

17 坂井・井上（2025）。

にかかわる章（第1章、第3章、第8章）については、このクラスターの学術視点で理解を深めていきます。

③ 市場創造と制度理論

　3つ目のクラスターは、「市場創造と制度理論」が主なテーマです。制度理論では、企業が単なる効率性や利益を超えて、いかにして社会的に「正当性」が付与され、認められるように適応するかに着目します。

　上述したように、ベンチャー企業は資源が限られているため、既存の市場で大企業と直接競争することはできません。そのため新しい市場を創造して、大企業が未対応のニーズに応えることで成功をめざします。しかし、新しい市場では制度も十分に整っておらず、どのようにして政府や顧客、投資家といったステイクホルダーに正当性を示すべきかが明確ではありません。

　それゆえ、どのように新しいルールをつくり、変化する制度に適応するのかが、ベンチャー研究における1つの重要なテーマとなるのです。また、正当性はベンチャー企業が投資家から資金を集めたり、顧客をはじめとする市場に受け入れられたり、仲間や資源を集めるためにも重要な概念です。

　本書では、資金調達を高めるための正当性の構築法や市場の制度変化への対応法を扱った章（第4章、第6章、第7章、第14章、第15章）について、このクラスターの学術視点から解明します。

④ パフォーマンスと起業家志向性

　最後に、4つ目のクラスターの基盤とする概念は、「パフォーマンスと起業家志向性」です。起業家志向性（EO：Entrepreneurial Orientation）とは、企業が革新性やリスクを受け入れ、新たな市場機会に挑戦する姿勢を指します。機会を追求する姿勢というと、起業家精神と同じように思われるかもしれませんが、起業家精神が主に個人の行動や意図に焦点を当てるのに

対して、起業家志向性は組織レベルでの戦略的な行動傾向に焦点を当てるという違いがあります。

　ベンチャー企業が成長する過程で、個人の姿勢や能力をどのようにして組織の戦略に反映させるか、そして起業家志向性がベンチャー企業のパフォーマンスにどのような影響を与えるかが、このクラスターに含まれる研究群の焦点だといえます。[18]

　本書では、企業ネットワーキングによるイノベーション創出というトピックを扱った章（第12章）については、このクラスターの学術視点によって理解を深めていきます。

　私たちの書誌結合の研究では、2000〜24年の期間に刊行されたベンチャー研究の潮流の変遷についても見てきました。時代が変遷する中でどのようなクラスターが新たに生まれ、どのクラスターが残り、そして消えてしまうのか。7〜8年ごとに3つの期間に区切って探ってみたのです。

　その結果、基本的な理論にかかわるクラスターが消えることはありませんでした。しかし、その一方で、現象面に着目した研究のクラスターは、消えたり生まれたりして新陳代謝することがわかりました。

　単純化していうと、2000〜08年期は4つのクラスターに加えて「国際化」のクラスターが出現します。しかし、次の2009〜16年期はそれが消えて「同族企業」のクラスターが現れます。そして、直近の2017〜24年期にはそれも消えてしまい、新たに「クラウドファンディング」の研究クラスターが現れるのです。

　先に紹介した4つの研究クラスターは、いずれも現象に注目したものではないため、消失することはありませんでした。時代が変わっても残り続けうるクラスター、すなわち、流行に影響されない視点の集積なのです。本書では、これらの視点をもとに、テック系スタートアップの最前線に迫ります。

---

18 Lumpkin and Dess (2001).

1ST STEP

起業して製品をつくる

- ▶ 第1章　起業家になる
- ▶ 第2章　市場を選択する
- ▶ 第3章　創業チームを編成する
- ▶ 第4章　規制の空白を埋める

技術者が起業を決意するということは、もう1つの道を進むことを意味します。それは、お金をかけて技術を開発するのではなく、技術を活用してお金を稼ぐということです。技術に対する想い入れが強いと、どうしても自分勝手な思い込みに駆られてしまいます。「これだ！」と思っても、全力で解決すべき課題が本当にそこにあるのかを確かめましょう。そのうえで、自らの技術を使って最善の解決策を探り当てていくのです。たとえプロトタイプであっても製品があれば、さまざまな人たちと具体的な話し合いができるようになり、人脈や資金が得られます。Jカーブの底の苦しい時期から反転するきっかけをつかめるかもしれないのです。将来に備えてこのステップでは少数精鋭のチームで事業基盤を整えていきましょう。

第 1 章

起業家になる

僕はただ、ちょうど良いタイミングでそこにいただけなんだ。
——映画『フォレスト・ガンプ／一期一会』ガンプ

1 まさか自分が起業家になるなんて

「生まれながらの起業家」というのは存在するのでしょうか。華々しい成功を見た世間はその堂々とした話しぶりから、「あの人は生粋の起業家だ」と評価するでしょう。起業に必要とされるマインドセットや能力は、生まれ持ったものと見えるからです。

しかし、本人に聞くと、「まさか自分が起業家になるとは思ってもみなかった」というコメントが返ってくることも少なくありません。最初から起業家精神が備わっていたと自覚しているとは限らないのです。

大学のビジネスプランコンテストで優勝し、学生起業家として株式会社FinTを設立し、その後も幅広い層から支持されている大槻ゆいさんもその1人です。

> 「私にとって起業家は雲の上の存在で、歴史上の人物のように捉えていました。自分が社長になれるとは考えたことがなかったです」

今の彼女の活躍ぶりからすると、意外な言葉ではありますが、読者の皆さんの中にも、大槻さんの気持ちに共感する方がいらっしゃるのではないでしょうか。特に、起業に関心がありつつも実現できていない場合、「自分は生まれながらの起業家というほどではない」とか「特別な才能がなければうまくいかないのでは？」と感じていてもおかしくはありません。

なぜ、その「まさか」が現実となって起業家が誕生するのか。「まさか自分が」と言っている起業家たちの言葉が単なる謙遜だとは思えません。自分の才能や特性に気づいていなかったのか、後天的に起業家精神を身につけたのか、いずれにしても何か別の理由があるはずです。

本章では、この謎を解き明かすために、起業家精神を発揮するというこ

とは、いったい何を意味するのか。その起点となる事業機会、ならびにそれを発見するメカニズムにまで立ち返り、起業家精神の本質に迫ることにします。[1]

2 起業家精神とは

▶ 接尾語shipの正体

起業家精神は、英語だとアントレプレナーシップ（entrepreneurship）と呼ばれます。起業家を表すentrepreneurに、接尾辞shipが付いて、状態、地位、能力を示す意味が加わります。パートナー、出資者、利用者、従業員など、さまざまな人たちとかかわりを持ち、その人たちを巻き込んで事業を創造する能力。市場や制度にうまく働きかけ、自らの正当性を高めていく能力といえるのかもしれません。

このときに大切なのがビジネスチャンスです。事業機会の発見は、起業家があらゆる主体に働きかけるのに不可欠なものです。これなしにはかかわりを持つことができませんし、アントレプレナーシップは成り立ちません。最終的に事業機会を見つけられなければ、アントレプレナーシップが発揮されることはないのです。

なぜ、ある人は事業機会を見つけて起業家精神を発揮できるのに、別の人はその機会を見つけられないのか。伝統的な考えと新しい考えについて紹介していきましょう。

---

1 Venkataraman（1997）は経済学のオーストリア学派に依拠し、アントレプレナーシップ研究の際立った特徴は「機会の発見にある」と主張しました。これを発展させたのがShane and Venkataraman（2000）やShane（2000）です。本章の前半は、彼らの議論の立て方を一般の読者にもわかりやすいように簡略化して伝えるようにしました。

▶ 伝統的な考え ── 生まれつきの心的特性

　起業家精神とはいったい何なのか。どこに由来するのか。改めて問われると、答えに窮する問題です。一般的な感覚からすれば、生まれ持った才能や素養だと思われているのではないでしょうか。

　実際、心理学者は、ある人には備わっているが、他の人には備わっていない心的特性に注目しました。[2] 具体的には、達成欲求、自己効力感、リスク負担意欲、曖昧さへの耐性、成否の原因を自己に求める姿勢などです。これらの人間の特性が、起業を選択する人と、そうでない人を分けると考えられてきました。つまり心理学の理論では、下記のように仮定するのです。

　① 誰が起業家になるかは、人々の基本的な精神的属性が決定する。
　② そして、このプロセスは、人々が行動を起こす能力と意志に依存する。

　伝統的な経済学での捉え方も、これに類似しています。機会は万人に平等に認識されるのだから、不確実性をより好む人は起業家になることを選択し、不確実性を好まない人は従業員になることを選択すると考えられてきました。

▶ 新しい考え ── 事業機会に気づく

　しかし、本当に機会は万人に平等に認識されるのでしょうか。人は、自分が持っている知識や情報に照らし合わせてチャンスを認識するものです。持っている知識や情報が違うわけですから、同じ出来事を見ても、そこに事業機会を見出せる人と見出せない人がいてもおかしくはありませ

2　Shane（2000）によれば、Begley and Boyd（1987）、McClelland（1961）、Chen et al.（1998）などが、その典型といわれます。

ん。この意味で、機会が均等に訪れることはないのです。

　人がもともと保有している知識や情報には個人差があります。たとえば、下記のようなものです。

- この原材料はこの地域だと安く調達できるが、他の地域だと値段が高い。
- 最新の生産方式を使えば効率的になるのに、多くの製造現場では使われていない。

　いずれも、特定の場所や仕事に紐づいていたりして、そこに居合わせなければ知りえないような情報も含まれます。そういった情報を事前に持っているからこそ、気づくことができるチャンスがあります。

　ある人が知っている情報を別の人は知らないことを「情報の非対称性」といいますが、この非対称性があるからこそチャンスに気づけるわけです。同じような出来事を眺めても、それをチャンスと思える人と思えない人とに分かれるのはこのためです。

　そうだとすると、これは心的特性の問題ではありません。生まれながらの気質や才能がアントレプレナーシップに不可欠だということにはならないのです。むしろ、ユニークな経験を通じて知識や情報を得て、それに照らし合わせることで得られる気づきこそが大切だということになります。

▶ オーストリア学派の考え —— 事前知識の大切さ

　少し整理しておきましょう。この新しい考えの起源は、経済学におけるオーストリア学派にあります。イノベーションで有名なジョゼフ・シュンペータもこの学派の出身です。この学派が置いている前提は次のようなものです。

　① 人はすべての起業機会を認識することはできない。

② 起業機会の認識のプロセスは、人が行動を起こす能力や意志以外の要因に依存する。
③ 起業家になれるかどうかを決定するのは、人の基本属性ではなく、機会に関する情報である。

つまり人は、たとえ起業の機会を探していなくても、自分だけの情報を持つことで、他の人には見えないチャンスに気づくことができるということです。その機会に気づくのに不可欠な情報を保有することが、何よりも大切だと考えるわけです。

オーストリア学派は、「どんな人が起業に向いているのか」という問題の立て方をしません。その起業家がどのような情報を持っているのか。これによってそれを機会と認識できるかが決まると考えます。ある人にとって認識されやすい機会があれば、別の人にとって認識されやすい機会もある。極論すれば「どのような機会がその起業家に向いているのか」という発想で、機会が人を探し出すと考えます。

そう考えると、「まさか自分が起業家になるとは思わなかった」という感想も理解できます。たとえ特別な才能がなかったとしても、自分なりの知識を身につけ、しかるべきチャンスと出会う。これによって起業家精神を発動させることができるわけです。

▶ **起業家精神の定義**

機会をベースに起業家精神を定義すると、どうなるのか。それが、シンプルで実用的なハーバード・ビジネススクールの定義です。[3]

「コントロール可能な資源を超越して機会を追求すること」

---
3 トーマス・R・アイゼンマン「ハーバードにおける『アントレプレナーシップ』の定義」DIAMOND ハーバード・ビジネス・レビュー・オンライン、2013年7月8日（https://dhbr.diamond.jp/articles/-/1947）。

この定義の特徴は、1つには事業機会に注目している点です。そしてもう1つには、起業家がその機会を追求するにあたって、自分自身がコントロールできるレベルを超えて資源を調達し、それを動かしていくという点です。

　最初は、支出を最小限に抑えつつ、自己資本だけでやりくりしていた起業家も、大きなチャンスがあると見れば、より多くの資源を動員するはずです。出資者から追加の資金調達を行い、パートナー、利用者、従業員などを巻き込んで、事業を拡大する。そのためにも独特の視点から事業機会を見出し、市場や制度にうまく働きかけながら自らの正当性を高めていく。このような行動様式がアントレプレナーシップです。

　以下では、専門性に由来する独特の経験と情報をもとに、「食の安全保障」にかかわる事業機会を見出し、自らがコントロールできる資源を超えて活動する起業家を紹介します。

3 ［事例］医学の知識を農業に持ち込む
アグロデザイン・スタジオ

▶ SF的近未来

　「小麦は全滅、疫病で畑を焼いたわ。広いコーン畑だけが頼りでした。でも、砂に覆われて……」「砂嵐はしょっちゅう起きた。いつも埃が舞っていたわ」

　巨匠クリストファー・ノーラン監督の映画「インターステラー」（2014年公開）が描く近未来の世界です。幻想的でありながら、不思議な現実感が漂います。世界人口が激増する中で、私たちは現在と同じ生活を維持でき

るのでしょうか。

　ここでは農業にかかわるテックベンチャーを紹介します。テックベンチャーといっても、最近注目されているようなフードテックではありません。話題になることが少ない農薬ベンチャーです。その名は株式会社アグロデザイン・スタジオ。代表取締役社長の西ヶ谷有輝さんは、東京大学で生命科学を学び、最先端の技術で農薬の常識を覆そうとします。

▶ **農薬は嫌われ者？**

　農薬というと、人体への影響などの危険性が話題になりがちです。食に対する関心が高まり、有機農法、無農薬栽培、ナチュラルフードがもてはやされ、「農薬は必要ないのでは？」とか、「安全性のために農薬はなくしたほうがよい」という声をよく耳にします。

　しかし、世界の人口は2023年には80億人に達し、今後100億人を超えると推計されています。人口が増えれば、その分だけ食料が必要です。農作物をつくるための資材、肥料、農機具、そして、農薬の役割がますます重大になると考えられます。農薬は病害虫や雑草の防除に使用されます。

　科学的な調査によれば、農薬を使わなければ稲や穀物類だと収穫量が3割くらいダウンするといわれます。葉物野菜、たとえばキャベツの場合は、半分以下になってしまうそうです。リンゴは害虫がつきやすく収穫が90％以上ダウンするので、農薬なしでは栽培できません。もはや農薬は増え続ける世界人口を支えるためには不可欠です。

　もし無農薬有機栽培を続けていたら、現在の半分の人口ですら養えたかどうかもわかりません。もし、無農薬100％にするのなら、人類の数を減らさなければならないというのが、この世界の現状です。高級スーパーなどで無農薬の野菜を目にすることが増えたかもしれませんが、日本国内の農地面積の99.8％は農薬を利用した通常栽培なのです。

　それでは、なぜ、農薬にはネガティブなイメージが伴うのでしょうか。農薬に対する風当たりが強い理由が何かあるのでしょうか。

図表1-1　有機栽培と通常栽培

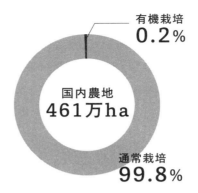

（注）有機JAS農場面積
（出所）農林水産省「平成21年耕地及び作付面積統計」

　その原因は、戦争で使われた化学兵器とのかかわりにあります。一部の殺虫剤は、第二次世界大戦中の毒ガス研究の成果を農薬に応用したものですし、枯葉剤は農業用の除草剤を転用したものです。農薬メーカーは、100年以上の歴史のある総合化学メーカーをルーツに持つことが多く、戦時中にそれらの生産や研究にかかわっていたこともあり、いまだに「死の商人」と揶揄されることもあるようです。

　現在の農薬は、当時と比べてはるかに安全なのですが、危険なイメージを払拭できません。農薬は虫を殺し、草も枯らすわけです。農家も消費者も「人体にも害があるのではないか」と感じても不思議ではありません。

　世界で一番売れている除草剤に「ラウンドアップ」という製品があります。ジェネリックも含めると、売上は1兆円に達します。ところが、それを使っていた農家の方が「自分が癌になったのは、その農薬のせいだ」と製造元のバイエル社を訴えたのです。最初に損害賠償訴訟が起きたのは2018年8月でした。

　300億円の賠償命令が下ると、上級審では原告団が1万人に膨れ上がり、1兆2000億円をバイエルが支払うことで和解しました。数十年分の利益が

吹っ飛ぶ金額です。バイエルの株式時価総額は8兆円くらいだったのですが、敗訴のニュースが出ると同時に、約2兆円下がりました。

実は、ラウンドアップの主成分となるグリホサートの毒性については懐疑的なデータも多く、明確な発癌性はいまだに確認されていません。しかし、「毒性がありうる」という風評が広がるだけでも、それが大きなリスクとなるのです。ラウンドアップの事件は、これまでの農薬のあり方を見直すきっかけになりました。

▶ 遺伝子技術で安全性を高める

アグロデザイン・スタジオの西ヶ谷さんは、医薬品の開発の手法を取り入れることで、この問題を解決しようとしています。

医薬の世界では、特定の酵素に働きかけることで害になる細胞の増殖だけを防ぐという「分子標的薬」の開発が進んでいます。その典型が抗癌剤です。体の中で働いている何万種類という酵素の中に、癌細胞にとって重要な酵素があります。その酵素の動きだけを止めるように設計されているので、他の細胞には影響を及ぼしません。癌細胞で活発に働く特殊な酵素だけを叩くので、正常な細胞には害がないのです。

同じように、農作物に害を及ぼす雑草だけが持っている酵素があります。その酵素に特化した薬剤を開発すれば、ヒトには害をもたらすことなく雑草だけを枯らすことができます。分子レベルで働きかけるのがポイントです。

この分子標的薬は文字どおり、ピンポイントでターゲットとする細胞に致命的なダメージを与えることができるので、従来型の農薬よりもきわめて効果的です（図表1-2）。

現在では、さまざまな生物のDNAが解読されています。コンピュータを使いながら、どの酵素がどの分子に効くのかをある程度予測し、検証できるようになりました。それゆえ「分子標的法」は、ますます注目されるようになりました。

図表1-2　既存薬と開発中の新薬との比較

	1960 DCD	1976 ニトラピリン	1998 DMPP	2020年代 開発中
欠点	残留問題 (NZで使用禁止)	寒冷地のみ	効果が短い	
殺菌効果比較	1	200倍	50倍	4万倍
1ha散布量	50kg	0.5kg	3kg	(推定値) 0.001kg

(出所) アグロデザイン・スタジオ

　しかしながら、農薬の開発において分子標的法は採用されていません。なぜ農薬の開発では採用されてこなかったのでしょうか。

　その理由はコストの高さにあります。農薬の対象というのは雑草とか害虫なので、手間暇をかけて分子レベルで解析するという発想がありません。とりあえずいろいろな薬剤をつくって手当たり次第投与して、どれが効くかを見るほうが効率的だとされています。これを「ぶっかけ探索法」といいます。すなわち、「候補となる化合物を駆除対象生物に降りかけ、効果のあったものを抽出する方法」[4]です。

　ただし、ぶっかけ探索法だけに頼ると、有益なハチなどの昆虫やヒトへの健康被害を伴うリスクがあります。それゆえ、ラットを使った臨床試験についてのガイドラインが細かく定められているのですが、[5]西ヶ谷さんはそれでもなお重大なリスクが残ると考えています。

　その1つが、ラウンドアップで問題になった毒性のリスクです。たとえ明確な毒性が確認されていなくても、多大な風評被害を受けるかもしれま

4　「株式会社アグロデザイン・スタジオ──バイオサイエンスを基盤とした農薬開発・農業バイオ技術で持続的農業に貢献する、東大発創"農"薬ベンチャー」TECHベンチャーマフィアのウェブサイト (https://www.techventure.jp/company/2019/4187/)。
5　農林水産省の毒性試験適正実施基準(GLP)に適合した施設において、毒性試験法指針に準拠して実施されます。

せん。そして、もう1つが農作物に病気が蔓延したときのリスクです。世界の種苗市場は、ビッグ4（バイエル、コルテバ・アグリサイエンス、シンジェンタ、BASF）で約4割を占めています。世界中同じ品種の作物が植えられているので、ひとたび病気が蔓延すると、一斉に枯れてしまうという危うさがあります。

そのときに頼りになるのが農薬なのですが、ビッグ4は自らが提供する種苗に最適な農薬を開発してセット販売しているので、その農薬が効かなくなる可能性もあります。食の安全保障という意味でも、いろいろなタイプの農薬をつくっておくことが大切であり、リスクを回避するためには、農薬でも遺伝子技術を活用した開発手法が用いられてもおかしくはないのです。

▶ **分子標的法の強みと弱み**

なぜ、遺伝子技術を活用した分子標的法が今まで注目されてこなかったのでしょうか。コストの問題はあるとしても、毒性リスクの大きさや風評被害の損失を考えれば、もっと注目されていてもいいはずです。

おそらく、これが農薬ビジネスに応用できると考えられてこなかったからでしょう。分子標的法の難しさは、適切なターゲットを定められるか否かにあります。「これだ」と決めた酵素が本当のターゲットではなかった場合、期待したような効用が得られません。医薬の開発でもしばしば起こるのですが、酵素の動きは確実に止めることができたけれど、細胞が全然死なない。実はその酵素は生物の体内で重要な役割を果たしていなかったという恐ろしいオチです。

初期にターゲットを間違えて決めると、それに気づかないうちに、お金がどんどんなくなります。4〜5年経った後でわかったりすると、その間の投資が一気に無駄になって負債を抱えてしまう。

農薬会社の経営者としては、当然このリスクを歓迎しません。だから、ぶっかけ探索法を続けてきたという経緯もあります。また、方法を変える

と雇用にも影響します。ぶっかけのほうの開発では化学者が主役ですが、分子標的法にシフトすると生物学者が必要になります。

医薬では、おおよそ20年もの歳月をかけて化学者が主役だった開発プロセスを見直し、化学者の比率を減らし、その代わりに生物学者、ゲノムとかAIに精通した生物学者を雇っていったのです。大手製薬会社は売上規模が大きいので、それが可能でしたが、農薬会社の場合はなかなか難しいようです。

▶ 農薬スタートアップとしての立場

しかし西ヶ谷さんは、そこにベンチャーとしての役割があると語ります。医薬で起こったイノベーションを農薬に取り込むことで、農薬の危険性や人体への悪影響を最小限にできると考えたのです。

西ヶ谷さんが分子標的法に目をつけ、事業機会を見出すことができたのは、彼の専門性に由来します。医学や薬学ではなく、生物学を学んでいたからこそ、他の分野とは違う気づきが得られたのだと考えられます。

バイオの分野というのは、理学部系の生物、薬学・医学、農学部とあって、それぞれの考え方がまったく違います。医学部や薬学部の専門家は、ヒトを特殊な対象として扱います。人の命が価値になるわけです。

一方、農薬の専門家はヒトを扱いません。農薬というのは、人の財産を守るための薬剤だと見なされます。農薬を投与したときに収益がどれくらい上がるのか。利用者である農家も、自らの命ではなく財産を守るという基準で判断します。西ヶ谷さんは生物学者なので、ヒトを特別だとは見なしません。

「私の専門は分子の測定です。分子の形がわかればその働きもわかるということで、博士課程で取り組みました。私は、理学部の生物学科卒業なので、ヒトでも、ネズミでも、ミジンコでも、生物という意味では同じだと見なします。だから、分子標的法を農薬に使うことは自然だった

のです」

　同じ化合物を扱っていても、専門性によって、その基本発想が大きく違うわけです。そして、この違いが事業機会についての考え方の違いになって現れます。

　ぶっかけ探索法の問題は、経験的に安全性を確かめていくという点にあります。化合物の作用を鑑み、過去のデータを参照しますが、何にどう作用するかのメカニズムが先見的にわかりません。それゆえ毒性試験の段階で問題があると判明すると、途中で修正も効かずに開発中止になってしまうのです。

　これに対して分子標的法は、安全性のエビデンスを明確に示せる点で優れています。初期のコストだけを見ると、分子標的法のほうが数倍かかります。しかし、毒性や開発中止になったときのコストのほうがはるかに大きいので、西ヶ谷さんは分子標的法のほうがコストパフォーマンスに勝ると考えたわけです。

▶ 医薬のフェーズを農薬に

　問題は、これを社会実装していくための仕組みです。医薬には、治験フェーズ1・2・3という段階があって、フェーズごとに厚生労働省が審査して、次に進めるかどうかをチェックします。

　フェーズ1では健常者に少しだけ投与して安全性を見る。フェーズ2では病気がある少数の人に投与して有効性を見る。フェーズ3では規模を拡大して患者に投与する。国の当局がしっかりチェックしてくれるので、民間の製薬会社はこの制度をインフラとして活用できます。

　そして医薬の世界では、各フェーズを通過するごとにお金をもらうという仕組みができています。あらかじめ中間目標地点としてのマイルストーンを決めておき、試験結果が良ければ成功報酬をもらうという契約です。

　これをマイルストーン契約といいます。開発を担うバイオベンチャーは、

最終的に筋の良い化合物を開発できれば、その独占販売権を特定の会社に付与して対価が得られます。製品として販売されれば、その売上の何パーセントかをロイヤルティとして受け取る仕組みです。医薬品だと、ロイヤルティはだいたい５％から多い場合は20％にも達します。

　ところが農薬には、こういったフェーズがありません。１・２・３がな

図表1-3　各フェーズとビジネスモデル

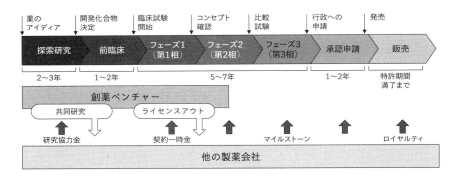

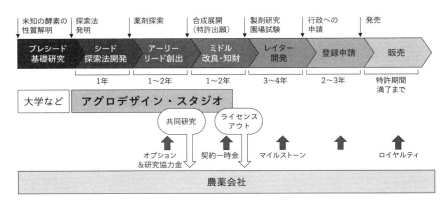

（出所）アグロデザイン・スタジオ

くて、最後の３のフェーズを１回の審査で確かめるだけなので、開発のプロセスの途中にマイルストーンを置くことができないのです。

　フェーズがなければ、ベンチャーキャピタルも、どれだけの潜在的な価値があるかを見極めることができません。相場も形成されないので、どこまで進めばどれぐらいの価値を生み出せるかの評価が難しく、投資が進みません。

　西ヶ谷さんは、これが農薬ベンチャーがまだ育っていない最大の原因だと考えています。実績を積んで、農薬の世界でもマイルストーン契約を成立させようと、市場や制度に働きかけています。

4　起業家精神の発動

　西ヶ谷さんのような起業家行動は、パイオニアインポーターと呼ばれます。パイオニアインポーターというのは、他の地域や製品市場において、自身を最初の参入者として確立した新規参入者のことです。

　企業というのは、特定の国や地域の業界において活動を行っています。よそから持ち込まれたものは、たとえ、すでに別のところで存在していたとしても、持ち込まれた側にしてみれば新しいものとなります。「持ち込み」における新規性は、自らの世界での一番手となることから生まれるのです。

　情報の非対称性がカギとなっています。分子標的法という考え方を知ったうえで、農薬開発を眺めることで、「機会あり」と感じることができる。医薬の開発手法とビジネスモデルを農薬業界に持ち込むことで価値を生み出せるという発想ができるようになるのです。

　スタートアップの成功は、起業家の属性だけでは決まりません。どのような事業機会と遭遇するか、その組み合わせに依存します。潜在的な事業

機会に遭遇したとしても、それに気づく人と気づかない人がいます。なぜなら、人々が持っている情報や知識には違いがあるからです。

もっとも、ある分野で豊かな知識や経験があったとしても、それに見合った事業機会と遭遇しなければ、チャンスは起こり得ません。だから、起業家の属性だけでは決まらないのです。その起業家が持っている知識や経験が生かせるようなチャンスに巡り合えるかどうかが大切なのです。

5 山登りではなく山づくり

　起業のプロセスは、よく山登りにたとえられます。新しい山々、新しいルートを発見し、一番乗りで登頂する。なんともロマンチックな話です。事業機会も山のように客観的に存在しているとすれば、起業家としてすべきことは、情報を集め、機会を探し出し、それを発見して活用することになります。

　しかし、機会というのは山々のように、発見され、利用されるのを待っている存在であるとも限りません。実際に進んでいくつもの山を乗り越えた先に、見出されるものだという考えもあります。つまり、登山者がアクションをとることで生まれるようなルートのように、起業家精神を発揮することで生まれるものだということです。

　創造学派を代表するシャロン・アルバレズ教授とジェイ・バーニー教授は次のように説明します。

「起業の機会が山のようにあり、ただ発見され、利用されるのを待っているのではないとしたらどうだろう。その代わりに、市場における競争の不完全性は、起業家の行動によって生み出されたとしよう。この場合、起業家精神の正しい比喩は『山登り』ではなく、むしろ『山づくり』で

ある。

　また、機会は発見されるものではなく、創造されるものだと仮定することは、起業家の行動にとって非常に重要な意味を持つかもしれない。たとえば、機会を創造する起業家は、利用すべき明確な機会を探索するのではなく、反復的な学習プロセスに従事し、最終的に機会の形成につながる可能性がある」[6]

　確かに、誰も登ったことのない山というのは、いくつもの山々を乗り越えた先にそびえ立つものなのかもしれません。誰も開拓したことがないルートというのも、実際に進んでみて眼前に現れるものに思えます。

　起業家にしても、いくつもの困難を乗り越えなければ、本質的な課題にたどり着くことはできません。また、市場や制度に働きかけてみなければ、打開するルートも見えてこないはずです。

　西ヶ谷さんの起業家としての行動は、もはや受動的な事業の発見にはとどまりません。最初は、生物学を学んだ研究者としての気づきにあったようですが、その後、いろいろな人たちにかかわり、市場や制度に働きかけることで、本当に上るべき山々やそのルートが見えてきました。この意味で、受け身の姿勢の事業発見から能動的な活動による事業創造へとシフトしたように見えます。

　まず、創業から必要な資金を集め、より安全な農薬の開発を進める。そして次に、農薬にも医薬のようなマイルストーン契約を導入し、ビジネスモデル・イノベーションを促す。これによって食の安全保障に貢献することをめざす。

　目の前に立ちはだかる山々と、前人未到の登頂ルートはとてつもなく険しいものです。果たして、市場を立ち上げ、食の安全保障に貢献できるのか。日本初の農薬のビジネスモデル・イノベーションに期待したいものです。

6　Alvarez and Barney（2007）.

第 2 章

市場を選択する

初恋に勝って人生に失敗するというのは良くある例。
——小説家 三島由紀夫

1 すぐに飛び込むべきか

　あなたの技術を活用できる有望な市場が1つ見つかったとします。あなたは、すぐにでも飛び込めるでしょうか。モタモタしていては先を越されるかもしれません。起業のセミナーでも「考えるよりまず動け」とよく耳にします。「あれやこれやと心配して分析麻痺症候群に陥ってはならない」と解説する書籍もあります。

　「熟達した連続起業家であれば、躊躇せずに飛び込むに違いない」

　勉強熱心な読者であればあるほど、そう考えてもおかしくはありません。しかし、機会が発見できたからといって、ただそこに飛び込めばよいのでしょうか。それが起業家精神というものなのでしょうか。
　これに、「ちょっと待った」をかける研究もあります。どの市場に参入するかという選択は、起業家が直面する意思決定課題の中でも最も重大なものの1つです。特に多様な使い途がある技術は、どの市場で勝負するかによって、売上や利益が大きく異なります。
　それゆえ、成長の戦略を立てるうえで、最初にどの市場に参入し、その後にどこに展開できるのかのイメージを持つことが大切です。足掛かりにする市場と勝負をかける市場とを区別し、複数の可能性を十分に検討してから最初の市場を選び出すのが望ましいともいわれます。
　とはいえ、時間をかけて調査する余裕はありませんし、時間とお金をかけたからといって適切な意思決定ができるとも限りません。果敢に飛び込むべきか、あるいは慎重に調べるべきか。本章では、経験が浅い起業家と熟達した連続起業家とを対比させながら、市場選択のあるべき姿に迫ることにします。

2 市場選択の理想と現実

▶ 大きく異なる推定額

　今から20年以上昔の話になります。米国マサチューセッツ工科大学（MIT）で先端をゆく技術を商業化しようと挑んだ起業家たちが8組いました。[1] この技術は3Dプリンタといって、3次元の設計データをもとに立体モデルを造形出力するものです。その8組が、それぞれの専門知識と経験から事業機会を1つずつ見出しました。

　興味深いことに、8組の起業家が思いついたアイディアは、どれ1つとっても同じものとはなりませんでした。調査が行われた1997〜98年というのは、3Dプリンタの黎明期です。起業家たちが自分の専門分野と慣れ親しんだ業界に照らし合わせた結果、アイディアが多様になったのです。

　ただし、3Dプリンタをどの市場で活用するかによって市場規模と売上は異なります。推定してみると、ある市場の規模は1000万ドルしかありませんが、別の市場は20億ドルにも達します。期待される売上も20万ドルから500万ドルまでの幅がありました。市場規模と売上予測にこれだけの差があるとすれば、さまざまな用途を探し出したくもなります。

　ところが、どの起業家も、3Dプリンタについて他の起業家が見出した市場を見つけられませんでした（起業家たちに他の事業アイディアを伝えたところ、「思いもよらない発想だ」と他社の発想を褒め称えたそうです）。複数の事業機会を見つけられなければ、異なる市場間での比較もできません。それぞれのメリットとデメリットを検討することもありませんでした。

1　Shane（2000）は、1997〜98年にかけて、起業家と投資家22人に対して入念な実地調査を行っています。

▶ 他の可能性を検討する難しさ

「自身の専門」と「既知の市場」のかけ合わせによって出されたアイディアは、手堅いものですし、成功確率も高いはずです。しかし、8組の起業家の話からもわかるように、どの市場を選ぶかによって技術がもたらす価値は違ってきます。

　市場規模と売上予測において顕著な開きがあるとすれば、多少スピードが落ちても代替案を探るべきだと思われます。なぜ、起業家たちはそれを怠ってしまうのでしょうか。

　1つの原因は、事業機会に気づいた起業家が「これでいける！」と思い込んでしまうからでしょう。自らの専門知識と経験から見つけた市場、その選択に満足してしまうため、さらなる探索を怠ってしまうわけです。自分のよく知っている業界であれば、「これは使える」とすぐに気づくものです。その劇的な出会いに興奮し、さらなる探索は行われません。

▶ 安易に満足しないほうがよい？

　逆にもし、「探索範囲を広げる必要がある」と感じたとすれば、それは最初のアイディアに満足しきれなかった場合でしょう。「もっと大きなチャンスがあるはずだ」と思ったときに、未知の世界を求めて遠い世界への探索が始まります。ただし、新しい知識ベースを構築するためには、起業家は普段行かないところに行かなければなりません。馴染みのない領域に踏み込む必要があるので、コストも時間もかかります。

　このような探索は、起業家自身が納得するまで続けられます。自らの基準をクリアするまで、つまり、満足しうる市場が見つかるまで、その探索が続けられるわけです。

　ただし、何をもって満足するかは、起業家の過去の経験次第です。見るべきポイントを絞り、そこそこの水準で満足してしまう起業家は、早々に探索をやめてしまうでしょう。一方、いろいろな経験を積んだ起業家は、

さまざまな側面に目を配ることができます。自身の得意な領域でアイディアが思いついたとしても、簡単には満足できず、粘り強く探索を続けることになるのかもしれません。

▶ 熟達した連続起業家の市場探索

事業機会を見つけることができたとき、早めに探索を打ち切るべきか、あるいは探索を続けるべきか。マーク・グルーバー教授たちの研究チームは、より大規模なサーベイから市場選択のあるべき姿を調査しました。[2]

彼らが注目したポイントは2つです。1つは、熟達した連続起業家は、経験の浅い初心者起業家とは異なり、安易に満足することなく市場機会を探し続けるのかという点です。熟達した起業家は、特定の分野での経験を積むことで、より豊かで洗練された認知構造（スキーマ）を持っています。これが、ビジネスチャンスを見極めるときに役立つのではないかと考えられました。

経験の浅い初心者起業家は、アイディアの新規性、製品の優位性、業界でのインパクトに関心があります。意外かもしれませんが、これに対して熟達した起業家は、キャッシュフローが迅速に得られるか、リスクが許容可能かを重視します。スキーマが洗練されている分だけ妥協を許さず、多くの選択肢を吟味しているといわれているのです。

もう1つのポイントは、より多くの市場機会を見つけたほうが、業績が上がるのかという点です。市場規模や売上の差を見れば、多様な可能性を吟味すべきなのですが、そう簡単ではありません。自分が知らない世界への探索には時間もコストもかかります。特に技術の活用法となると、とても調べ尽くせるものではありません。しかも、調べているうちにタイミングを逸してしまうという遅延のリスクも生じます。

結局、しっかりと探索できないのであれば、無理して時間をかけるべき

---

2 Gruber et al.（2008）は、市場機会の代替的な「選択セット」を持つことが大切だと述べています。

ではないのです。たとえ最適解でなくても、起業家自身がよく知った市場で進めたほうが、成果も着実に上がるのかもしれません。

▶ 跳び込む前に吟味すべし

　グルーバー教授たちの研究チームは、これら２つのポイントを確かめるために、ベンチャーキャピタル（VC）の協力を得てアンケート調査を行いました。VCから支援された83社について企業業績との関連を調べたのです。

　見るべきポイントは、複数の市場を検討した起業家がどれだけいるのかという点、そして、複数の市場を検討したほうが業績は高くなるのかという点の２つです。

　結果、複数の市場機会を検討したスタートアップは全体の28％でした。これらの企業は、おおよそ３つの市場について検討をしています（平均値＝3.68、中央値＝３）。

　業績を見ると、複数の可能性を検討した企業のほうが、決め打ちした企業より高い業績を上げうることがわかりました。参入後１年目と２年目の売上高の中央値を見ると、単一の市場機会しか検討しなかった企業の推定市場規模は３万3000ユーロで、予測売上高は12万1000ユーロにとどまります。一方、複数の市場機会を検討した企業の推定市場規模は14万5000ユーロで、予測売上高は32万9000ユーロに達します。

　この調査では、他にもさまざまな要因が検討されています。より洗練された因果モデルで分析した結果、下記のことがわかりました。

- 起業経験のある創業チームは、起業経験のない創業チームよりも、より多くの市場機会を特定する。
- マーケティングや技術開発に精通したメンバーが創業チームに参加することで、より多くの市場機会を見出すことができる。
- 複数の市場機会を検討したスタートアップは、早期に高い収益を生み

出すことができる。
- ただし、検討する市場の数が多すぎても、追加的に得られる恩恵は減少する。

以上のことから、グルーバー教授らは、「起業家は跳ぶ前に見るべきだ」といいます。市場の探索にはコストも時間もかかるものですが、自社にとってより有利な市場を見極めなかった場合の損失は無視できないというメッセージです。

それでは、どのようにして、複数の可能性を検討しながら有利な市場を見極めていくのか。ここでは、上手に市場を見極めようとしたテック系スタートアップの事例を紹介します。

3 ［事例］17メートル先へのワイヤレス給電
エイターリンク

▶ 市場に種をまく

ミレーの名画「種をまく人」の魅力は、その力強さにあるといわれます。右手にたくさんの種を持ち、畑の斜面を大股で歩く農民をストレートに描いた作品は、当時としては非常に革新的でした。

この名画のようにビジネスの種をまこうとしているテック系スタートアップがあります。その名はエイターリンク株式会社、スタンフォード大学発の

ジャン＝フランソワ・ミレー「種をまく人」（1850年）

ベンチャーで、ワイヤレス給電によって配線のないデジタル世界を実現しようとしています。

この会社を率いるのは、岩佐凌さん（代表取締役CEO）です。彼は大学卒業後、岡谷鋼機株式会社（商社）へ入社し、トヨタ自動車、アイシン精機など向けに自動運転や電気自動車向けのプロジェクトに携わっていました。2017年、米国シリコンバレーでワイヤレス給電を開発した田邉勇二さん（取締役CTO）と出会い、2020年に共同でエイターリンクを設立しました。

どの市場に種をまくのか。岩佐さんと田邉さんは、さまざまなフィールドを頭の中に描きながら、順次展開を進めています。

▶ 始まりはネイチャー級の技術

田邉さんは、スタンフォード大学で10年にわたって埋め込み型の医療機器の開発を行っていました。それは心臓ペースメーカーをはじめとする、バイオメディカル・インプラントです。近年、技術の発達によって小型軽量化されてバッテリーの寿命も延びましたが、永続的には稼働しません。

田邉さんは、体外から体内に向けて電波で電力を送るという技術でこの問題を解決しようと考えました。デバイスが電波で受け取ったエネルギーを直流の信号に変換することで、神経を刺激する。給電量は微弱でも、体

写真2-1　世界最小のワイヤレスペースメーカー

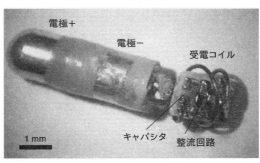

（出所）エイターリンク

に悪影響を及ぼすことなく体外から電力を供給することができます。彼は海外でも、世界的な学術誌の『ネイチャー』などで、多くの業績を出しています。

スタンフォード大学では、「エンジニアとしての成功は社会実装にある」と考えられていました。教員の約9割が何らかの形で起業に携わっていると言われており、学生たちに「自分でやった研究を社会に還元してきなさい」と指導していたそうです。起業は珍しいことではなく、シリアルアントレプレナー（連続起業家）もたくさんいました。

「スタンフォードにいたときには、周りがみんな起業していたのです。自分がいた研究室のメンバーは半分が起業して、半数近くがプロフェッサーになって、残りの数人がGAFAなどに勤めるという感じでした」

ワイヤレス給電はさまざまな可能性を秘めていますが、田邉さんは、なかなかその用途を見極めることができませんでした。医療機器に採用されれば社会に大きなインパクトを与えられるのですが、臨床を重ねる必要があります。心臓に埋め込むとなると、10年以上はかかることでしょう。

しかも田邉さんは、最終的にはBrain Machine Interfaceといわれるような、脳内に微小なチップを埋め込むことを考えていました。外からの給電によって人同士のコミュニケーションを図ったり、画像が映し出されたりする、近未来の世界です。しかし、これには20～30年の歳月が必要とされます。

そこで、まず他の用途への活用などで商用利用を進めようと、50人くらいの実業家に会って説明しました。感触を確かめたのですが、商業化はうまく進みません。いくらスタンフォード大学が産学連携に積極的だといっても、実務経験のない学術研究者が、さまざまな業界での活用法に気づくことは容易なことではありません。田邉さんも医療機器以外でこれといった妙案は思いつきませんでした。

▶ **実業家との出会い**

　そんな折に出会ったのが岩佐さんでした。岩佐さんは要素技術の製品化をはじめとする多数のプロジェクトに参画し、要素技術をいかに社会実装するかに取り組んできました。多くの関係者をまとめながら中心的役割を果たし、年間売上が約120億円を達成したという実績の持ち主です。

　その岩佐さんは、ワイヤレス給電の事業機会を見出します。ワイヤレス給電のような技術は、どの市場で活用するかで価値が決まります。

> 「テフロンはフライパンでよく使われている素材ですが、最初はロケットの先端部分で使うために発明されました。すごい材料ですが、他に何か使えるところはないかな、といろいろと探した結果、フライパンにたどり着きました」

　テフロンのように、汎用性が高く、産業を横断して使われてきた技術のことをジェネラルパーパス・テクノロジーと呼びます。[3] 岩佐さんはワイヤレス給電も、広く産業に応用できる技術だと考えました。

　ワイヤレス給電というと、スマートフォンの充電を行ったり電気自動車の充電を行ったりするというイメージが強いのですが、田邉さんのワイヤレス給電は、微弱な供給しかできないため、大容量の給電には向いていません。

　その代わり、遠くまで飛ばせるという特徴を持っています。センサーと受信機が1対1であれば、おおよそ17メートルも先にあるデバイスに電力を送ることができます（2022年の取材時）。ワイヤレス給電としては世界の中でも距離が長いです。

　もう1つの特長は、受け取った電力を使って双方向のデータ通信ができ

3　ジェネラルパーパス・テクノロジーについては、清水（2016）を参照。

ることです。低消費電力のセンサーを動かして、そのセンサーで得た情報をBluetoothのような無線通信規格を介して、データを送り返す。これによって応用範囲が広がります。

17メートル先のセンサーに給電して、センサーと情報通信ができる。産業の効率化に役立つ用途がありそうです。どのような分野に応用できるのでしょうか。

▶ ファクトリーオートメーション

岩佐さんが最初に目をつけたのは、自身の業務経験が活かされる領域でした。それが、ファクトリーオートメーション（FA）です。生産ラインではロボットハンドの先端にセンサーが付いています。その可動部は非常に高速に動いており、それゆえに銅線が金属疲労を起こすと生産ラインがストップしてしまいます。

1つのラインで1分間止まると数百万円のロスが出る可能性があり、工場全体で1日に数億円という損失が出ると試算されます。FA業界では20年来の非常に深刻な問題でした。

エイターリンクの長距離無線給電システムを使えば、小型の送電機さえ付ければ、その空間ごとワイヤレス給電化できるので、さまざまなセンサー類をワイヤレスで動かすことができるようになります。

▶ ビルの温度管理

次に、見えてきた市場がオフィスビルに向けたソリューションです。岩佐さんは、自身の人脈を活かして、さまざまな業種の人たちと意見交換を進めました。その中で、竹中工務店が、熱心に声を掛けてくれて研究開発にも協力してくれたそうです。

このときに岩佐さんが意識したのは、オフィスビルの業界構造をしっかり把握することでした。システム部品のモジュールメーカーとして参入すると、ビルの建築の下請けとして埋もれかねません。岩佐さんは、利益率

をしっかり確保するには、エンドユーザーに採用してもらう必要があると考えました。

「ゼネコンには研究開発部門があるので、ワイヤレス給電に関する技術について対等に会話ができました。一方、ディベロッパーの中にはそれを持っていないところもあります。持っていてもゼネコンほど強力ではなかったので『一緒に実験しましょう、PoC（試作開発前の概念実証）みたいなものをやりましょう』と話を持ちかけました。ゼネコンのお墨付きを得たうえでディベロッパーに行けば話が前に進むと考えたわけです」

この作戦が功を奏しました。竹中工務店と実証実験して、それをプレスリリースしたところ、早速、ディベロッパーから引き合いが来たそうです。

こうしてディベロッパーからの要望を聞き、より快適なオフィスづくりに役立てられる用途が見えてきました。たとえば、フリーアドレス制のオフィスが増えてきて、いつ出社したのか、誰がどこにいるかがわからなくて困るという要望です。従業員にビーコン（電波を発信して位置や情報を知らせる小さな端末）を身につけてもらえば、従業員がどこにいるかを検出できます。

また、人の居場所がわかることで、快適な空調の制御も可能になります。実際に話を聞いて調べてみると、オフィスに寄せられる不満で最も多いのが、温度設定をしたにもかかわらず暑かったり寒かったりするというクレームだそうです。

「ビルに関するクレームによれば、不満の80％が空調に起因するものでした。理由を調べると、センサーが天井の空調機についているからです。人と離れた場所の温度情報で制御しているので、不満が起きても当然です」

第2章　市場を選択する

図表2-1　オフィス内でのセンサー設置のイメージ

（出所）エイターリンク

　温度湿度センサーをオフィス空間のデスクの上など、人の近くに取り付ければ、空調の制御によって人が心地よいと思える温度設定ができます。人を感知したらライトをつけたり、空調と連動させたりすることができるようになるのです。

　オフィス空間で実験を繰り返した結果、CO_2が26％程度削減できるようになりました。ディベロッパーにとっては直接の節電効果はもちろん、IR効果も期待できます。大手ディベロッパーをはじめ、イノベーションに積極的な法人に導入してもらえることになりました。

▶ センサー45兆個の市場規模

　エイターリンクの長距離無線給電システムの用途は、工場やオフィスビルに限られません。IoT社会のインフラの一部となりうるので、商業施設、物流倉庫、ホスピタリティ施設など、ありとあらゆる場と空間で活用することができます。従来はインターネットに接続されてこなかったものが、クラウドを経由して相互に情報交換するという社会において、不可欠なシステムとなりうるわけです。

岩佐さんは、微小なセンサーに電力を供給することで「モノに魂を吹き込む」ことができると言います。RFIDとは異なり、自分からセンサーを動かして情報を送るという能動性を持っているのです。

　将来の市場規模は巨大です。グローバルな展開も可能です。岩佐さんと田邉さんがめざしているのは企業価値1000億円というレベルの会社ではありません。スタンフォード大学発のスタートアップとして、10兆円、100兆円、世界トップレベルで戦える企業です。

　「絵空事ではありません。2029年になったら5Gの次の6Gの世界が来る。6Gの世界になって2040年になると、センサーの数が45兆個になってくるのです。そうするとバッテリーとかワイヤーではまかないきれなくなってきて、必然的にワイヤレス給電の世界が広がっていきます」

4 高業績をもたらす市場の選択

▶ 最初の市場が明暗を分ける

　最初にどの市場に参入するのかは、起業家にとって最も重要な意思決定の1つです。もし、エイターリンクが、最初の市場としてバイオメディカル・インプラントという医療機器の市場を選んでいたらどうなっていたでしょうか。人命にかかわることですから、実現すれば、社会に歓迎されるソリューションとなっていたことでしょう。

　しかし、その実装には時間がかかっていたはずです。また、このようなインプラント機器を必要として支払える患者の数にも限りがあったかもしれません。そして、産業界への広がりを考える余裕もなく、機器の開発や臨床試験への対応に追われていたことでしょう。その結果、インフラやプ

ラットフォームという発想には至らず、限られた市場規模でビジネスを構想していたかもしれないのです。

エイターリンクの現在の構想は、医療機器としてのアイデンティティを凌駕しています。バイオメディカル・インプラントの開発にこだわっていたら、できなかった構想だといえます。

グルーバーらは、数々の起業経験を積んだ連続起業家は、初心者起業家とは異なり、どの市場に参入するかを決定する前に、他にどのような市場に参入できるかの代替的な「選択セット」をイメージしていると説きます。そして、本章の冒頭で紹介したように、このような「選択セット」を生成しているほうが、より高い業績を得ていることを示したのです。

▶ 複数の市場を検討すべき4つの理由

なぜ、「複数の市場の選択セット」が重要なのでしょうか。グルーバーらは学術的な視点から考察を深めて、以下の4つのポイントを指摘しています。

第1に、「複数の市場の選択セット」を持つことによって、より完全合理的な意思決定に近づくことができます。これまでの研究から、さまざまな代替的な解決策を持つことによって、企業の問題解決能力は高まり、より高いパフォーマンスを上げることがわかっています。

第2に、「複数の市場の選択セット」を準備することで、イノベーションが生まれやすくなります。既存の市場で、誰にでも思いつくような技術活用をしても、平均的な利益しか得られません。誰も思いつかないような活用法を見出してこそ、平均を超えたリターンが得られるのです。

第3に、「複数の市場の選択セット」からより適切な参入市場を選ばなければ、後々の手枷足枷になりかねません。最初の市場は、スタートアップの経営やビジネスモデルを決定づけます。その顧客にとって最適な価値連鎖が形作られていき、マネタイズの方法も定まっていくからです。間違いだと気づいてから、より適切な市場に移行しようとすると、余計な時間

とコストがかかってしまいます。

　第4に、「複数の市場の選択セット」を見出すことは、工夫次第によっては難しくはありません。自分一人で遠い世界を探索するには、コストも時間もかかりますが、その世界を知っている人に協力を仰ぐことができれば、効率的に広域探索ができるのです。

▶ 多すぎるのも良くない

　ただし、グルーバー教授らも、多ければ良いと主張しているわけではありません。より大きな市場の選択セットを準備するためには、起業家たちは多方面にわたって探索の範囲を広げ、それぞれについて遠い世界に踏み込まなければなりません。しかし、それにはコストと時間がかかります。市場参入のタイミングを逸するかもしれませんし、必ずしもうまくいくとも限らないのです。

　そうであるからこそ、連続起業家は3つか4つぐらいの選択セットを準備するのかもしれません。グルーバーらも、単一ではもの足りないけれど、多すぎてもコストがかかる、というような見解を示しています。

第 3 章

創業チームを編成する

1人で見る夢は夢でしかない。みんなで見る夢は現実となる。

——芸術家 オノ・ヨーコ

1　オンデマンドで集められるのか

　創業チームの編成について真剣に考えるべき時期がきました。あなたは、技術には精通していますが、ビジネスについての経験は十分ではありません。これから創業チームのメンバーを集める場合、下記のAとBのどちらの考え方で進めますか。

　　A：必要なメンバーは、必要なときに追加できる。ベテランの経営者には後から加わってもらえばよい。役職さえ準備しておけば、後からオンデマンドで人を採用し、そこに配置できる。技術が先、社長は後。創業時はとにかく技術に精通した人たちをコアメンバーにして動かしていこう。

　　B：何事も最初が肝心。勢いがあっても未熟なメンバーばかりで創業すると、社会的な信頼が得られない。資金調達はもちろん、優秀な人材を集めるのにも苦労する。早い段階から幅広い職能について多様な経験を積んだメンバーとかかわりを持つ必要がある。一人二役、できれば三役こなせるような人を少数集めて創業チームを編成しよう。

　テック系のスタートアップの研究においては、AとBのどちらが正しいのかについての見解は分かれています。一般的には、Aのように、社会実装に値する技術さえあれば、経営者は後から交代してもらえばよいと考えられがちです。
　しかし、企業の成長に合わせて必要な人材を調達するのは必ずしも容易なことではありません。近年、創業時のメンバーの経験や役割分担が、その後の成長や進化を決めるというBの考え方が注目を浴びるようになりま

した。

　本章では、AとBのそれぞれの考え方を解説します。そのうえで、望ましい形でチームの編成ができた事例を紹介し、創業チームの大切さについての理解を深めていきます。

2 将来の礎を築くために

▶ A：ライフサイクル説

　メディアなどでは、優秀な科学者が仲間と会社を設立し、苦労しつつも成長していく姿が描かれることが多いのではないでしょうか。

　たとえ共同創業者や創業チームのメンバーは素人同然でも、いくつもの苦難を乗り越えて経験を積んでいけば、先見の明のあるベンチャーキャピタル（VC）をひきつけられる。成長への階段を1つ1つ上がっていくごとに必要な人材を幹部として迎え入れ、場合によっては、経営者も交代するという描かれ方です。理想的な経営チームへと進化するにつれて、組織としての安定性がもたらされることでしょう。

　このような見方は、「ライフサイクル説」と呼ばれており、起業家研究でも支配的でした。その考え方は下記のとおりです。

- 必要な人材は、必要なときに補充すればよい。
- なすべきことは、必要とされるスキルを持つ人が採用されるまで、機能別のポジションを空欄として残しておくか、仮に誰かを入れておくこと。
- 後から入れ替えるための「プレースホルダー」を準備しておけばよい。

一言でいえば、成長のライフサイクルに合わせて、必要なときに必要な幹部を採用し、経営者もその道のプロに置き換えればよいという考えです。しかし、本当に可能なのでしょうか。

▶ B：経路依存説

ライフサイクルの考えに疑問を投げかけたのが「経路依存説」の提唱者でした。経路依存説によれば、スタートアップの成長と発展はそれまでの道筋から大きく外れることはないため、初期条件のあり方が決定的に重要だとされます。

実際、学術研究においては、ひとたび機能的な役割分担が組織の中に生まれると、それが時間の経過とともに維持され、強化される可能性が指摘されています。前例主義がはびこり、仕事の進め方がルーチン化され、制度として定着していく可能性が高くなるのです。

これを組織の刷り込みと呼びます。創業チームによって組織の刷り込みがなされると、後々の変更は容易ではなくなります。責任分担についての最初の決定が、永続的な結果をもたらしうるのです。

創業チームの職歴や経験も経路依存を強化します。人は誰しも共感できる人のことを高く評価するものです。エンジニア出身の創業者であれば、財務のバックグラウンドを持つCEOよりも、技術的なバックグラウンドを持つCEOを好むことでしょう。同じような属性や価値観を持つ人とつながろうとする傾向のことをホモフィリーといいますが、まさに類は友を呼ぶということわざのとおりです。

つまり、最初の創業チームがエンジニア中心で構成されていれば、その部下となる経営幹部もエンジニア中心となりやすいということです。経路依存説の考えは、下記のとおりです。

- 創業時の組織構造やチームメンバーの前職経験がその後の制約の源泉となる。

- 企業が成長しても、組織が創業チームと強い類似性を持つ。
- 後から入れ替えるための「プレースホルダー」の考え方には懐疑的である。

いわば、組織に慣性が働き、初期の構造が長期にわたって維持されるということです。このような経路依存性があるからこそ、最初の創業チームが肝心だというわけです。

▶ 6年に及ぶ大規模な実証調査

それでは、ライフサイクル説と経路依存説のどちらが正しいのでしょうか。

南カリフォルニア大学のクリスティーヌ・ベックマン教授と、コーネル大学のディアヌ・バートン教授は、実証調査を行いました。[1]

調査対象は、カリフォルニア州シリコンバレーの起業家型ハイテク企業（コンピュータ・ハードウェア、ソフトウェア、テレコミュニケーション、医療機器、バイオテクノロジー、半導体、製造業、研究開発）167社です。従業員10人以上、設立10年以内の企業（エグゼクティブ1485名と役職者1940名）について調査を行いました。

調査を開始したのは1994年ですが、半数の企業が1989年以前に設立されており、2000年までのチームの構成メンバーの変化が月次ベースで観測されました。

もし、組織の刷り込みや慣性が働くのであれば、初期の役割分担としての職能構造は、時間の経過とともに強化されるはずです。また、もしホモフィリーが作用するのであれば、初期の職能経験は、時間の経過とともに深められていくはずです。

---

1 Beckman and Burton（2008）自身は、6年という期間は経路依存性を観測するのに十分ではないと考えているようです。

▶ テック系だけで固める怖さ

　調査の結果は、ライフサイクル説ではなく、経路依存説を裏付けることになりました。すなわち、創業チームの構造や経験が、その後の経営チームの構造や経験の幅と深さを形成するということがわかったのです。そして、創業チームの構造や経験の幅と深さが、その後のスタートアップの成功を左右することも突き止めました。3つのポイントで要約します。

- 「科学／研究開発／エンジニアリング」という特定の機能構造だけでスタートしたスタートアップは、その後に、「営業／マーケティング」や「オペレーション」「財務／会計」といった機能を追加するのが難しい。たとえ、特定の機能のエグゼクティブポジションを設けたとしても共感が得られず、経験豊かな人材を補充するのは容易ではない。
- 幅広い経験を持つ創業チームは、幅広い経験を持つ人材をひきつける。これは、ホモフィリーから導かれる仮説と一致する。チーム内に、①営業／マーケティング、②総務（人事を含む）、③科学／研究開発／エンジニアリング、④オペレーション、⑤事業開発／戦略立案、⑥財務／会計に詳しい幹部がいれば、同じ専門家をひきつけるのは容易になる。
- 質の高い創業チームは質の高い経営チームへと進化し、経営成果をもたらす。完全な機能構造で創業した企業は、より早く株式公開する可能性が高く、また、幅広い経験を持つチームメンバーで創業した企業は、より早くVCから資金を獲得する可能性が高い。さらに、幅広い経験と機能的なポジションが揃えば、相乗効果によって重要なマイルストーンをより早く達成することができる。

　創業チームが経路依存的に進化していくとすれば、これが「累積的な優位性」をもたらしてもおかしくはありません。ベックマンとバートンの両教授は、分析結果を総合して次のように述べます。

「われわれは、限られた経験しか持たないチームは、まだ具現化されていない職能的な専門知識を追加することが困難であること、そして、限られた機能しか備えずにスタートした企業は、完全な機能的構造を開発する可能性が低いことを発見した」[2]

それでは、テック系の起業家は、どのようにして多様な経験を持つチームメンバーを集めればよいのでしょうか。

ここでは、幅広い経験と幅広い職能スキルを発展させるヒントを得るために、初期のチームづくりにこだわり抜いたスタートアップの事例を紹介します。

3 ［事例］血糖の新たな標準測定法開発に挑む Provigate

▶ 勝ちに不思議の勝ちはなし？

プロ野球の野村克也監督の言葉で、「勝ちに不思議の勝ちあり。負けに不思議の負けなし」という名言があります。スタートアップの世界でも、よく「失敗のパターンは定型化できるが、成功のパターンは定型化しにくい」といわれます。

しかし、これに挑むかのように「少なくとも成功の確率を上げる方法ならばある」という起業家がいます。糖尿病患者向けに、世界に類例のない行動変容サービスを開発している株式会社Provigate（以下、プロヴィゲート）代表取締役社長の関水康伸さんです。

2　Beckman and Burton（2008）．

「成功のパターンなど当然ありません。しかし、ディープテックの領域で打率を上げるための要素であれば、いくつか挙げることができます」

関水さんが指摘するその要素とは、①きわめて優秀なチームが、②巨大な市場に標的を絞り、③自律的なサイエンスを進めるために、④資金を惜しみなく投入する、という4点です。

ここで真っ先に挙げられたのがチームづくりでした。きわめて優秀なチームを集結することが何よりも大切で、関水さんは、開発リーダーはメジャーリーグのスター選手クラスであるべきだといいます。卓越したリーダーは、チームが大きな課題に対して愉しみながら立ち向かえる雰囲気を醸成し、解決可能にするための指針を示すことができるからです。

このようなチームが編成できれば、メジャーのレギュラーやAAAクラスのメンバーは必ず集まってきます。「最初はBクラスのメンバーでもよいから育てる」という発想は控えるべきで、経営者が心血を注ぐべきは、優秀なチームが自由にサイエンスできる環境を整えることだというのです。

それでは、関水さんはどのようにして、メジャーリーグのスター選手クラスを集めたのでしょうか。

▶ 出会いはレッドオーシャン技術

始まりは2014年10月のことです。東京大学大学院の博士課程を修了した関水さんは、コンサルティングファームに6年間勤務し、ヘルスケア系のプロジェクトを数多く手掛けていたそうです。その後、職場の先輩が独立して香港でプライベートエクイティ（PE）ファンドを立ち上げる際に誘われ、一緒に香港で働いていました。

しかしある日、コンサルティングファームの別の元同僚から、「東京大学の先生がグルコースモニタリングの面白い技術を開発した。どう実用化に結びつければよいか、アドバイスが欲しい」と相談を受けたそうです。

初めは「グルコースモニタリングはレッドオーシャン（競争の激しい分野）だから、やめたほうがよい」と助言するつもりでした。しかし、実際にその大学教授と面談してみると、大変ユニークな方だったそうです。「抜群に面白い」と感じ、すっかり意気投合して「自分たちでやってみよう」と、勤務先のPEを辞めて帰国することにしました。

もちろん、勢いだけで決めたわけではありません。その教授は坂田利弥さん。関水さんが調べてみると、並外れた実績の持ち主だということがわかりました。特許被引用件数も高く、国際学術雑誌の『ネイチャーバイオテクノロジー』のランキングでは2年連続（2014・15年）で4位でした。

この坂田教授の発明をきっかけに、アメリカではイオントレント（Ion Torrent）というスタートアップが起業することになり、大成功を収めています。

そんなスーパーサイエンティストとの出会いがきっかけで、糖尿病患者向けの検査装置を開発することになりました。しかし、医療の世界でものづくりをするには、チームメンバーが足りません。

「医療の世界でモノをつくりきるには、知恵だけではなく経験も重要です。センサー1つを量産しようにも、元コンサルの私と大学の先生と研究室のポスドクとでやり切れるものではありません。起業したものの、このままでは資金が尽きて倒産してしまう、ということでバイオセンサーの製品上市（市場投入）経験がある民間人材を必死になって探しました」

▶ いぶし銀の技術者をメンバーに迎える

人材探しは本当に難航したそうです。そもそも検査技術の世界は、過去20年間、大きなイノベーションが起きていません。たとえば血圧計も60〜70年代の技術ですし、パルスオキシメーターやDNA解析の基礎技術、

血糖検査なども、だいたい1990年代には完成しています。

それゆえ、基礎研究から事業化までを経験した人を探すといっても、適任者はすでに60歳代とか70歳代になっていました。さすがにコアメンバーとして採用するには厳しそうです。それでは若手や中堅はどうかといえば、装置の改良しか手掛けたことがない人がほとんどでした。ゼロから開発して事業化まで持って行けるだけの水準の人がいなかったのです。

そこで、関水さんは視点を少し変えて、連続血糖モニタリング（CGM）に注目しました。これは細い針を皮膚の中に留置するタイプの血糖センサーです。アメリカで商品化されたのも、2001年と比較的最近です。関連する特許や学術論文を漁って若い技術者を探しました。

いろいろな特許や論文の引用をたどっていくと、驚くべきことに、防衛医科大学校の菊地眞教授（当時）とNECに在籍していた伊藤成史さんに行き着いたのです。彼らが、世界で初めて、間質液（細胞と細胞の間にある液体）で血糖値を連続的に測れることを実証し、素晴らしい特許ポートフォリオをつくり上げていました。

▶ 諸葛孔明を発掘したような喜び

CGMのアイディアを最初に出したのは、スチュアート・アップダイク博士とジョージ・ヒックス博士でした。しかし、それは血液を直接測定するものだったので、実用化には至りません。間質液の可能性に目を付けたのは菊地教授で、伊藤さんがその測定を実現したのです。2人の日本人が、世界で初めてCGMを実用化したことは、国内でもほとんど知られていません。

その後、NECはヘルスケア事業から撤退してしまい、伊藤さんはタニタに出向となります。タニタは「健康を測る」というコンセプトの下、先進的な測定機器を開発していました。伊藤さんは、そこで世界初のデジタル尿糖計の上市に成功します。基礎研究や薬事からマーケティングまで、すべて経験した稀有な人材なのです。

このような経歴を持った優秀な人は世界中を探しても、見つかるものではありません。関水さんとしては、「まさに、諸葛孔明を発掘した劉備玄徳の気持ち」でした。伊藤さんの下に1年間も通い詰め、プロヴィゲートのCTO（最高技術責任者）に就任してもらいました。

　伊藤さんのCTO就任とともに、彼の片腕ともいえる池田悟さんもメンバーに加わってくれました。池田さんは、伊藤さんの大胆なアイディアを薬事に通して量産化を実現した実績の持ち主です。2人の「日本の宝」、いぶし銀の技術者たちがプロヴィゲートのものづくりを支えます。

　こうして最強のチームができました。その間質液による連続グルコースモニタリングの技術で突き進みました。涙からグルコースを検知して血糖値を測定するというアイディアです。

▶ 真の課題に気づく

　坂田さんはプロヴィゲートの起業前、JST（科学技術振興機構）の支援の下、VCであるUTEC（東京大学エッジキャピタルパートナーズ）と連携して、涙のグルコース、「コンタクトレンズで血糖値に該当する指標が測定できる」という洒落たコンセプトでスタートしました。その斬新な発想は、素人目にもわかりやすかったようです。UTECなどから開発に必要な資金を集めることができました。

　しかし、糖尿病のある方にとって、お洒落であることが大切なわけではありません。普段から細い針で血液を採取することに慣れているので、「無痛で涙糖を測定できる」ということも、思ったほどアピールはしませんでした。涙のグルコースは、濃度が朝と夜でブレることもわかりました。どれだけ良い技術でモノができても、臨床的な価値がなければ使いものになりません。

　この事実は、「それ、本当に必要？」といった本質的課題を考えるきっかけとなりました。そして、医療現場に足を運び調査を重ねるうちに、そもそも平均血糖をモニタリングしていないという「いまいましき事態」に

気づくことができたのです。

　社会一般には、「糖尿病のある人は日常的に血糖を測定している」というイメージがあるように思えます。しかし、それは、インスリンの投与が必要な重症者（糖尿病患者の約5％）の話です。日本の9割以上の患者は、1～3カ月に一度、通院時に測定しているに過ぎません。頻度が少ない人だと3カ月に一度の定期検診のみです。学校でいえば「期末試験」しか受けていないようなものです。

「血糖を測定していない9割の患者さんに本当に求められているものは何か？」。この疑問がプロヴィゲートの指針を変えました。

　インスリンを使わない9割の患者さんにとって重要なことは、瞬間の血糖を細かく測ることではなく、「血糖変動の全体像＝平均血糖」を知り、生活習慣の改善に反映していくことです。関水さんたちは当初、「CGMの課題は針を刺す痛みだ」という先入観にとらわれていたこともあり、この当たり前の「満たされていないメディカルニーズ」に気づくことができませんでした。

　しかし、医療の現場に通うことで、痛みよりも先に解決しなければならない臨床課題に気づいたのです。

▶ 紆余曲折を経ながら開発したモックアップ

　関水さんたちは、創業以前から連携している東大病院の教授たちと検討を重ねたそうです。その結果、糖化アルブミン（GA）で測定するのがよいのではないかという話になりました。

　GAによる血糖値測定というアイディアは、2015年に仮説、2016年に実証、2017年に確信へとつながりました。これは、医学部との度重なるミーティング、対話の中での気づきです。

　しかし、涙のグルコースから開発をスタートしていたため、平均血糖をモニタリングするための検査方法は開発途上です。

　検査するためのマーカーの新規開発はピボットとなります。ディープ

写真3-1 | 血糖測定機器「glucoreview」のモックアップ

（出所）プロヴィゲート

テック系ではピボットは忌み嫌われます。たとえそれが合理的な判断であったとしても、日本のVCにおいては、紋切り型に追加投資しないという判断が下されやすいのです。プロヴィゲートも例外ではなく、資金調達に苦労しました。危うく遭難して廃業しかねないという状況にまで追い込まれました。

このときに助けになったのが、2019年のNEDO（新エネルギー・産業技術総合開発機構）やAMED（日本医療研究開発機構）の助成金です。この公的資金の支援をもとにダイキン工業からの出資を獲得し、開発が再開できるようになりました。

その結果、涙液GAや唾液GAが血液GAと同等に使えることが判明したのです。こうしてクリニックでも家庭でも高い頻度で血統モニタリングできる製品に向けたモックアップをつくることができました。

GAの利点は、糖化ヘモグロビン（HbA1c）よりも、はるかにレスポンスが早い点です。HbA1cでは、行動変容をしても結果がわかるのは数カ月後ですし、しかも、その期間努力を継続する必要があります。成果の見えない努力ほどつらいものはありません。

一方で、GAは数日の行動変容の成果を素早く反映します。「今週は食べすぎたな」という自覚のある週はGA値が上昇し、「今週は先週よりもバランスの良い生活習慣だった！」という自覚のある週はGA値が低下します。

HbA1cが数カ月に一度の「期末試験」だとすれば、GAは日常的な行動変容のフィードバックに最適な「小テスト」というわけです。

　現在、プロヴィゲートは、強みを活かしたビジネスモデルデザインにも着手しています。独自のポータブル分析器が製品化されれば、検査室でなくても医療スタッフが簡単かつ安価に検査できるようになります。将来的には患者自身が在宅で自己検査して、クラウド上のサーバー経由で医療機関と共有することも可能です。

　さらにアップルのヘルスケアなどのアプリと連携できるようにすれば、利用者の健康管理をトータルにサポートすることができます。プロヴィゲートのサーバーにアクセスしてもらい、測定データを活用してもらえるような仕組みを構築する。これが戦略的な目標となっています。

4 最初のチーム編成が大切な理由

　冒頭の問題意識に立ち戻ります。ライフサイクル説が示すように、必要なメンバーは、必要なときに追加できるのでしょうか。役職さえ準備しておけば、後からオンデマンドで人を採用し、そこに配置できるのでしょうか。

　学術論文の結果とプロヴィゲートの事例から見えてきたことは、広く信じられているライフサイクル説のチーム編成の原理は、必ずしも当てはまらないということです。経路依存説が示すように、一人二役、できれば三役こなせるような人を少数集めて創業チームを編成すべきなのです。

　そうだとすれば、関水さんのようにチーム編成に徹底的にこだわるという姿勢が大切です。「この人たちにはわかってもらえない、うまくやれない」という不安を抱かせてしまうと、必要な人材が加わってくれません。話がわかる創業メンバーがいるからこそ、エース級の人材が集まるのです。

大学で起業家教育をしていると、経験の浅い学生起業家が、たまたま居合わせた仲間とその場のノリでチームの編成をするという光景をよく目にします。しばらく経ってから様子を聞くと、「事情があってコアメンバーを入れ替えているところです」とか「チームごと解散したので別のメンバーを募っています」といった報告を受けることが少なくありません。困難に直面すると、なかなか立ち行かなくなるようです。

　メンバーはどうせ変わるから大丈夫だ、というのも一面の真理なのかもしれません。超がつくほどの急成長を果たせば、必要な人材が手に入るのも事実でしょう。有識者やベンチャーキャピタルも、入れ替えを当然視しています。ずっと考え込んでいるよりは、いち早く行動に移してアイディアを形にしていくべきです。

　しかし、だからといって創業チームのメンバーを軽視してよいというわけではありません。ベックマンとバートンの両教授は、狭い範囲での経験しかない「ガレージ」起業家が成功する可能性は低いといいます。やはり、知識と経験を幅広く備えたメンバーとともに創業するに越したことはないのです。

　実際、ディープテックスタートアップの創業者の多くは、優秀な人材の確保に苦労しています。大企業に人材が流れてしまうことも原因の１つですが、安定した給与ではなく、やりがいを求める起業家集団をつくるのですから、「この人のためであれば」と思ってもらえることが大切です。面接しても、「響かない」「共感し合えない」というような事態に陥らないように、多様な才能を持った人たちを引き込めるような創業チームをつくっていく必要があります。

　もちろん、最初から大世帯でスタートするわけにもいきません。６つの機能が必要だとしても６人を雇うだけの人件費はありませんし、６人だと連携が複雑になりすぎます。機動的に進められる人数は２〜３人だといわれます。そうだとすると３人のメンバーが「一人二役」をこなすか、２人のメンバーが「一人三役」こなすつもりで頑張るというのが理想となりま

す。
　感情を備えた人を扱う組織を、あたかもプログラムや機械のように「切った張った」で最適化を図れるとは限りません。組織における構造的な慣性が働き、初期の構造が長期にわたって維持される可能性が高いとすれば、やはり、将来の企業の成長に向けて、最初が肝心なのではないでしょうか。

第 **4** 章

規制の空白を埋める

もし、すべてのルールを守っていたら、
どこにもたどり着けてなんかいなかったわ。
——女優 マリリン・モンロー

1 ドローンが不時着した

　新しい製品・サービスが、社会から「危険なもの」と認識されると、その事業はもうおしまいです。特に目新しくて規制すら存在しない領域は注意が必要です。

　「2015年、首都ワシントンのホワイトハウスの芝生にドローンが不時着しました。地域の住民が、店で購入したドローンを制御し損ねたのです。大統領官邸は即座に封鎖され、産声を上げたばかりのこの業界に暗雲が漂いました。熱狂的なドローンファンの歓迎ムードとは裏腹に、安全性やプライバシーの問題について批判的な声が高まりました。
　連邦航空局（FAA）は、ドローンをどう規制するかについて決めかねています。玩具として扱うべきか、航空機として扱うべきか。操縦免許は必要なのか否か。適切な前例はなく、規制の行方はきわめて不確実です。既存の法規制に適合しにくく、規制が不十分な空間、いわゆる『規制の空白』が生まれました」[1]

　ミシガン大学のチェン・ガオ准教授とハーバード大学のローリー・マクドナルド准教授は、民生用ドローンで問題になった「規制の空白」は特殊なことではないと言います。

- 自律制御によって運転される自律走行
- 望ましい形に遺伝子を書き換えるゲノム編集
- 実験室育ちの培養肉

1　Gao and McDonald（2022）の冒頭の内容を筆者が意訳。

新たなイノベーションが次々と生まれていますが、開発した技術が画期的であればあるほど、「規制の空白」が生まれやすくなります。起業家としては当然、自らの製品やサービスを広げようとしますが、規制当局としては利用者や消費者の安全を保護しなければなりません。その一方で、イノベーションの芽を摘み取らないように苦慮するわけです。

　起業家は、このような状況で、規制の空白にいかに向き合えばよいのでしょうか。この章では、規制の空白に対してどのような対応が可能なのかについて考えていきます。

2　スタートアップの規制対応

▶ 規制に寄り添うか、市場の支持を得るか

　規制への対応といえば、ロビー活動、選挙献金、政治的コネクションの活用などが考えられます。しかし、これらは大企業の手法です。スタートアップの影響力は皆無に等しいので、通常、規制当局を動かすことは難しいでしょう。

　基本的にとりうる選択肢は2つです。それは規制を先取りして寄り添うのか、あるいは、市場の支持を得るのかです。

　規制の先取りというのは、規制当局が懸念するポイントを事前に押さえ、規制のグレーゾーンに抵触せずにビジネスを行うというものです。あるいは、コストを惜しまずに、条件を満たしてホワイト化するという方法、これも一種の先取りです。

　規制の先取りのメリットは、将来的に大幅な修正をせずに済むことで、そのデメリットは、理想的なビジネスから遠ざかることです。理想的な市場で活動できなかったり、最適な製品・サービスが提供できなかったりす

る可能性もあります。かといって規制をクリアするために追加的なコストを支払うと、価格競争力が落ちてしまいます。

　一方、市場の支持を得るというアプローチは、規制の行方は不透明だと割り切ります。まず顧客が求める最適な製品・サービスを提供してみて、消費者が何を求めるのかという感触を確かめる。そして、顧客に受け入れられれば、その実績を後ろ盾にするのです。いわゆる「速く動いて実績をつくる」「事前に許可を求めるのではなく、事後的に許しを請う」というやり方です。

　この方法のメリットは、対象とする顧客が求める製品やサービスの設計ができるという点です。市場の支持が得られれば、規制にもプラスに影響するかもしれません。デメリットは、望まぬ方向で規制が強化されると、製品・サービスの継続自体が難しくなってしまう点です。

　多くのスタートアップは、これら2つの選択肢をうまく組み合わせて対応しているように思えます。

▶ パーソナルゲノム解析の悩み

　ガオとマクドナルドの両准教授は、「パーソナルゲノム解析」として知られるDTC（Direct-to-Consumer）遺伝子検査の業界に注目し、規制の空白がどのように生じ、そして、埋められたのかを調査しました。

　DTC遺伝子検査とは、唾液サンプルを採取して消費者のDNAを分析し、その消費者の家系、遺伝形質、病気にかかる遺伝的リスクについて検査するものです。技術の進歩によって、癌から薄毛まで200を超える項目についての遺伝子情報を安価に提供することができるようになりました。しかし、米国FDA（食品医薬品局）は、規制の方針をすぐに打ち出すことができませんでした。検査は医療機器なのかノベルティグッズなのか。医師の処方箋が必要なのか否か、判断に苦慮していたのです。

- ゲノム検査の精度や有効性は十分なのか。

- 安易に遺伝子と病気のリスクを関連づけてよいのか。
- 消費者は検査結果に過度に反応して軽率な行動を取ったりしないか。
- 機密性の高いプライバシー情報の扱いは大丈夫なのか。

　慎重派の人たちは、「消費者が遺伝情報を解釈し、適切な判断を下せるよう、医師などの仲介を必要とすべきだ」と主張しました。その一方で、「消費者は、自分自身の遺伝情報を入手する権利がある」という主張もありました。実際、消費者による遺伝学的検査を規制する法律はありません。特定の疾患の家族歴があるなど、特殊な状況で医師の指示があれば、誰でも受けることが可能でした。

　2008年にFDAの高官は「この分野に大きな関心を持って見守っている」と明言する一方で、将来の見通しについて言及することは避けました。

　このような状況でA、B、C、D、Eの5つのスタートアップは、パーソナルゲノム解析の市場を立ち上げようと挑みます。創業者の年齢はほぼ同じで40歳代前半でした。5社すべてがほぼ同時期に立ち上げられ、著名なVCからの資金調達に成功して、主要新聞や雑誌のメディアから注目されていました。

　ただし、規制の空白に対する対応は対照的でした。A、B、Cの3社は、規制当局の動きを先読みして、絶対に違法にならないようにグレーゾーンを避けました。一方、D、Eの2社は、規制当局の動きは不透明だと考え、市場に目を向けて製品・サービス開発を行いました。それぞれの会社の命運はどうなったのでしょうか。

▶ **規制の3つの段階**

　新興産業において規制の空白はいつまでも放置されることはありません。やがて規制当局から制約が課せられて圧力がかかり、さまざまな試行錯誤を経て、規制のあり方が収束します。パーソナルゲノム解析も、①規制の空白、②規制の圧力、③規制の収束、という3つの段階で発展してき

ました。5つのスタートアップの規制に対する戦略も、段階ごとに変化を遂げていきます。

① 規制の空白

　A、B、Cの3つのスタートアップは、規制の先取り戦略をとりました。これらの会社はFDAが懸念しそうなポイントを推測し、そこに抵触しないように初期戦略を策定しました。

　たとえばA社は、2つの対応を行いました。1つはFDAの管轄下にない米国外の顧客をターゲットにすること。そしてもう1つは、超富裕層をターゲットにすることで価格を高く設定し、医師の仲介やプライバシーの対応を万全にすることです。

　B社は、検査の妥当性について懐疑的な意見が出されることを予期しました。その対応として、疾病と遺伝との関連性については、最も確かな報告だけにとどめました。

　またC社は、消費者が検査結果を曲解して過敏に反応するリスクに備えました。心理的なストレスをかけないように、遺伝カウンセリングを主力製品に組み込んだのです。

　これらの3社は、規制の先取りによってリスクを減らすことができましたが、消費者に訴求することはできませんでした。十分な「市場牽引力」が得られず、メディアからもあまり注目されませんでした。結果的に、投資家から十分な追加資金を得ることも難しくなりました。

　これとは対照的に、D社とE社は、初期の段階では、規制は「ひとまず横に置いておく」という戦略的対応を取りました。D社は消費者に十分アピールできるように、疾病と遺伝との関連性について、多様な可能性を報告するように設計しました。さらに遺伝的特徴を共有するソーシャル・ネットワーキング・サービスも開始しました。

　E社は、大胆にも米国の大手薬局チェーンとの販売契約を発表しました。これはパーソナルゲノム業界で初の提携となりました。そのうえで、

競合他社よりも安くて使いやすい製品を開発して消費者にアピールしました。

もともとD社とE社は、規制を先取りした3社よりも少ない資金しか調達できていませんでした。しかし、「ひとまず横に置いておく」という戦略的対応によって、前述の3社よりも強い市場牽引力を発揮できたのです。

② 規制の圧力

パーソナルゲノム解析の市場が立ち上がって3年も経たないうちに、規制当局は積極的な姿勢を見せ始めます。ちょうどE社が大手薬局チェーンと販売契約を結ぶと発表した直後のことです。5社すべてに書簡を送り、DTC遺伝子検査を医療機器と見なすと伝えました。これによって今後、開発する製品については、消費者に販売する前にFDAの事前承認が必要となります。

ただし、すでに上市した製品やサービスについて認可を受けるまで撤去せよと命じられたわけではありません。また、FDAはスタートアップの経営者と「対話する姿勢」も見せていました。パーソナルゲノム解析の業界では、依然として規制の先行きは不透明で、FDAがどこで線引きしているのかは明確ではありませんでした。

A社、B社、C社は、規制が強くなってより厳しく監視されることを予測し、コンプライアンス戦略を徹底させました。FDAは、一般消費者への危害を懸念していたため、これら3社は顧客ターゲットを一般消費者（B to C）から、法人企業（B to B）へと変更したのです。

一方、D社とE社は、市場に受け入れられるように魅力的な製品・サービスの開発を心がけました。ユニークなのはD社の対応で、ユーザーが家系図の先祖をたどれるように親族検索機能を始めたのです。この機能は有名人の先祖に関する著名なテレビドキュメンタリーシリーズで使用されて話題になりました。

D社は、FDAの姿勢に公然と疑問を呈し、「人々は自分の遺伝子と自分

の体について知る権利がある」と主張しました。医師の仲介を介さずに、数百万ドルのテレビ広告を出し、直接販売し続けたのです。

その一方で、D社はリスクヘッジの行動もとっており、規制要件の緩やかな国際市場に進出したのです。その結果、カナダをはじめとする国際市場での存在感を高めて収益を伸ばすことができました。これら2つの事業によって、D社は少なくとも規制上の問題を解決するための時間を稼ぐことができたのです。

E社は、規制に従うポーズを見せながらも現実的な対応をとりました。消費者が製品を注文する際には医師のサインが必要だといわれたので、それをオンラインの承認で済ませるようにしました。

同時に、規制の緩い発展途上国にも進出しました。このリスクヘッジの対策が功を奏し、ブラジルとトルコで販売量を伸ばすことができました。両者とも粘り強く規制に対して挑戦し続けたため、何が許されるかについての限界を探ることができたのです。

③ 規制の収束

設立から5年以上が経過すると、規制の範囲と方向性が収束し、5社の明暗もはっきりしていきました。規制を先取りした3社のうちA社はバイオテクノロジー企業に買収され、B社は医薬開発に科学データベースを用いようとする企業に買収されました。そして、C社は実績を上げることができず、資産売却されました。

最終的に、スタートアップとして生き残ったのはD社とE社です。D社は単独でFDAと直接交渉するという大胆な行動に出ることにしました。FDAの懸念は2つあり、1つが検査の精度で、もう1つが消費者の理解不足でした。そこでD社は、これまでの経験を活かし、パーソナルゲノム解析のための新しい規制の枠組みを提案したのです。

1つ目の検査の精度については、実験を重ねることで容易に解決できました。もう1つのユーザーの理解不足については、未知の領域であったた

図表4-1　規制の空白への対応による明暗の差

	①規制の空白	②規制の圧力	③規制の収束	結果
A	規制の先取り	規制遵守の強化	—	買収された
B	規制の先取り	規制遵守の強化	—	買収された
C	規制の先取り	規制遵守の強化	—	買収された
D	市場の最適化	別領域サービスの開発と国際化によるヘッジ	共創	成長した
E	市場の最適化	最低限の対応と国際化によるヘッジ	対応	生存した

(出所) Gao and McDonald（2022）より作成

め、どのように設計して実証するかの試行錯誤が必要でした。数十回にわたってユーザーインタビューを行い、視覚的なシステムをつくり上げ、1万人以上にテストしました。その結果、理解度が90％に達し、FDAからの承認を得ることができました。

　E社のオンラインの医師の承認に対しては、FDAからの特段の反対はなく、この回避策によってE社の米国消費者の基盤ができました。

　FDAはエリート集団ではありますが、技術を詳細にまで理解して、最適な診断とは何かをイメージできているとは限りません。むしろ、技術進歩が加速する中で、破壊的な技術に対しての知識が十分でない可能性もあります。

　このような場合、スタートアップは積極的に提案を行い、共に規制をつくり上げ、迅速にイノベーションを引き起こすことができます。ガオとマクドナルドの両准教授は、これを規制への新たな対応としての「共創」と位置づけました。

日本にも規制の空白に対して積極的な対応をとるスタートアップがあります。その１つが、再生医療の技術を活かして食料問題を解決しようとするインテグリカルチャー株式会社です。共同創業者の羽生雄毅さんと川島一公さんは、海外でも見られるイノベーションエコシステムを日本でも構築することで、規制の問題をクリアしようとしています。次節では同社の独自技術と規制の空白への対応を紹介します。

3 ［事例］細胞培養食品で新たな食文化を創る
インテグリカルチャー

　牛肉の値段は、スーパーの表示価格だけでは計り知れません。地球環境に照らし合わせると、牛肉１kgを生産するのに必要なトウモロコシは11kgだといわれます。これを必要な水資源に換算すると約２万リットルにも達します。環境への負荷を考えると牛肉１kgの価格はすさまじい金額になるのです。

　再生医療の技術を活かして人工的に肉や農作物をつくれば、環境負荷を減らすことができます。2013年にオランダのモサミートが世界初となる細胞培養食品（いわゆる培養肉）[2]のハンバーガーを発表して以来、培養肉への社会的関心が高まるようになりました。

　もっとも、このハンバーガーがすぐに広まったわけではありません。研究費も膨大で、１個つくるのに3500万円ほどかかりました。大量生産できたとしても、ハンバーガー１個当たりが1400円ぐらいになるという試算です。

　インテグリカルチャーは、独自の細胞培養技術によって、そのコストを桁違いに安くしようと考えます。同社によれば、この独自技術が普及すれ

2　いわゆる培養肉・培養魚肉の正式名称については、「細胞培養食品」などの名称が候補に挙がっており、各省庁で検討が進んでいます。

ば環境への負荷を最小限に抑えつつ、タンパク質1kgを600円でつくれるようになるそうです。効率的にタンパク源を生み出すという、その独自技術とは、いったいどのようなものなのでしょうか。

▶ 人間の器官の働きを再現した独自システム

培養肉のコストが莫大になる理由は2つあります。1つには細胞の培養に必須な培養液の単価がものすごく高いこと。そして、もう1つには効率的な培養をするための技術が未熟であることです。

これまでの培養方法は、大きなタンクにさまざまな栄養成分とホルモンを入れて細胞を撹拌（かくはん）するというものでした。これは、自然界の生物による組織化メカニズムとかけ離れています。

そこで川島さんは、自然界の体内システムに学び、人体を模倣してそれと似たシステムを構築することにしました。それが、汎用大規模細胞培養技術のCulNetシステムです。

人体を模倣して開発されたこのシステムは、臓器や血管を人工物に置き

図表4-2　CulNetシステムのイメージ図

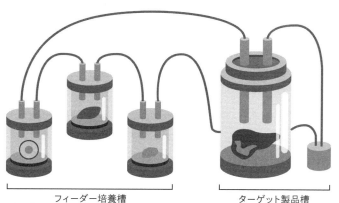

フィーダー培養槽
プロダクトに必要な成分をつくる細胞を培養

ターゲット製品槽
プロダクト（肉や皮などを培養する）

（出所）インテグリカルチャー

換えてシステムが構築されています。人間の体にはいくつもの臓器があって、それが血管でつなげられています。心臓がポンプの役割を果たして、身体中の臓器に血液を循環させます。臓器を介することで、体に必要な栄養成分やホルモンは生成されます。それゆえ、この臓器の組み合わせを装置に置き換えれば、効率良く、安価に細胞の成長を促すことができると考えられたのです。

　もし、一般的な細胞培養で実施すると、さまざまな栄養成分とホルモンを１つ１つ外から入れてコントロールしなければなりません。多くのホルモンは１週間以内に使えなくなる（陳腐化する）ので、適切なタイミングで連続投与する必要があります。どうしても製造コストが高くなるのは、このためです。

　川島さんは、発想を180度変えました。従来の、要素から１つ１つ組み上げるというアプローチではなく、「自然に細胞が出来上がる」という環境を人工的に準備するわけです。まさにコロンブスの卵といえる発想で、これが実現すれば大幅なコストダウンが可能になります。また、応用範囲も広いので、食材はもちろん、コスメなどにも活用することができます。

▶ **臓器を装置に置き換えた**

　しかし、川島さんのアイディアは「体内のシステムを再現するもの」であり、誰も開発したことがありません。コンセプトは明確でも、それを実装するのは容易ではないのです。試作するにしても、どのようなアプローチをとるかによって成否が分かれます。予算の制約から一本に絞って挑戦せざるをえないという状況に追い込まれそうになったのです。

　幸い、インテグリカルチャーはNEDO（新エネルギー・産業技術総合開発機構）の助成事業に採択されました。この助成事業のおかげで、複合的な試験をいくつか行うことができました。そして、最適な手法を用いて社会実装に結びつけることができたのです。

▶ 社会的な推進の失速

　インテグリカルチャーは2022年1月のシリーズAラウンドで7.8億円の資金調達を実施し、累計資金調達額も約19億円に達しました。しかし、グローバルな基準では十分だとはいえません。

　そもそも日本における資金調達の環境に問題があります。羽生さんが細胞農業分野への累計投資額を調べてみると、日本が約25億円であるのに対し、米国は約2300億円、イスラエルは約900億円だったそうです。海外で有望視されるスタートアップ1社の調達金額が、日本全体の投資額より多いという計算になります。

　「日本の細胞農業は動き出しが早く、当初は先頭集団を走れていました。官僚の方々もいろいろと頑張ってくれて、他国より5年くらい早い動きができていたと思っていますが、今はそのレースから脱落しつつあります」[3]

　資金調達が十分でないと、実証のための製造ラインの開発が遅れてしまいます。監督官庁である厚生労働省としても、実績がなければ実証実験を進めて規制のあり方を検討することができないのです。

　パートナーとなりうる大企業も同じです。商社なども関心を示してくれましたが、技術そのものの不確実性のみならず規制が不透明だと、結局は投資が見送られてしまいます。

▶ 3つの力で社会に広める

　食糧生産についての歴史を振り返ると、大企業が慎重になる理由もわか

3　高嶋幸司「培養肉の開発競争、『先頭集団』だった日本の現在地」TECHBLITZ、2023年11月16日（https://techblitz.com/integriculture/）。

ります。10年以上前の話になりますが、遺伝子組み換えのトウモロコシが社会的に大きな問題になりました。たとえ科学的に安全だと証明されても、一般消費者としては安心して食べることができなかったのです。

羽生さんは、その原因の1つは、遺伝子組み換え技術が特定企業の利益のために使われ、その詳細も企業機密として隠されてきたからだと考えています。同じ轍を踏まないためには、この教訓から学び、細胞培養の食糧生産では透明性を高める必要があります。

羽生さんは、経済の論理だけで推し進めても健全な形にならないと考え、グローバルに発達してきたバイオエコシステムも参考にする必要があると考えました。

海外では、3つのタイプの機関や団体が、それぞれ固有の役割を受け持ち、細胞農業を普及させようとしています。

まず先鞭をつけるのが、「SF／アート」や「DIYバイオ」などの尖った発想によって社会に可能性を問題提起する団体です。次にそれを支えるのが、有識者や思想リーダーが参加して、ときに科学的な見地から政策提言する非営利団体です。最後にスポンサーとしてその後ろ盾になるのが、技術の社会実装を担う企業です。

それはまるで、サブカル、科学、ビジネス、という3つの連なりで市場に浸透する掘削ドリルのようなものです。羽生さんは、国内でも同様の細胞農業のエコシステムが必要だと考え、[4] 仲間たちに協力を呼びかけていったのです。

こうして生まれたのが、インテグリカルチャーが活動するエコシステムです（図表4-3）。順に説明していきましょう。

① DIYで細胞肉、ウェブで生中継するプロジェクト

規制の空白を埋めるためのエコシステムの最も尖った部分はShojinmeat

4　「純肉：細胞培養による食料生産（2020版）」（https://www.slideshare.net/2co/2020-227253785）。

図表4-3　インテグリカルチャーのエコシステム

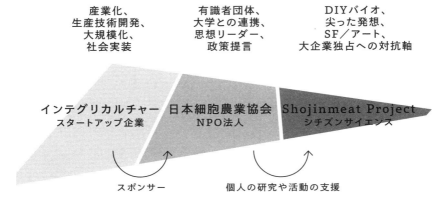

(出所) 羽生雄毅・Shojinmeat Project

Projectによって担われています。この団体は、「バイオ技術の研究開発と細胞農業の社会コミュニケーション活動を特定の大学や企業に属さない立場で行う、市民科学の有志団体」として設立され、同人誌の売上などで運営されています。

　Shojinmeat Projectでは、微量ながらも自宅で培養肉をつくる方法などもウェブや同人誌で公開しています。DIYで細胞培養して、それをウェブで生中継するなど、同人コミュニティでないとできない情報発信もしています。細胞農業や培養肉をテーマにしたSF作品がヒットすれば、社会一般での理解が進みます。このプロジェクトでは、アーティストを支援する活動も積極的に行っています。

② ルールメイキングに必要な情報を開示

　しかし、サブカルチャー的な訴求で社会に広がるものでもありません。羽生さんは、エコシステムの中に、学術の見識に力を入れつつ、細胞農業や培養肉の市場や技術に関する情報収集をするような機関の設立も促して

います。

　その１つが特定非営利法人日本細胞農業協会です。これはShojinmeat Projectからスピンオフした団体で、牛や魚などの細胞を生育して食用肉を生産する「培養肉」をはじめ、牛乳、チョコレート、皮革など、多様な資源をつくる細胞農業を紹介しています。

　同協会が設立にかかわったのが、細胞農業の業界を代表してルールメイキングを推進する、一般社団法人細胞農業研究機構（JACA）です。

③ 技術を社会実装して経済活動を牽引

　最後が、細胞農業の物理的なインフラを開発し、社会実装を果たすインテグリカルチャーです。すでに紹介してきたように、同社はスタートアップとして設立され、NEDOの助成金を受けて人体を模したCulNetシステムの開発に成功しました。VCからの資金調達にも成功し、将来的にはエコシステムの経済活動を担う推進力となろうとしています。

　細胞培養での食料生産は、科学技術の観点以外にも、政治経済の観点、人文芸術の観点など多方面に及びます。

　羽生さんは、細胞農業でも食糧生産の問題指摘をする団体、その指摘を受けて透明性を高めようとする機関が必要だと考えました。それが細胞農業のエコシステムだったのです。その背景について、次のように語ってくれました。

> 「現実的に考えて、経済で回すところがないとダメ。かといって、経済の理論だけではすべてを動かすことはできないというジレンマがあります。初音ミク的な２次創作、n次創作みたいなものが広く起こらないと、食文化としては定着しないと考えています」

4 規制の空白を埋めるための実績

　インテグリカルチャーは、規制の空白に対して戦略的な対応を行ったユニークな事例です。羽生さんたちは、「食文化であふれる、持続可能な世界」をつくり上げようと、生産設備を整え、試作・量産の実績を出して社会から支持されようと努力しています。

　将来の規制にも対応すべく、エコシステムを構築し、社会の理解を深めると同時に、政府の監督官庁とも対話を重ねています。この意味で、ガオとマクドナルドが言うところの「共創戦略」をとろうとしているともいえます。

　しかし、細胞農業についての規制の空白を埋めるという作業は、まだ途についたばかりです。

　一般に、規制当局としては、消費者を保護すると同時に、イノベーションを阻害しないよう注意を払わなければなりません。消費者の安全や公衆衛生にリスクをもたらす可能性のある製品・サービスについては、規制をより早く確立する必要があります。

　一方、そのようなリスクがないものについては、規制の空白の段階を長引かせることで、企業がより多くの探索や実験を行い、イノベーションを促進できる可能性があるのです。

　規制の空白を埋めるというと、メディアなどでは果敢なスタートアップが顧客に刺さる製品・サービスを投入して社会に広め、既成事実化するという手法が注目されることが多いように思われます。

　アメリカでシェアリングエコノミーがいち早く普及した背景には、市場の原理を重んじる規制環境があったからでしょう。既得権益を守るばかりではなく、イノベーションが実際に経済社会に対するインパクト（プラス面とマイナス面）を見極めてから、規制の空白を埋めようとする傾向が認め

られます。

　このようなシリコンバレー系のスタートアップに感化された起業家たちは、パワープレイで実績を上げようとする傾向にあります。

　しかし、アメリカと日本とでは規制に対する考え方も異なります。事前にさまざまなリスクを慎重に吟味する日本の環境では、必ずしもシリコンバレー流のパワープレイが通用するとは限りません。

　既存のルールをうまく適用することで、起こりうる問題を事前に摘み取る努力を惜しんではなりません。実証実験を丹念に蓄積して、規制当局に示すことで協力関係が築けるかもしれません。安全で社会のためになるというデータを判断材料として提供する必要があるのです。

　細胞培養食品についても、判断材料となるデータが必要です。インテグリカルチャーの場合、規制の空白を埋める前に、製品を開発して実績をつくる必要があります。

　羽生さんたちは細胞培養食品を本格的に生産する前に、CulNetシステムを他の分野に応用して実績を高め、さらなる資金を集めようとしています。マイルストーンを3段階に分けて設定し、それぞれの段階のビジネスモデルを構想しているのです。これについては第5章で説明します。

2ND STEP

ビジネスモデルをつくる

- ▶ 第5章　ビジネスモデルを構想する
- ▶ 第6章　ピボットする
- ▶ 第7章　カテゴリーを越えた顔を持つ
- ▶ 第8章　投資家は何をどう見るか
- ▶ 第9章　出口戦略としてのM&A
- ▶ 第10章　競争優位を構築する

製品が完成して追加的な資金が得られても一息ついている暇はありません。どの顧客に、どのような価値を提案し、いかにして収益を上げるのかというビジネスモデルを設計しなければならないからです。自らの果たすべきミッションと自らの強みを自覚している企業は、ピボット（軸足を残した方向転換）をすることはあっても、漂流することはありません。複数のビジネスモデルを描いては試しを繰り返し、本当の自分を探し当てていきます。そして、「これだ！」と確信できるビジネスモデルが定まると同時に、アイデンティティが明確になります。「これで勝負できる」という自信と「これで勝負する」という覚悟が定まり、迷いがなくなるのです。

第 5 章

ビジネスモデルを構想する

経営者は時を告げるのではなく、時計をつくらなければならない。
——経営思想家 ジム・コリンズ

1 技術を社会実装する

　ビジネスモデルというと、一般的には「儲けの仕組み」と理解されています。しかし、これから技術を社会実装しようとする起業家にとっては、それを超えた存在となります。ゼロからスタートするにしても、社内で新事業を創造するにしても、あるいは、製品・サービスを開発するときも、ビジネスモデルは起業家の未来を切り開く「強力な武器」となるからです。改めて問います。

　「なぜ、テック系の起業家も、ビジネスモデルを学ぶ必要があるのでしょうか？」

　おそらく、「儲けの仕組みを理解して、技術の社会実装に役立てたい」と思われるのではないでしょうか。実際、ビジネスモデルという考え方を知ることで顧客に喜ばれ、社会に役立つ事業設計が可能になります。
　ビジネスモデルがわかれば、もやもやが晴れて視野が広がります。普段何気なく使っているサービスの儲けのカラクリがわかり「なるほど」と感じることも増えます。世界の経済をリードする巨大企業への理解も深まり、知的好奇心が満たされます。世の中の仕組みがわかり、より大きな構想もできるようになります。
　この章では、ビジネスモデルとは何か。そして、テック系の起業家でも、どのようにすれば簡単に構想できるのかについて考えていきます。

2 ビジネスモデルとは何か

　学ぶ意義についてもう少し考えるために、ビジネスモデルとは何かを考えてみましょう。ビジネスモデルの定義にはさまざまなものがありますが、わかりやすく本質を突いたものが1つあります。

　「ビジネスモデルとは、どのように価値を創造し、顧客に届け、自らも収益として獲得するかを論理的に記述したもの」[1]

　この定義は、世界の起業家にも広まりつつあります。企業と顧客を結びつけるストーリーを描き出す、そして論理的かつ魅力的に語ることによってビジネスを表現するものなのです。[2]

　ビジネスモデルを学ぶことには4つのメリットがあります。

① ビジネスモデルを適切に分析して設計／評価することができる

　ビジネスモデルというのは、たとえていえば、演劇における表舞台を成り立たせている舞台裏のようなもので、目立たない仕組みが大切です。製品やサービスの素晴らしさは意識しなくてもわかりますが、ビジネスモデルの素晴らしさは、注意深く見なければわからないのです。価値の創造と獲得の論理を読み取ることができれば、適切に評価したり設計したりできるようになります。

1　オスターワルダー／ピニュール（2012）。
2　井上（2021）。

② **自分の考えていることをカタチにして、必要な資源を集められる**

　ビジネスモデルを描くことで、自分の考えを整理することができます。アイディアが明確になり、他人にも伝えられるようになります。自らの事業をビジネスモデルとして、いきいきと論理的に語ることができれば、投資家やパートナーの共感を呼び込むことができます。名だたる起業家はみんな、ビジネスモデルを用いたストーリーテリングが上手なのです。

③ **軸足が定まり、判断基準が明確になる**

　ビジネスモデルを理解していれば、難しい経営判断が迫られたときにも対応ができるようになります。軸足が定まるので、判断に迷うことがあっても場当たり的な対応をせずに済みます。人間のカラダと同じように、不具合が起きそうなときも予防医学的に機能不全の原因を突き止め、理想の状態に戻すことができます。

④ **事業の承継や売却が容易になる**

　ビジネスモデルが明確であれば、事業は安定します。不況期に業績が悪化しても、投資家が去っていくこともありません。ビジネスの構造がしっかりしていれば、他の人に委ねることができます。すなわち、後継者に譲ることもできるし、売却することもできるのです。逆に、ビジネスモデルが定まっていなければ、他の人に委ねてもうまくいきません。後継者に任せて事業を成長させることも、売却して次の新しいスタートアップの資金を得ることも難しくなります。

▶ **ビジネスモデルを描き出す**

　いずれにしても、ビジネスモデルを描き出さなければ話になりません。うまく描き出せば、ベンチャー投資家から支援を得たり、パートナーを集めたり、そして、顧客にも受け入れられることでしょう。

　それでは、どのように描き出せばよいのでしょうか。いくつかの方法が

ありますが、ここでは言葉に頼らない方法、すなわち、ビジネスモデルを構成する主体間の「関係性」に注目する方法を紹介します。

この方法では、ビジネスモデルに登場する人や組織が、矢印の結びつき方によって関係づけられます。オーディエンスにとって直感的に理解しやすいので、グローバルな舞台で言葉に頼ることなく、投資家に説明することができます。

「関係性」に注目した方法として、一般的によく見られるのが有価証券報告書で示される事業系統図です。ただし、この図の表記ルールは標準化されていません。それゆえ、読み解くのに時間がかかり、誤解を招くことすらあります。

そこで、私たちは事業系統図の作法を踏襲しつつ、表記ルールの標準化を行うことにしました。このときに参考にしたのが、板橋悟さんが発案した「ピクト図解」です。[3] この図解はピクトグラムという絵文字を使ってビジネスモデルを「見える化」する手法です。表記ルールを統一することで、十人十色の描き方になることを防いでいます。[4]

▶ **表記ルール**

表記ルールはきわめてシンプルで、4点に集約できます（図表5-1）。

① アクターは四角で囲み、必要に応じて社名などを入れる。
② 交換関係を基本とし、製品・サービスの提供に対して、対価を支払うという相互関係を矢印で記す。フリーミアムなどの無料サービスにも、必ず「￥0」というような対価を記す。
③ 継続的な関係は二重線、フックとなる製品・サービスは破線で示す

---

3 板橋（2010）。
4 私たちも、ビジネスモデルの定義に照らし合わせてアレンジしてみました。本書で紹介する図解は、「ゼロつくBM図解」というもので『週刊東洋経済』の「もうけの仕組み」（『会社四季報』の担当記者とのコラボ企画）の特集にも採用された様式です。

図表5-1 | 表記ルール（簡易版）

など、矢印の種類で関係性を示す。
④ 必要に応じて矢印の近くに製品・サービス名をつける。

　まず、ビジネスモデルに登場する人や組織を洗い出す必要があります。製造業であれば、メーカー（自社）と顧客が登場します。より詳しく描き出す場合は、供給業者をそこに加えます。流通小売であれば、仕入れ先、小売（自社）、そして顧客が描き出されます。いずれも、四角の囲みで示され、左から右へと配置されます。これは、付加価値が顧客に届けられる順序をイメージにしたもので、上流が左、下流が右というのが基本です。

　次に、登場する人や組織の交換関係を描き出します。製品やサービスが届けられ、その対価を収入として得るという取引関係（交換関係）が描き出されます。多くのビジネスの場合、製品・サービスが先に届けられ、それに呼応して対価が支払われます。それゆえ、前者を上に配置し、後者を下に配置します。矢尻については、モノの流れを示すものは黒塗りで、カネの流れを示すものは白抜きにして区別します。

　ここで大切なのは、関係の内容です。ワンショットの取引関係（つまり、製品を提供して代金をもらう）であれば、通常の1本の矢印で示されます。一方、サブスクリプションに代表される繰り返しの関係は二重線の矢印で示されます。そして、「損して得取れ」の精神で収益を確保するような場合は、フック製品を破線の矢印で表現します。

図表5-2 　フリーミアムのビジネスモデル

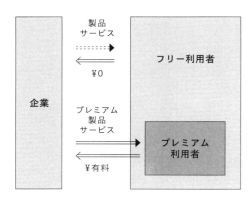

▶ 具体例その1　フリーミアム

　ルールだけ説明されても、なかなかわかりにくいと思いますので、具体例を2つ紹介します。1つはアドビやZoomでお馴染みのフリーミアムのビジネスモデルです。すなわち、フリー利用者に無料でサービスを提供し、付加的な機能を求める一部の利用者に有料でサービスを提供するというものです。このモデルは図表5-2のように示すことができます。

　表記上のポイントは3つです。1つ目は、多くのフリー利用者の中に一部のプレミアム利用者が入れ子構造に含まれていること。2つ目は、それぞれ継続的なサービスが提供されているということで、二重線の矢印で示されていること。3つ目は、フリー利用者からは0円の対価を、プレミアム利用者からは有料の対価を得ている点です。

▶ 具体例その2　補完財プラットフォーム

　次の具体例は、テック系でよく見られる「補完財プラットフォーム」のビジネスモデルです（図表5-3）。その典型は、アップルのiPhone、マイクロソフトのWindows、あるいはアマゾンのAWSです。

| 図表5-3 | 補完財プラットフォームのビジネスモデル |

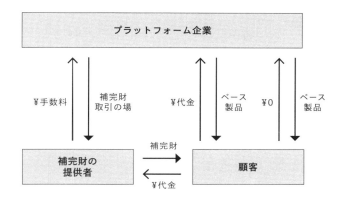

　まず、ベース製品を提供するプラットフォーム企業があります。利用者である顧客は、ベース製品（iPhone、Windows OS、AWS）を購入します。加えて、そのベース製品を補完する製品（アプリ、ソフト、補完サービス）を購入して、利用価値を高めます。これらの補完財は、プラットフォーム企業から提供されることもありますが、その多くはサードパーティと呼ばれる補完財の提供者から購入します。

　補完財の提供者は、プラットフォーム企業から、ビジネスをするための支援を受けます。具体的には、補完財を開発するのに必要な情報や、補完財の取引の場を提供してもらいます。その対価として手数料を支払うこともあれば、無料で済む場合もあります。

　表記上のポイントは4つです。1つ目は、ビジネスモデルに登場する人や組織が3つあるということ、つまり、三者間市場が成立していることです。2つ目は、プラットフォーム企業が、利用者と補完財の提供者のそれぞれに対して取引の場を提供している点です。3つ目は、利用者と補完財の提供者との間で取引が行われている点です。そして4つ目は、ベース製品にしても補完製品にしても継続利用の可能性があり、二重線で描かれる場合もあるということです。

それでは、テック系の起業家は、この図解を用いてどのようにビジネスモデルを構想できるのでしょうか。第4章で紹介したインテグリカルチャーのビジネスモデルを紹介しましょう。

3 ［事例］3つのステージでビジネスモデルが進化する
インテグリカルチャー

▶ 実績を出すための活用

インテグリカルチャーがめざしているのは、超巨大企業が独占する世界ではありません。一般の人たちも参加できる細胞農業、つまり、食文化をいろいろな人がつくれるようになるという世界です。

これを実現するビジネスモデルは何か。共同創業者の羽生雄毅さんたちは「食文化であふれる、持続可能な世界へ」という理想から逆算して、現時点で何ができるのかを検討してロードマップを描き出しました。それが、3つのステージを経て進化するビジネスモデルです。

▶ 化粧品会社に細胞の培養上清液を売る

第1の段階は、つくったものを自分で売るというビジネスモデルです。ただし、消費者ブランドまでつくろうとすると、売り場づくりに踏み込まなければなりません。インテグリカルチャーには、店舗を整備するだけの資本もノウハウもないので、法人向けに販売することにしました。

細胞農業というのは、必ずしも培養肉などの食品だけを扱うものではありません。美容に有効な細胞を人工的につくることもできるのです。そこで羽生さんたちは、まず、培養した細胞の培養上清液をB to Bで化粧品会社に原材料として販売することにしました。化粧品はアンチエイジングの成分で話題になることもあり、細胞農業の有効性を示すのに向いていま

図表5-4　化粧品メーカーに向けた原材料販売のモデル

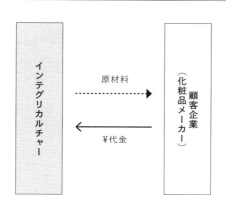

す。

　独自開発した化粧品原料「セラメント」に関しては、若返りにも近い「巻き戻し美容」が期待されます。卵（鶏卵）の中の雛が生まれる前の細胞の培養上清液を皮膚にかけると、皮膚の細胞の遺伝子発現のパターンが成人のものから赤ちゃんのものに近づいたそうです。この効果は消費者にうまく伝えることができれば、十分にアピールすることでしょう。

▶ 機械を置いてもらい、運用サービスを提供する

　第2の段階は、顧客企業にCulNetシステム自体を販売するフェーズです。ユーザー自身がこのシステムを活用できるように装置の完成度を高める必要があります。少量生産しかできなくても、そしてコストが少し高くついたとしても、品質の良いものを安定生産できることが大切です。

　羽生さんたちは、アンチエイジングの化粧品だけではなく、フォアグラなどの高級食材の可能性も探りました。研究開発をメインにしながらも、いろいろ工夫することが可能です。しっかりと収益を上げつつ、将来のビジネスの可能性を広げていく段階だともいえます。

　顧客企業にCulNetシステムを設置してもらえれば、その次の段階に進

図表5-5　CulNet Systemを設置ベースとするモデル

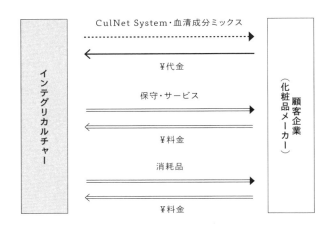

むこともできます。ユーザー企業は、ハードウェアも自由に組み合わせることができます。インテグリカルチャーが、コアパーツ（結成成分ミックス）を提供し、利用者がいろいろな細胞を開発できるように支援することも可能です。

現在では化粧品メーカーだけではなく、食品メーカーに対してもこのような取り組みが進められています。これは後述する「設置ベースモデル」と呼ばれるビジネスモデルです。羽生さんも、社内では「GEのジェットエンジンのビジネスモデルをめざそう」と奨励しているそうです。[5]

▶ **オープンプラットフォーム**

第3の段階は、さまざまな人にCulNetシステムを使ってもらうためのプラットフォームを構築するというフェーズです。利用者は、化粧品、食品、素材、製薬などを自由につくることができます。開発パートナーがレシピの開発を手伝ってくれれば、さらに用途が広がり、CulNetシステム

5　GEアビエーションは、エンジン本体を割安な価格で提供し、メンテナンス（保守や部品交換）とコンサルテーション（燃費を節約する最適な航路）によって収益を伸ばしています。

図表5-6 | CulNet Systemで補完財プラットフォームを構築するモデル

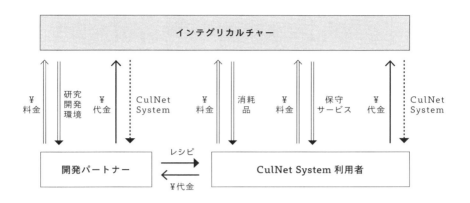

の価値も高まります。

　このシステムの装置の設置が進めば、インテグリカルチャーは、それを運用するサービスを提供できます。運用最適化、保守管理、消耗品提供など、さまざまな形で収益を上げることができるので、マネタイズには苦労しません。装置も含めたサービスのフルパッケージ化を進めることも可能です。

　さらに、利用者が広まれば、家庭やレストラン、あちこちで細胞をつくるレシピがつくられる世界となります。クックパッドのウェブサイトに、いろいろな人がつくったレシピが蓄積され、活用されるように、化粧品であっても培養肉であっても、Do it yourselfの精神で、自己開発、自己生産、自己利用が進む未来も実現するかもしれません。

　誰かがレシピを開発すれば、それをインテグリカルチャーのサーバーにアップロードしてもらい、それが売れたらレシピをつくった人にお金が行く。羽生さんたちは、App Storeを備えたアップルのプラットフォームのようなものを実現したいと考えています。

　もちろん、そのためには各種規制への対応が不可欠です。衛生環境が十分でないところで製造販売されると大変な事故になります。安全かつ安心

に進めていけるように、羽生さんたちは、段階的に実績を上げて、社会から認められる存在になろうとしています。

4 ビジネスモデルの9分類

　ビジネスモデルとは、いわば価値の創造と獲得のパターン（型）です。基本の型を学べば、そのうちのどれかを適切なものとして選び出して適用することができます。型の種類は多様に見えますが、そのほとんどが基本型の組み合わせにすぎません。

　ここでは、あえて数を絞った9分類を紹介します（個々のモデルの説明は章末にまとめました）。認知心理学の研究によれば、人間が覚えやすいパターン数は5〜9だといわれるからです。

　それでは、どのようにして型を分類すればよいのでしょうか。くどいようですが、ビジネスモデルの定義は「どのように価値を創造して顧客に届け、自らも収益として獲得するかを論理的に記述したもの」です。本書ではこの定義に従い、「価値創造の源泉」と「価値獲得の方法」という2つの観点に注目し、2つの観点の組み合わせからビジネスモデルを分類しました（図表5-7）。

　まず分類にあたっての基本的な考え方を紹介します。

▶ 価値創造の源泉

　「価値創造の源泉」とは、価値がどのように生み出されるかの論理に注目したものです。[6] 価値が生み出される源泉は、「単体の力」「引き合わせの力」「組み合わせの力」の3つに整理できます（図表5-7の横軸）。

6　Amit and Zott（2001）の価値ドライバーから着想を得ました。

「単体の力」とは、価値創造の大部分を製品・サービスの機能や魅力に依存する価値創造のことです。ビジネスモデル自体は単純でも商売が成り立つので、昔ながらのビジネスがこれに分類されます。製品・サービスの品質に頼った「製造販売モデル」、豊富なコンテンツありきの「継続モデル」、媒体としての魅力を背景にした「広告モデル」などが該当します。

「引き合わせの力」とは、本来であれば結びつきにくい需要と供給を引き合わせる価値創造のことです。地理的に離れた需要と供給を結びつける伝統的な小売モデルや、近年よく見られるマッチングサービスはその典型といえます。情報の非対称性を活用したり、取引コストを下げることで価値を生み出します。「フリーミアム」も、作り手と買い手の情報の非対称性をなくして引き合わせる力を活用した形態だと考えられます。

「組み合わせの力」とは、製品やサービスの間に生まれる補完性を意図的に創出・活用する価値創造のことです。利益率の低いものと高いものを同時に購入させる合算モデル、ベース製品の導入後に消耗品やサービスで収益を伸ばす設置ベースモデル、サードパーティのために環境を整備する補完財プラットフォームがその典型となります。

▶ 価値獲得の方法

「価値獲得の方法」は、売上の流れをどうつくるのかの取引構造です。[7]
価値獲得の方法は、「価値連鎖型」「リカーリング型」「三者間市場型」の3つに整理できます（図表5-7の縦軸）。

「価値連鎖型」の獲得とは、製品・サービスの生産から販売までの各段階で生み出された付加価値が、その受益者との直接的な関係によって回収される取引形態を指します（「製造販売」、「流通小売」ならびに合わせ買いを促す「合算モデル」がこれに該当します）。

「リカーリング型」の獲得とは、時間をかけて回収するという取引の形態

7　Amit and Zott（2001）の価値ドライバーから着想を得ました。

図表5-7 　ビジネスモデルの分類

	単体の力
価値連鎖	**製品販売モデル** 製造企業 →製品サービス→ 顧客／←¥←
リカーリング	**継続モデル** 製造企業 →製品サービス→ 顧客／←¥←
三者間市場	**広告モデル** 企業／スポンサー（¥広告料／広告枠サービス）／利用者・購入者（¥0or安価／情報コンテンツ）／スポンサー→製品サービス→購入者／←¥←

価値獲得の方法

価値創造の源泉

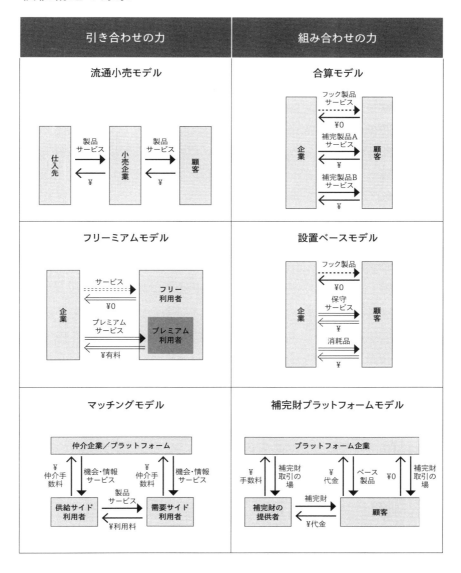

第5章 ビジネスモデルを構想する

です。これは機会コストやスイッチングコストがあって成り立つ価値獲得方法だと考えられます。リースやライセンスを含む「継続モデル」、無料から有料課金へと時間をかけて誘導する「フリーミアム」、ベース製品の利益率を低くして保守や消耗品で回収する「設置ベースモデル」がこれに該当します。

「三者間市場型」の獲得とは、第三者の介在によって価値の獲得を成立させるという取引の形態です。利用者ではなくスポンサーから収益を上げる「広告モデル」、供給サイドと需要サイドの利用者とを引き合わせて手数料を徴収する「マッチングモデル」、そして、ベース製品の利用者だけでなく補完財提供者からも収益を上げうる「補完財プラットフォームモデル」もこの形態に分類されます。ネットワークの経済性を活用することで実現する価値獲得です。

5 図解をベースに移植し、組み合わせる

　ビジネスモデルの図解を用いれば、取引の構造を見える化できます。現状分析をしっかりと行い、いかにして技術を収益化するのかを明確にしましょう。技術の特性や自社の課題が理解できていれば、適切なパターンを探し当てやすくなります。

　特に、自社の課題が明確になれば、参照対象としてのお手本も探しやすくなります。国内の同業他社に限らず、海外のビジネスや異業種のビジネスにまで視野を広げて、意外なお手本を見つけましょう。最初は、決めうちせずに、いろいろなものを候補としてリストアップしましょう。一見無関係に見えても、ビジネスモデルの図解で描くと、お手本だと気づくこともあります。

　参照モデルが定まれば、そのビジネスモデルの分析を行います。お手本

が置かれている状況が自社と類似しているかを確認し、ビジネスモデルの図解などで関係性や構造部分を読み解きながら単純化していきます。

　肝心な部分を単純化できれば、異なる業種や異なる会社のビジネスモデルであっても、参考にできます。さまざまなモデルを比較検討して、何を移植すべきかを考えましょう。分析してパターンが抽出できれば、それを自らの業界に当てはめます。ビジネスモデルの根幹を残しつつ、枝葉を茂らせてください。

　ビジネスモデルの図解を使って発想を膨らませる方法は、少なくとも2つあります。

　1つの方法は、よその業界からビジネスモデルを移植してつくるという方法です。参考になると思われるビジネスモデルを苗木にして自分の業界に移植して枝葉をつけていくのです。この方法は、まったく新しい事業を新規に立ち上げるときに有効です。スタートアップはもちろん、新規事業創造や抜本的な事業変革にも適しています。

　もう1つは、パターンの組み合わせによってビジネスモデルを強化するという方法です。会社内に、すでに屋台骨としてのビジネスがあるとき、どのようなビジネスモデルを追加すればよいのかを検討します。

　まず、自社の既存事業のビジネスモデルを図解で描き出します。そのモデルにどのようなパターンを組み合わせることが可能なのか、そしてマネタイズのポイントを増やして収益が伸ばせるかを考えるのです。この方法は、既存事業の強みを活かしながら、さまざまなビジネスを融合させるときに有効です。

　アーティストやデザイナーの発想が豊かである理由の1つは、彼らが手を使いながら発想し、発想しながら手を動かしているからです。ビジネスモデルづくりにおいても絵画や彫刻や工業製品と同じように、ビジネスモデルの図解などを用いて具体化して「かたち」にすることでイメージが明確になるのです。

9つのビジネスモデル

① 製造販売モデル

　これは、製品やサービスを開発・製造し、ユーザーに提供して対価を受け取るビジネスモデルで、製品・サービスに魅力があることが前提となっています。大量生産でコストを下げたり、独自技術で差別化したりするなど、ライバル他社のものと比べて価格面や機能面で優れていることが望ましいとされます。収益を伸ばすことで、再投資が可能になり、好循環を生み出すことができます。ノウハウを活用しつつ類似製品を開発したり、他のビジネスモデルを組み合わせたりして収益性を高められます。

　製品やサービスそのものの魅力で勝負するビジネスモデルであり、アパレル、家電、自動車など製造業全般、ならびに外食などのサービス業がこれに該当します。

② 流通小売モデル

　商品をつくらず、「仕入れて売る」というビジネスモデルで、異なる市場での価値の差を収益に結びつけるものです。基本的に、商品そのもので違いを生み出すことはできないので、大量に購買するなどして仕入れ値を下げる一方で、付加価値をつけて価格を上げる必要があります。売買差益と資本効率を高めることができれば、再投資を通じて好循環が生まれます。

　生産者と消費者を引き合わせるビジネスモデルなので、情報の非対称性がカギとなります。書店、百貨店、コンビニなどがこれに該当します。

③ 合算モデル

　複数の製品やサービスの間に補完性を持たせて、「まとめ買い」や「ついで買い」を促すモデルです。システム製品など、組み合わせて利用価値を高めてもらうこともあれば、「損して得取れ」の精神で、損するポイントと儲けるポイントを合算して利益を出す場合もあります。売りやすいものと売りにくいものの組み合わせが基本なので、事前にどの商品がフックで、どの商品が収益に結びつくのかを意図しておく必要があります。組み合わせで価値が生まれるような設計ができれば好循環がもたらされます。

　ひきつけるフック商品とそれを補完する商品との組み合わせが大切で、システム製品、居酒屋、100円ショップなどがこれに該当します。

④ 継続モデル

　製品やサービスを継続的に提供する代わりに、一定の頻度で一定の金額を課金するモデルです。顧客離れが起きない限り、継続的に安定収入が見込める点が注目されていますが、そもそも提供する製品・サービスを継続的に利用したいと思ってもらうこと、つまり、続ける価値があるかどうかが大切です。

　毎月決まった時期に一定の金額が見込めるので、事業を回していくのに必要な利益を超えた部分は、計画的に投資に充てることができます。前払い、定額制、従量課金などの方法があり、賃貸、携帯電話利用、ネットの定額配信サービスなどがこれに該当します。

⑤ フリーミアムモデル

　まず無料で試してもらい、本当に必要としてくれる人には、機能拡張された有料版を提供するモデルです。利用者は、本当に必要であるかを実際に確かめ

てから購入の意思決定ができます。無料試用によって、情報の非対称性を解消し、当該製品を潜在的な利用者と引き合わせることができます。

　フリーの範囲が小さすぎると利用者をひきつけられない一方で、その範囲が大きすぎると有料版に移行するインセンティブがなくなります。どこまでをフリーにして、どこからを有料にするのかがカギとなります。複製や配布に追加的なコストがかかりにくい、デジタル財に適合したモデルで、ZoomやDropboxなどがその典型例です。

⑥ **設置ベースモデル**

　中核となる製品・サービスの購入価格を引き下げて利用者数を増やし、その消耗品やメンテナンスサービスを購入してもらうことで収益を伸ばすモデルです。継続的な収益が見込めるのが大きなメリットなのですが、客離れを起こさないように細やかな対応が求められます。

　消耗品や保守サービスを自社で担えるような設計をすることで、販売後に収益を伸ばして好循環を引き起こすことができます。インクジェットプリンター、安全カミソリ、ネスプレッソ、航空機のジェットエンジンなどがこれに該当します。

⑦ **広告モデル**

　自社の製品やサービスを無料もしくはわずかな対価で提供することで利用者を増やし、その利用者に対して広告することで収入を得るモデルです。広告モデルは、スポンサーとなる広告主に対しても広告媒体を提供し、その対価をもらいます。

　集客がうまくいけば収入は増えるので、媒体となる製品やサービスが魅力的

でなければ成り立ちません。利用者が増えれば良質のスポンサーもひきつけられるので好循環が生まれます。民法テレビ局、グーグル、フリーペーパーなどがこれに該当します。

⑧ マッチングモデル

製品・サービスの提供者と、その利用者とを引き合わせることで収益を上げるモデルです。片方もしくは両方に課金することで収入を確保できます。基本的に、在庫を持つ必要がないので、うまく回り出せば低いリスクで成長が見込めます。ただし、多くの提供者と多くの利用者に参加してもらわなければ成り立ちません。

需要サイドと供給サイドの利用者をいかに増やすかがカギです。人材募集サイト、ホテル予約サイトなど、ライドシェアなどがこれに該当します。

⑨ 補完財プラットフォームモデル

自社製品を補完する製品をサードパーティに提供してもらうことで組み合わせの価値を高めるモデルです。補完財の開発と取引のインフラを整備することによって、より多くのパートナー（補完財の供給者）に参加してもらえれば、自社の製品の価値も高まり、利用者も増えていきます。

事前に補完製品とうまく組み合わせる設計を工夫し、インフラを整えることで好循環を引き起こすことができます。ベース製品と補完製品をうまく切り分け、役割分担を進めるのが大切で、アップルのiPhoneのアプリのプラットフォーム、パソコンのOSなどがこれに該当します。

第 6 章

ピボットする

肉1ポンドを切り取れ。ただし、その際に血を一滴でも流せば、
お前の財産は国に没収される。
――『ヴェニスの商人』裁判官ポーシャ

1　戦略的な方向転換

　起業のプロセスにおける「方向転換」や「路線変更」のことをピボットと呼びます。ピボットを織り込んだ「仮説検証プロセス」を知らない起業家はいないことでしょう。これなしに事業を創造することは難しいとされているからです。

　このプロセスはリーンスタートアップ[1]と言い表されることもあります。それは、起業家が致命的なリスクをとらずに、小さな実験を体系的かつ計画的に繰り返し、実際の顧客を相手に市場で成功する要因を探し当てていく、というものです。

　簡略化して示せば、そのプロセスは次のようになります。

- 大規模な調査を控え、コストや時間を無駄に費やさない。
- アイディアや仮説があれば、試作品、最低限の機能を備えた製品・サービスをつくってみる。
- 実際に顧客に提案して、その反応を見る。
- 不備があれば改善し、見込み違いがあれば方向転換（ピボット）を行う。

　リーンスタートアップの手法は、緻密に計画してから実行するという従来の姿とは逆をいくものです。もともとはIT系のビジネスで生まれた手法ですが、その有効性は世界中で証明され、他の分野にも広がっています。

　また、成功したスタートアップの約9割がピボットを経験していることからも、[2] ピボットは避けて通れないステップだともいわれます。

1　Ries（2011）はトヨタのリーン生産方式にちなんで、この名をつけました。
2　Bhide（2000）は400のスタートアップを調査し、成功事例の93％が、当初の戦略が実行不可能だという理由で放棄しなければならなかったと報告しています。

身近な例では、YouTubeは出会い系サイトとして始まり、ピボットによって現在の姿になりました。X（旧Twitter）も最初はポッドキャストのファイル保管サービスでしたが、転じて現在の姿になりました。PayPalは情報端末のパーソナル・デジタルアシスタントから2度のピボットを経て、決済サービスを立ち上げました。

　いずれもピボットを経て、世界的なビジネスに成長したのです。ピボットは、いわば必ず通過しなければならない関門です。起業の教科書にも当然の行為として紹介されています。実践プログラムのインストラクターも「必要であれば敢行せよ」と勧めます。

　しかし、実際にピボットの判断を突きつけられた当事者にとっての思いは複雑です。せっかく進めてきたプロジェクトも、その方向を変えるとなると、これまでの時間やエネルギーが無駄になりかねません。投資家にとっても悩ましく、本当に必要なのかについて確信が持てません。特にディープテック系のスタートアップの場合、技術開発を伴うピボットは時間もコストも膨大になり、簡単に行うことはできません。

　要するにピボットは、「嫌われ者」なのです。それなしには成功しえないと言われつつ、しかし安易にピボットすると、投資家から見放されてしまう。果たして起業家は、この現実にどのように向き合えばよいのでしょうか。

　近年、学術研究ではこの問題への対応策が検討されています。この章では、その方法を解説し、国内でも上手にピボットしてビジネスモデルを構想しているスタートアップの事例を紹介します。

2 迂回するイノベーション

▶ **ピボットのジレンマ**

ピボットのメリットはいくつかあります。

- 間違って突き進んでいたら無駄にしたかもしれないリソースが節約できる。[3]
- 新しい方向性を確かめることで、適切なビジネスモデル[4] と効果的な競争戦略[5] を見つけられる。[6]
- 市場や業界に対する理解が深まるので、市場競争にかかわる不確実性を減らすことができる。[7]

仮説検証のプロセスは、改変が容易なIT系から始まり、さまざまな領域で標準的な慣行として認められるようになりました。ディープテック系でも、技術の開発を終えた段階であれば、ビジネスのデザインを見直すために活用できると言われ始めています。

それでもなお、ピボットには未解決の課題があります。ハーバード大学のローリー・マクドナルド准教授とミシガン大学のチェン・ガオ准教授は、その課題を2つに要約しました。[8]

第1の課題は、ピボットによって、当該スタートアップのビジネスが

3　Baker and Nelson（2005）.
4　McDonald and Eisenhardt（2020）.
5　Gavetti and Rivkin（2007）.
6　Marx et al.（2014）.
7　Hiatt and Sine（2014）; Ozcan and Santos（2015）.
8　McDonald and Gao（2019）.

当初の構想と似ても似つかないものへと変容することです。YouTube、Twitter、PayPalは大胆なピボットで成功を収めましたが、ピボットすれば成功するとは限りません。ピボットなしに成功した企業もあるでしょうし、逆にピボットをして失敗した企業もたくさんあるはずです。

　第2の課題は、もともと掲げていたコンセプトに共感し、魅力を感じてくれていた利用者や投資家を、大なり小なり見捨てることになるということです。「最初の説明は、いったい何だったんだ」と不信がられ、苦労して獲得した顧客を手放すことになります。

　投資家や利用者というのは、起業家の構想に耳を傾けてくれるオーディエンスです。マクドナルドとガオの両准教授は、起業家がオーディエンスを惹きつけるときに直面するジレンマを鋭く指摘します。

「オーディエンスにとって、一貫性のある組織というのはわかりやすく、正当なものに見えます。しかし、ベンチャー企業が実際にたどるイノベーションの経路というのは、一貫したものではなく、むしろ迂回的なのです」

▶ 解決する3つの打ち手

　マクドナルドとガオは、ピボットの上手下手によって明暗が分かれた2社の比較分析を6年にわたって行いました。どちらもフィンテック分野で同様のサービスを展開していました。なぜ差がついてしまったのか。その理由を丹念に調べ上げた結果、成否を分けた3つのポイントがわかりました（図表6-1）。

　①「抽象的なフレーム」をつくり上げて操縦する余地をつくる。
　②「正当化の橋渡し」をしてフレームの継続性を示す。
　③ ピボットを「融和的なレトリック」で包み込んで顧客を引き止める。

図表6-1　ピボットを成功させる3つのポイント

第1のポイント

抽象的なフレーム
- 社会的な目的が強調される
- 文化的なテーマについて頻繁に言及する
- 感情に訴える価値への優先度が高い
- 将来の製品・サービスの説明はない

具体的なフレーム
- 顧客の目的が強調される
- 文化的なテーマはほとんど言及されない
- 機能的な価値が優先される
- 製品・サービスのロードマップが明確に示される

第2のポイント

フレームの連続性
- もともとの目的を再び主張する
- 過去の参照を頻繁に行う
- 課題と評価基準を再解釈する
- 課題を解決する新しい手段に注目する

フレームの断続性
- 受け身の対応でフレームを移行する
- 馴染みのない新しい主張をする
- 過去の製品や会社の歴史についてほとんど触れない

第3のポイント

予示と慰めを伴う戦略変更
- 差し迫った変化が予告される
- なだめるような説明が展開される
- 変革の影響が知らされる

説明なき戦略変更
- 差し迫る変化への警告なし
- なだめるような言葉はなし
- コミュニケーションが欠如している
- 突然の製品・サービスの変更

（出所）McDonald and Gao（2019）の p.1299 の図を筆者が意訳して簡略化

　ここでいうフレームとは、いわば思考や解釈の枠組みです。順に説明していきましょう。

①「抽象的なフレーム」をつくり上げて操縦の余地をつくる

　第1のポイントは、具体的な実体ではなく、抽象性やアイディアを押し出すという点です。ピボットに成功した企業は、抽象的な目標や社会的に意義のある価値を訴え、製品の細かな機能については言及しませんでした。逆に、ピボットに失敗した企業は、最初から具体的な機能ばかりをアピールしていました。

なぜ、抽象的なフレームのほうが有効なのでしょうか。1つにはそれが聞き手に解釈の余地を与えるからです。人は見たいものしか見ず、聞きたいものしか聞きません。社会的な意義や文化を重んじるフレームは、投資家や利用者といったオーディエンスに、「自分の望みを叶えてくれる」と予感させます。

　また、抽象的なフレームは、起業家の「将来に向けた言い訳」を許容します。最初の試みが期待どおりにいかず、製品や顧客ターゲットを変えることになったとしても、元の目標に一致していればオーディエンスを納得させられます。

　もし、顧客ターゲットを絞り込み、製品の機能要件を固めていたらどうなるでしょうか。下手にピボットすると、「当初の約束とは違う」とオーディエンスに不安がられます。

② 「正当化の橋渡し」を行い、フレームの継続性を示す
　ピボットを成功させる第2のポイントは、ピボットの合理性を当初の目標と関連づけることです。たとえ急進的な転換であっても、もともと掲げていた目標を追求するためには不可欠だと訴えるのです。
　「橋渡し」が大切な理由は2つあります。1つは、首尾一貫した説明をすることで、ピボットは逸脱ではなく、正当な経路をたどるためのものだという印象を与えられるからです。もう1つは、橋渡しによって当該スタートアップ企業は、時間的な余裕と経営の自由度を得ることができるからです。

　実際、ピボットに成功した企業は、このような「橋渡し」によってピボットの正当性をアピールしました。自社が依然として、その目的を追求しているという姿勢を見せたのです。逆に、ピボットに失敗した企業は、当初のフレームを破棄してしまいました。唐突に新しいスローガンを持ち出したため、利用者や投資家、そして、メディアは離れていきました。

③ ピボットを「融和的なレトリック」で包み込んで既存顧客をつなぎ止める

ピボットを成功させる第3のポイントは、当初の提案を支持していたオーディエンスに、今後の変更を予示するようなコミュニケーションです。たとえば、問題点を包み隠さずに共有するのも1つかもしれません。また、ピボットの衝撃を和らげるために、方向転換を計画的かつ段階的に進めるというのも1つです。

　実際、ピボットに成功した企業は、まず、差し迫った問題があることを打ち明け、将来的には自社製品・サービスが変更されるかもしれないと伝えました。このような下準備を経て、ピボットは丁寧に実行されました。

　これに対して失敗した企業は、問題点や変更点を伝えることを怠りました。事前の伝達なしに唐突にピボットを行い、新しいターゲットを獲得することに夢中になったのです。既存のユーザーは離反し、メディアからの支持も得られなくなりました。

　突然の方向転換は「戦略的スイッチバック」とも呼ばれ、関係者に裏切られたという感覚を植えつけるのです。

　スタートアップは、それまでの地位や関係性を捨ててゼロから出発する必要はありません。ピボットの正当性をうまく演出することで、周囲の期待を高めることもできます。以下では、ソフトからハードへと大胆なピボットをしたにもかかわらず、投資家たちの支持を維持することに成功したスタートアップの事例を紹介します。

3 ［事例］密閉型植物工場で生産性を5倍にする
プランテックス

▶ **シャキシャキレタス**

　南極では新鮮でシャキシャキした野菜が、何よりのご馳走だといいます。人類が火星に移住したとしても同じことでしょう。そしてもし、その

野菜の栄養価が通常のものより何倍も高く、味わいさえもまったく異次元のものだとしたら、越冬隊の隊員や宇宙飛行士はどんな顔をするのでしょうか。

そんな未来が現実のものとなりつつあります。株式会社プランテックスは、ピボットによって、異次元の栄養価と究極の野菜の味わいがするレタスの栽培に成功しました。その基盤となるのが、SF映画や小説でもたびたび出てくる「植物工場」です。これは屋内などの人工的な環境で、水や光を適切に制御しながら植物を生産する設備です。

この植物工場が社会から注目されるようになりました。その理由はまず、より少ない水や肥料のインプットでより多くのアウトプットを出すことができるからです。生産時に投入される水や肥料などを効率的に利用できれば、地球の食料問題は緩和されます。次に、植物工場が収穫の振れ幅を緩和できるからです。近年、気候の変動が高まっていることもあり、生産量を確保するための植物工場に期待が寄せられます。最後に、植物工場は野菜本来の味を引き出し、栄養価を高めることができるからです。

植物工場の可能性を広げれば、これまでにない味、これまでにない機能成分を持った野菜をつくることができるともいわれています。

代表取締役社長の山田耕資さんは、最初はビニールハウスなどの既存の設備を活かすようなソフトウェアのサービスを開発していました。しかし、それでは不十分だと考えるようになり、ハードウェアの開発と生産に踏み切りました。

ハードウェアの開発・製造まで手がけるとなると必要な資本は桁違いになります。なぜ、このような大胆なピボットをする必要があったのか。また、ピボットによって何が可能になったのでしょうか。

▶ 創業の理念に立ち返ってピボットする

プランテックスの始まりは、学術研究にありました。植物の成長に影響する環境条件を特定し、それらを制御することができれば、植物を効率的に育成することができます。環境条件には、温度、湿度、風の強さ、水が

流れる速さなどが含まれます。これらの条件は複雑に相互に関連し合っていて、最適な温度や湿度に保ち続けることは容易ではありません。湿度や光の強さが変わることによって、最適な温度はさまざまに変化するからです。

当初、環境条件を特定して最適化できれば、それをノウハウにしてコンサルティングできると考えられていました。ビニールハウスなどの既存の設備に、プランテックスの制御システムを導入して助言をするという構想です。コンサルティングであれば既存の設備を活かすことができます。ノウハウとソフトで勝負して、少ない資本で一定の成長が見込まれます。

しかし、コンサルティングを進めていくうちに、それでは不十分だと感じるようになったそうです。既存の設備を前提としたソフトによる制御では、企業理念（Plant Manufacturing Industryの創出）を実現できないからです。

「コンサルティングしていたときに思ったのは、もっと環境条件を緻密に制御して、正確なデータをとって、植物の成長に対する理解を深めることで、植物のパフォーマンスを高められるのではないかということでした。そこで、自分たちが理想とするハードウェアを開発することになったのです」

いろいろと考える中で行き着いたのが、密閉型の栽培装置でした。しかし、ハードウェア開発をするとなると、ピボットしなければなりません。これを敢行するには追加資本も必要で、容易なことではありません。

そこで山田さんたちは、ハードの開発というピボットが構想に調和することをアピールし、関係者の理解を促しました。試作機の開発のためにNEDOの助成金も獲得して、自社の技術や事業の正当性を認めてもらったのです。

▶ 密閉型の栽培装置

助成を受けて開発したのが、プランテックスの「密閉型の栽培装置」で

す。密閉環境をつくることで、従来型よりも制御の精度を高めることができました。

　従来の制御の多くは、既存の設備を流用するものがほとんどです。ビニールハウスのような空間の中にあっても環境は異なります。土壌を使う場合、その条件は均一とはならず、ある場所と別の場所で温度も数℃違うことも珍しくなく、それによって収穫重量が違ってきたりします。

　「広い空間をムラなくコントロールするというのは無理なんですよね。1℃違うと収穫重量が10％ぐらい違う。だから5℃も違って、しかも温度だけではなくて、湿度も風も違うので、野菜の出来具合というのが揃わないのです。よく最適な温度に設定していますと言われますが、5℃もバラついて、最適な温度に設定できるのですかと疑問に感じます」

　これに対して、プランテックスの栽培装置は密閉型なので、きわめて緻密な環境制御ができます。植物の成長に影響する20個の環境条件を学術研究から特定し、個別にかつ正確に制御できるようにしました。

　これらの条件は複雑に相互に関連し合っています。たとえば、温度というパラメータ1つにしても、最適な温度というのは決められません。湿度や光の強さが変わることによって最適な温度はさまざまに変わるからです。

　プランテックスは、植物工場内に投入する資源と、そこから出力されるアウトプットの関係性を数式化することに成功し、現時点で考えうる最適条件を見出しました。また、光合成速度や植物が水や肥料を吸収する速度などをリアルタイムで測定できるようにし、栽培のノウハウをクラウドサービス化しています。

　助成金で開発した試作機で野菜を育てた結果、レタスの生産性が約5倍に跳ね上がりました。この実績によって、大手小売企業にも売り込みに行けるようになりました。

▶ スーパーが植物工場を建てる

その1つが、首都圏最大のスーパーマーケット連合である、ユナイテッド・スーパーマーケット・ホールディングス（U.S.M.H）との連携です。

U.S.M.Hをはじめとする大手スーパーは、プライベートブランド（PB）と呼ばれるオリジナル商品の開発に力を入れてきました。仕入れたものを揃えて販売するビジネスモデルに依存すると、商品そのものに違いを生み出すことができず、価格競争に陥りやすいからです。PB商品であれば、差別化もしやすくなりますし、大量生産によってコストダウンすることで、高い利益を上げることができます。

プランテックスが開発した植物工場の生産ラインを、スーパーが保有すれば、オリジナル商品の開発と生産が可能になります。収穫から販売までの時間を短縮し、新鮮で栄養価の高い植物を提供できるようになるのです（図表6-2）。

このビジネスモデルは、ユニクロのSPAモデルをヒントにして構想されました。ユニクロは、川上の素材メーカーと協力してヒートテック素材を

図表6-2 ｜ 規制の空白の対応による明暗の差

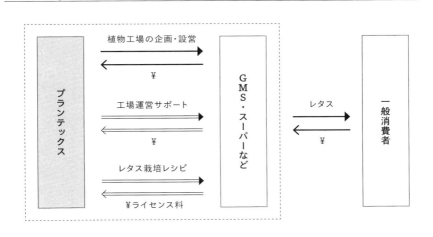

開発し、それを使ったオリジナル商品を展開しました。U.S.M.Hも同じように、植物工場でしかつくれないオリジナル商品を開発することで、差別化を図ることができます。

　プランテックスとしても、装置の販売後も運営のサポートやレシピ提供などによって、収益を伸ばすことができます。

　U.S.M.Hはプランテックスの技術を実装し、2022年6月に茨城県土浦市に最先端の工場である「テラベース（THE TERRABASE）」を竣工しました（写真6-1）。

　顧客企業のビジネスモデルを理解できれば、互いにWinWinになるような提案もできるようになります。U.S.M.Hには、地産地消の発想で、サプライチェーン全体で、付加価値の高いオリジナル商品「超高鮮度」で「いつでも」「どこでも」提供できる、という独自の価値づくりを提案したのです。

　これが実績となり、さまざまな会社から声が掛かるようになりました。ある大手企業からは、今後、植物の調達リスクはますます高まるので、安定調達についての助言が欲しいと言われました。いざというときに、すぐに工場を立ち上げられるようにノウハウを確立したいという狙いがあったそうです。

写真6-1 | THE TERRABASE

（出所）プランテックス

これとは別に、新規事業として植物工場を始めたいという会社からも声が掛かりました。自動車部品メーカー、鉄道会社、エネルギー会社、メディアなど、実に多様です。

▶ 植物を育てるレシピがカギ

さて、ビジネスモデル設計でカギになるのは「レシピ」を活用するという発想です。レシピというのは、植物の各成長段階において20個の環境条件をどのように設定するのかの組み合わせで、たとえば、「成分500倍の状態で植物を育てるためのレシピ」というものがあります。プランテックスは20の環境条件を制御することで、植物の成長を管理しています。

レシピは、ダウンロードして別の生産拠点で活用することができます。プランテックスの閉鎖系工場で使われている栽培装置は規格を統一しているため、商業生産用の大規模工場の装置でも、研究用装置でも、環境条件を同じように制御できるように設計されています。

それゆえ、研究所が新しいレシピを開発できれば、量産工場がそれをダウンロードして、成分500倍の野菜を量産することもできます。

レシピのダウンロードに課金して、その収益の一部はレシピ開発に投資した開発パートナーに還元することができます。優良なレシピが開発されれば、植物工場はますます普及し、利用者が増えます。こうして新しいレシピを研究するインセンティブも高まります。

新しいレシピがどんどん生まれ、植物工場が増えていくという好循環。山田さんは、研究と量産が車の両輪となって動くようなビジネスモデルを構想しています。

▶ 植物工場はiPhone、レシピがアプリ

このユニークなビジネスモデルのヒントは、アップルのiPhoneにありました。山田さんは、植物工場の装置をiPhoneに、レシピの開発をアプリの関係に対応させて、プラットフォーム型のビジネスモデルの可能性を構想

第6章 ピボットする

137

しています。それが、図表6-3で示される補完財プラットフォームビジネスモデルです。

アップルは、利用者にiPhoneというベース製品を販売すると同時にApp Storeというアプリ購入の場を提供して、サードパーティからも補完財のアプリが購入できるプラットフォームを構築しています。アプリは、一定の性能があるパソコンがあれば開発できるので、アップルは開発を支援するためのツールを提供しています。そして、開発されたアプリが販売できるような場を整えているのです。

プランテックスの場合、まず、量産プレイヤーに対しては、大型施設と制御システムを提供し、レシピ開発パートナーに対しては小型の研究開発工場と制御システムを提供します。どちらもソリューションとして提供するので、継続的な関係を築くことができます。

次に、開発されたレシピを売買できる場を整えれば、開発パートナーは新しいレシピを量産プレイヤーに販売して収益を上げることができます。

「最初はハードウェアを普及させることが一番大事なのですが、ある程度ハードウェアが普及すると、アプリの価値が高まっていきます。われ

図表6-3 | プランテックスの補完財プラットフォーム（構想の1つ）

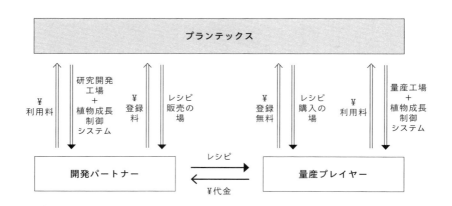

われは、研究と量産をつなげる役割を担うプレイヤーになれればと思っています。そこまでいくと、世界に通用するイノベーションプラットフォームになります」

4 流動するビジネスモデル

▶ 仮説検証は繰り返される

　イノベーションを伴うビジネスモデルは、流動的にならざるをえません。「これだ！」というビジネスモデルが見つかるまで、仮説検証は繰り返されます。どの顧客をターゲットにして、どのような価値づくりをするのか。そして生み出された価値をどのように収益に結びつけるのか。これが確定するまでピボットは起こりえます。

　山田さんは、今の段階でビジネスモデルを尋ねられても困ると言います。

　「実は、私は、先生がご専門にされているビジネスモデルというのが苦手なのです（笑）。[9] 自分の都合だけでは描きにくいのがビジネスモデルです。こちらの都合で描いても、パートナー企業が何をしたいかによって、まったくといってよいほど、絵が違ってきます。明日出会う方が、思いもしないアイディアを持っていて、事業の可能性が一気に広がるかもしれません」

　スタートアップが急成長を実現するためには、顧客やパートナーの協力

9　柔軟性を保つ必要があるにもかかわらず、関係者に問われることが多いという意味。

が不可欠です。パートナーの協力を得るには、一義的に「これです」と自分たちの都合を押し付けるわけにもいきません。ビジネスモデルは、自分の都合だけでは描けないのです。

特に「植物工場」といった新しい技術を扱う場合、ビジネスモデルのドミナントデザインが定まっていません。お互いに一所懸命考え、お互い腹落ちしない限りうまくいきません。さまざまな可能性の中から見出していく必要があり、ビジネスモデルは流動的です。

顧客である大企業がパートナーの役割を果たすこともあれば、補完財を生産するサードパーティがパートナーになることもあります。それゆえ顧客やパートナーの困りごとやボトルネックを理解して、それを解消する必要があるのです。

このときに意識すべきが、顧客やパートナーのビジネスモデルです。相手のビジネスモデルを理解することでWinWinの構造を考えることができるようになり、独りよがりのビジネスモデル設計に陥らずに済みます。

どのビジネスモデルで技術を実装するかによって企業価値は著しく上下します。それゆえアーリーステージ（起業前後の段階）やミドルステージ（事業が軌道に乗り始める段階）では、ビジネスモデルの柔軟性を保つというのは理に叶っているといえます。必要なピボットは恐れずに、さまざまな可能性を探っていくべきだと考えられます。

▶ 助成金の活用

ただし、ピボットには注意が必要です。本章で紹介したプランテックスも、本章で紹介した3つのポイントをすべて押さえていました。すなわち、①「抽象的なフレーム」をつくり上げ、②「正当化の橋渡し」をして、③ピボットを「融和的なレトリック」で包み込んでいました。

特筆すべきは、製造装置の開発をするにあたってNEDOの助成金を獲得したという点です。顧客ターゲットを少し変更するというようなピボットであれば、技術開発までやり直す必要はありません。しかしプランテック

スのように、新たに密閉型の栽培装置を開発するとなると、ピボットの深さは別次元となります。下手をすれば「話が違う」と、これまで支持してくれたオーディエンスも離れて行ったかもしれません。

　プランテックスの場合、助成金を獲得して装置の試作品をつくることで、自らの価値づくりの妥当性を立証しました。ベンチャーキャピタル（VC）はもちろん、大企業も注目するような支援を勝ち取ることができたのです。

　助成金を使ってピボットする、というのはテック系ベンチャーの基本戦略ともなります。第3章で紹介したプロヴィゲートのときもそうだったのですが、技術開発を伴うピボットの場合、VCから追加的な資金を獲得するのは困難です。助成金を獲得して技術開発に成功し、その後、資金調達するという発想も必要なのかもしれません。

第 7 章

カテゴリーを越えた顔を持つ

人間には３つの顔がある。１つは自分の知る自分。
２つ目は他人が知る自分。もう１つは、本当の自分。
——脚本家 野島伸司

1 既存のカテゴリーに収まるのか

　一貫性があってアイデンティティが明確な人物と、さまざまな顔を併せ持つ複雑な人物と、どちらが信頼できるでしょうか。信頼できるのは前者としても、面白いのは後者かもしれません。ただし、「さまざまな顔」といっても、度が行きすぎると不安になるものです。

　この話はスタートアップについても当てはまります。得体の知れないスタートアップに投資するベンチャーキャピタル（VC）は、ほとんどいません。取引先や従業員も寄りつきません。学術研究でも、アイデンティティが曖昧だったり、複数の顔を持っていたりすると評価は下がるといわれます。

　スタートアップが複数の業界のカテゴリーにまたがって活動をするときは注意が必要です。特にテック系のスタートアップは、どのような社会的価値を生み出すのかがわかりません。

　しかしその一方で、業界の垣根を越えるスタートアップが大躍進を果たしているのも事実です。PayPalを立ち上げたピーター・ティールは言います。

　「本当に成功している企業というのは、既存のカテゴリーにはまらない、事業内容を説明しにくい企業なのです」[1]

　興味深いのは、これらのスタートアップのアイデンティティが、必ずしも最初から理解されていたとは限らないという点です。既存の枠組みに収

1　ピーター・ティール／糸井重里「『ゼロ・トゥ・ワン』対談──賛成する人がいない、大切な真実とはなにか。」ほぼ日刊イトイ新聞、2025年4月23日（https://www.1101.com/peter_thiel/2015-04-23.html）。

まらないわけですから、当然だといえます。

　それでは、起業家たちは既存のカテゴリーを越えても差し支えないのでしょうか。その場合、どのようにアイデンティティを築き上げていければよいのでしょうか。業界の枠を越えて成功した企業はとても目立ちます。しかし、その背後には、業界の垣根を越えようとして消えた企業があり、その数は何十倍にも何百倍にも及ぶはずです。

　カテゴリーの中でこぢんまりとまとまるか、あるいは大きく勝負に出るのか。どちらにしても、カテゴリーを意識してアイデンティティを打ち出していく必要があります。

2　どのカテゴリーに属するか

▶ カテゴリーとは何か

　カテゴリーとは、共通する特徴によって1つのまとまりとして認識される分類です。同じカテゴリー内では類似性が知覚される一方で、異なるカテゴリー間では相違性が強調されます。どのカテゴリーに属するかによって、そのスタートアップが何者であり、どのように評価すべきかが定まります。この意味で、カテゴリーは準拠点としての役割を果たすのです。

　カテゴリーの特性に一致していれば正当だと評価され、逸脱すると不利益を被る。このような強制力のことを「カテゴリー的要請」（categorical imperative）と呼びます。テック系スタートアップでいえば、特定の分野における特許を保有していたり、その分野の専門家がCxOメンバーであったりすると、当該カテゴリーの要請に応えたことになります。いわば、そこに投資しても大丈夫というお墨付きが与えられるわけです。

　そしてその正当性は、単一のカテゴリーに収まるスタートアップのほう

が高めやすいといわれます。複数のカテゴリーの要素を併せ持つと、どの分野に位置づければよいのか、どのような専門性を期待できるのかの準拠点が定まらないからです。評価のポイントが曖昧になり、結果として軽んじられることが多いのです。

　実際、複数の製品市場カテゴリーで活動するスタートアップの評価は低いようです。証券アナリストの注目度が下がり、株価がディスカウントされるという実証結果もあります。[2]

▶ 複合概念の理論

　しかし、カテゴリーを越えた組み合わせが、現実世界でポジティブに評価されることもあります。たとえば、書籍販売からスタートしたアマゾンは、取扱商品を広げて総合ECサイトへと発展し、そこで培ったノウハウをクラウドサービスに活かしてサーバー、データベース、コンテンツ配信を一手に引き受けるプラットフォーマーになりました。業界の垣根を越えたイノベーション、すなわち、「複数の顔を持つ」ことで高い評価を得てきたのです。

　ペンシルベニア大学のタイラー・ライ教授らは、なぜ、このような矛盾が起きるのかに注目し、新しい考え方を提唱しました。[3] それが、認知心理学の複合概念の理論です。この理論は複数のカテゴリーの組み合わせがあったとき、一方が知覚を固定し、他方がそれを修正すると考えます。「カテゴリー的要請」と同様、個々のカテゴリーが認知プロセスにおいて重要な役割を果たすと考えますが、その混合が不確実性や曖昧さを引き起こすとは考えません。

　たとえば、チョコレートで有名なゴディバとダイエットを専門とするスリム・ファーストがコラボ企画を打ち出したとします。共同ブランドでケーキミックスを開発するとき、チョコレートとダイエットのどちらが複合ブ

2　Zuckerman（1999）.
3　Wry et al.（2014）.

ランドの基軸になるかで、消費者の知覚に違いが生まれると考えるわけです。

　南カリフォルニア大学のパーク・ワン教授らは、学術的な作法に従って、この考えを確かめました。実験の結果、ゴディバが前面に出た場合、消費者はより多くのカロリーと豊かな風味を期待するのに対し、スリム・ファーストが前面に出た場合、消費者はより健康的だが、味についてはあまり期待しないという傾向が明らかになったのです。[4]

▶ ALESSIの学び

「Dream Factory」として名高いALESSI（アレッシィ）の事例も、この実験結果を裏づけます。基本となるアイデンティティが「デザイン企業」であるか「製造企業」であるかによって、消費者の反応に大きな違いが生まれました。

　ALESSIは当初、製造業としてのアイデンティティを第一にして芸術的な要素を組み込もうとしました。そうすると、そのデザイン的な要素は「実用的な機能を妨げるもの」と見なされ、売れ行きは低迷したそうです。

　そこでALESSIは方針を転換し、デザイン会社としてのアイデンティティを第一に掲げました。そして著名なアーティストを製品デザインに起用したところ、「美的品質を備えた芸術品」と認識されるようになったのです。販売は好転し、現在のような独特のアイデンティティを生み出すに至りました。[5]

　カテゴリーを評価するオーディエンスは、良い複合と悪い複合についての基本認識を持っています。その基準にマッチすれば好意的に評価されますが、マッチしなければ低く評価されてしまいます。2つのカテゴリーの組み合わせが理にかなっているかどうかが肝要なのです。

4　Park et al.（1996）.
5　Rindova et al.（2011）.

▶ サイエンスとテクノロジーの順序

　カテゴリーが組み合わされる順序も大切です。テック系のスタートアップには、「サイエンス」と「テクノロジー」という、異なるカテゴリーが存在します。サイエンスは、物理学、化学、生物学といった基礎的な学問分野と結びついており、そこでは自然界の理解を深めることが第一の目的とされます。これに対してテクノロジーは、工学分野の応用研究と関連しており、現実世界の問題解決を志向します。

　多くのVCは、純粋な「科学スタートアップ」をほとんど評価せず、テクノロジーに重きを置く「技術スタートアップ」を好みます。しかしその一方で、サイエンスとテクノロジーが混合した、ある種のハイブリッドも高く評価するのです。技術進歩を可能にするのが科学であり、テクノロジーと組み合わされることで、さらなる価値が生まれると考えられているからです。

　ただし、複合が評価されるといっても、その順序が大切です。科学スタートアップにテクノロジーの要素が組み合わされるのは自然なことです。しかし、その逆は不自然に感じられます。技術スタートアップがサイエンスへとさかのぼると、「何か不具合があったのか」と勘ぐられてしまいます。

3 ［事例］ノーベル賞級の素材でガスを運ぶ Atomis

▶ 4つの顔を併せ持つ

　奈良の阿修羅像は3つの顔を持っていることで有名です。
　その阿修羅像も驚く4つの顔を持ったベンチャーが京都にあります。ノーベル賞級の技術を活かし、型破りのビジネスモデルで勝負を挑む株式

会社Atomis（以下、アトミス）です。

　京都大学発のこのベンチャーは、天空の覇権をめぐる戦いに執念を燃やしています。彼らは、素材ビジネスの顔、ガス容器の顔、情報サービス提供者としての顔、そして、再生エネルギー事業者としての顔を併せ持ち、必要に応じて使い分けているのです。

　なぜ、複数の顔とアイデンティティを持ち合わせるに至ったのでしょうか。代表取締役CEOの浅利大介さんにその経緯を伺ったところ、そこには素材ベンチャーならではの知恵がありました。社会的な価値をパートナーや投資家に伝え、信頼を勝ち取るためには、複数のカテゴリーの境界を越える必要があったのです。

▶ **インビジブルゴールドを事業化する**

　アトミスが依って立つ基礎技術は、多孔性配位高分子（PCP／MOF）という素材です。これは1997年に京都大学・高等研究院の北川進特別教授によって開発された技術で、高度に秩序化された多孔質構造を持っています。簡単にいえば、非常に多くの孔を持つ素材です。この素材には1立方mm当たり100京個ぐらいの孔があり、特殊な顕微鏡で見ると、分子と同

写真7-1　｜　**多孔性配位高分子（PCP／MOF）を粒状にした素材**

（出所）アトミス

図表7-1　開閉可能な細孔を持つことで柔軟な急脱着が可能になる

閉じて脱着 ←――――― スポンジのように変化 ―――――→ 開いて吸着

（出所）アトミス

サイズの細孔が見えます。粉末では扱いにくいため、粒状にするなどの加工を施します。

　孔の1つ1つが、気体分子にとってのカプセルホテルのようなもので、そこに入り込んで留まります。ちなみに、活性炭が消臭できるのは、活性炭に気体が入る孔が無数にあり、臭いのもとになる分子を吸着できるからです。

　多孔性配位高分子は、相互に連結した空隙を持つため、気体の貯蔵・分離、触媒作用、センシング、ドラッグデリバリーなど、さまざまな用途に利用できます（図表7-1）。

　北川教授は、「多孔性配位高分子は、無用の用の存在だ」と言います。一見役に立たないように見えるものが大切な役割を果たす。空気中にある気体もうまく使えば、「インビジブルゴールド」に変わると表現しました。

▶ 素材ビジネスの顔

　画期的な技術だと評される多孔性配位高分子ですが、用途が多岐にわたるために焦点が定めにくく、事業化は容易ではありません。

　浅利さんは、まず、多孔性配位高分子の製造技術を確立するために、小規模の生産設備を準備して特許やノウハウを取得することにしました。しかし、資本力は限られており、自社ではとても量産できません。

図表7-2　アトミスの素材製造販売のビジネスモデル

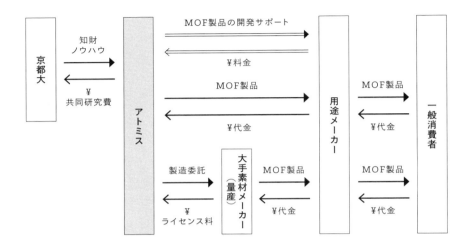

　そこで、用途メーカーに声をかけて、彼らが量産できるように開発を支援するような形で製造技術を確立しました。これによって一定の収益を上げることができました。これが素材ビジネスとしての顔となります。基盤となるのは、多孔性配位高分子の開発・製造にかかわるノウハウです。この分野のオンリーワンの存在になれば、多くの情報が集まり、受注も増えていくと考えられたのです。
　さらにアトミスは、この素材を普及させるために、大手素材メーカーに製造のノウハウの一部を提供してライセンスを供与することにしました（図表7-2）。

▶ 次世代高圧ガス容器としての顔

　しかし、素材製造のビジネスだけでは急成長は実現しません。浅利さんは素材のカテゴリーを越えたビジネスのあり方を模索しました。
　このとき、「ガスの搬送がとても大変だ」という話を耳にします。そこで多孔性配位高分子でガスを運ぶためのポータブルな容器、CubiTan（以

写真7-2　｜　小さくて軽いガス容器「キュビタン」

（出所）アトミス

下、キュビタン）を開発したのです。一辺が28cmで、重さはわずか11kg（吸着剤入り）の立方体です（写真7-2）。

　入浴や調理などで家庭で幅広く使用されているガスですが、ガスにはLPガス、プロパンガス、都市ガスなど、さまざまな種類のガスがあります。日本では現在、一部が都市ガスを使用する地域もありますが、面積でいえば日本国土の約95％でプロパンガスが利用されています。

　しかし、その配送において大きな問題を抱えているというのです。それは従来の金属製の高圧ガス容器が重さ60〜100kgもするので男性にしか扱えないということです。しかも、高齢化が進んで労働災害が増えています。運び手が不足しているので、女性やシニアでも運べる軽い容器が求められているのです。また、その配送はデジタル化が進んでおらず、必ずしも効率的ではありません。

　そこで浅利さんたちは、キュビタンにセンサーを取り付け、ガスの在庫や配送を可視化して管理できるようにしました。トラックの位置情報とガスの所在を照合してルートを最適化すれば、CO_2の排出とコストを下げることができます。ガスの漏洩防止の機能を付けて、安全性も高めました。

　しかし、キュビタンは上市時には1つ当たり約10万円するので、その普

及は容易ではありません。現在、国内のプロパンガス用途で用いられる溶接容器の値段は1つ当たり7000円程度です。海外で広まっている軽量グラスファイバー製は2万円程度ですが、コストの高さがボトルネックとなり、日本市場では広まりませんでした。

▶ 情報サービス提供者としての顔

どのようにすればキュビタンを普及させ、ガス配送の問題を解決できるのか。浅利さんは現場に何度も足を運んで徹底的に調査しました。魅力的な提案をするために関係者にヒアリングして回ったのです。

その結果、キュビタンを普及させるためには、それを無償にする必要があることに気づきました。容器としてのキュビタンを無償で提供すれば、ガスの管理や配送に必要な情報を集められます。その情報を活用してガスディーラーの配送をサポートすれば、SaaS（Software as a Service）型のビジネスモデルとして、安定的に収益が得られるようになります。

アトミスはまず、既存の市場で流通しているガスで感触を確かめることにしました。具体的には、液化炭酸ガス、窒素、アルゴンなどの産業用のガスの配送について実証実験することで、ビジネスとしての可能性を確か

図表7-3　｜　アトミスが構想しているビジネスモデル（ガス輸送のSaaS）

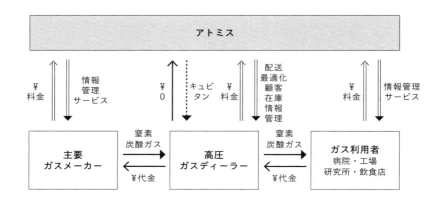

めます。浅利さんたちは、高圧ガスのディーラーの協力を得ることにしました。

「もともと高圧ガス容器というのは、ガスを売っているのではなく、運ぶサービスを提供しているんですよね。ガスの値段となっていますが、汎用ガスに関しては、かなりの部分を輸送コストが占めている。ここを効率化できればお客さんも嬉しいし、われわれも削減できた輸送コストから半分ぐらいを分けてもらえる」

このモデルは将来、アンモニアや水素といった高圧ガスディーラーが扱う他のガスについても展開可能だと考えられています。

▶ **再エネのマッチングとしての顔**

アトミスのビジネスは、これにとどまりません。環境にやさしい再生可能エネルギーに流通革命を起こそうとしています。

多孔性配位高分子（PCP/MOF）が入ったキュビタンにガスを注入すれば、バイオマスエネルギーも運べます。キュビタンは一般の生産者や消費者に

図表7-4　│　バイオマスのマッチングビジネスモデル

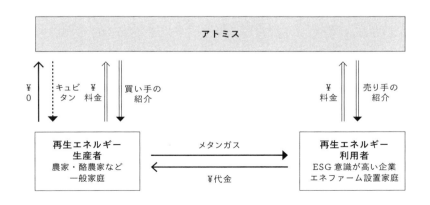

も扱いやすく、宅配便の流通網でも配送できるように設計されています。配送にかかわる規制をクリアできれば、バイオマスのエネルギーのマッチングビジネスが成立するのです。

「コンビニのトラックって、日本の地方の隅々まで走っているので、コンビニと提携できれば、エネルギーを無駄なく運べます。バイオマスのエネルギーの多くは田舎で発生します。それを、キュビタンを使って市街地に持ってくれば高く売ることができます」

浅利さんたちが注目しているのはメタンガスです。メタンは自然界に豊富に存在し、エネルギー源として注目されています。ところが、メタンが自然界に放置されると、強力な温室効果ガスとして地球温暖化を助長します。その温室効果はCO_2の28倍ともいわれます。

想像してください。もし、メタンガスを貯蔵することで大気への放出を抑え、必要とされる場所に配送できれば、どのようなインパクトがあるのか。カーボンニュートラルに寄与しつつ、エネルギーとしての有効活用が進みます。まさに一石二鳥、世界中の人たちに歓迎されることでしょう。

メタンガスは自然界に豊富に存在するのですが、これまでそれを貯蔵し、低コストで配送する方法がありませんでした。しかし、キュビタンの中に粒状になった多孔性配位高分子を入れてガスを高密度で閉じ込めれば、再生可能なエネルギーを簡単に持ち運びができます。

また、キュビタンを使えば、日本全国どの地域でガスの過不足があるかを検知できるので、需要に応じて最も価格の高いところに販売すれば、ガス輸送を効率化できます。農業をはじめとする一次産業で発生したメタンガスを都市部の需要に引き合わせることができるのです。

▶ 日本発のイノベーション

メタンガスの市場は、まだ生まれていない未知の市場です。立ち上げる

のには苦労しますが、うまく立ち上がれば環境問題を緩和する有力なビジネスとなるので、海外へ展開するチャンスも生まれます。

　たとえば、インドネシアは島国なのでガス配管が整備されていません。国土は広大ですが、どうしてもLPガスに頼らざるをえないのです。その一方で、一次産業が盛んなのでバイオマス由来のメタンガスも大量に大気に排出されています。天然ガス産出国であり、メタンガスが豊富ということもあり、ガスの有効活用が社会的な課題となっています。

　キュビタンを用いたマッチングビジネスを構築できれば、環境負荷を抑えながらエネルギーを効率的に利用することができます。インビジブルゴールドとしてのガスを採掘して地域経済を活性化できるので、人々の生活も豊かになります。

　政府としても、メタンガスの活用には積極的です。エネルギー問題の解決に取り組もうとキュビタンの活用について協議を重ねています。東南アジアの他の国々も、このビジネスを歓迎することでしょう。アトミスは、再生可能エネルギーへの移行を支援することで、カーボンニュートラルの目標に寄与することができるかもしれません。

4　複数の顔を持つことの強み

▶ 社会をあっと驚かせる

　社会を驚かせるイノベーションというのは、業界の垣根を越えるものです。複数の顔を持ち合わせたスタートアップが、これまでに考えられなかったようなビジネスモデルを生み出すことも少なくありません。アトミスもこのようなスタートアップの1つです。多孔性配位高分子の技術をもとにしながらも、さまざまな用途開発を行い、それぞれのビジネスの顔を

上手に見せることで資金調達を受けてきました。

　もし、素材ビジネスという顔で完結していたら、再生可能エネルギーのマッチングという発想には至らなかったはずです。この事例から、私たちは4つのことを学ぶことができます。

① 複数の顔とアイデンティティ

　第1のポイントは、アトミスが複数の顔とアイデンティティを持ち合わせつつも、社会から大きな期待を集めているという点です。同社の顔は4つに分けられます。それは、素材ビジネスの顔、ガス容器の顔、情報サービス提供者としての顔、そして、再生エネルギー事業者としての顔です。

　1つ1つのビジネスは異なるカテゴリーに属しますが、すべてが有機的に結びついており、投資家からの期待と信頼を勝ち取ることができています。複数の顔があって多面的ではあるのですが、それらが統合された1つのアイデンティティを形成しているようです。

② カテゴリーを複合させる順序

　第2のポイントは、アトミスが理想的ともいえる順序でカテゴリーを複合させていったという点です。最初の顔は素材、次の顔は製品、その次の顔は情報サービス、そして、最後の顔は再生エネルギー。それぞれの顔に紐づけられるカテゴリーがあり、そこに照らし合わせてビジネスが評価されてきました。

　アトミスの複合は、科学的発明からソリューション提供までが理想的に結びつけられています。サイエンスからテクノロジーへの移行を進めることで、投資家をはじめとするステイクホルダーの信頼を勝ち取りました。

③ 成長ステージごとのオーディエンス

　第3のポイントは、技術や事業を評価するオーディエンスに合わせて、カテゴリー複合が行われているという点です。

第1章で述べたように、オーディエンスは成長ステージによって異なります。アトミスは、助成金を得るときにはノーベル賞級の成果を専門家に示しました。そして、製品化するときは、その応用可能性をNEDOなどの開発機構に示しました。

　商業化するにあたってはVCに素材の製品や容器のプロトタイプを示しながら、将来的に大きく成長する可能性をアピールしました。そして、株式上場を視野に入れ、機関投資家に、再生可能エネルギー事業としての可能性を示しました。

　助成金を得るとき、商業化するとき、そして、株式公開を見据えるときでは、オーディエンスと評価基準が異なるものです。アトミスの活動は、どのタイミングで誰に何を見せればよいのか、それぞれのオーディエンスに合わせて、自らのカテゴリーとアイデンティティを示していると考えられます。

④ 最終的に行き着くカテゴリー

　第4のポイントは、最終的に行き着くカテゴリーが非常に魅力的であるという点です。技術を社会実装するにあたって、製品レベルでとどまることなく、より付加価値の高いサービスへと転化させています。領域についても、環境エネルギーに着地するようにビジネスモデルが設計されています。

　もし、最初から最後まで一貫して素材ビジネスで進めていたら、どうなっていたでしょうか。新しい素材というのは、徐々にしか普及していきません。売上の伸びも緩慢なので、投資家たちにも歓迎されません。また、素材の製造や販売には資本が必要なので、どうしても大企業と戦うことになります。

　このような事情もあって、素材ビジネスとして上場すると企業価値が高まらないといわれています。そもそも素材というカテゴリーで上場している企業の株価収益率（PER）の平均は低く、優良企業であってもその実力

に見合った株価がつきません。スタートアップが上場するときも、その水準をベースに計算されるので、企業価値が高まらないのです。浅利さんは、どのカテゴリーで上場するかを戦略的に考察し、最終的な着地点を定めたと語っています。

「マテリアル、つまり素材ベンチャーとして上場するのか、環境エネルギーの会社として上場するのかによって、企業価値の付き方が全然違う。素材だと投資家からの期待が集まらないので、バリュエーションが高まらない。一方で環境系とか、エネルギーのプラットフォーマーとして上場すれば話が全然違ってくる。IoTを駆使するとアピールすれば、ものすごく高いPERが付いたりするのです」

▶ 面白さと危うさは紙一重

ここまで、どのようなスタートアップが投資家からの期待を集めるのか。そして、テック系として望まれる顔とアイデンティティは、いったいどのようなものなのかについて検討してきました。

それは、人間でいえば「さまざまな顔を併せ持つ複雑な人物」なのかもしれません。「ツンデレ」ではありませんが、魅力的に感じる人というのは意外な一面を持ち合わせているものです。特定のカテゴリーに収まることなく、両立しにくい特性を兼ね備えた人ほど、周囲の関心をつかんで離さないように思えます。

テック系のスタートアップについても、同じようなことがいえるのかもしれません。アトミスという会社はノーベル賞級のテクノロジーという正統なアイデンティティから始まりつつも、少しずつ意外性を加えることで投資家をひきつけてきました。インビジブルゴールドを運ぶためにキュビタンという容器を開発し、ガスの配送を支援するサービスを打ち出します。そして、環境問題に取り組むため、再生可能エネルギーのカテゴリーでガスの生産と流通の革命を引き起こそうとします。

このように、アトミスは成長ステージごとに大きな変化を感じさせてくれます。そして、そのアイデンティティは、特定のカテゴリーで理解できないぐらい複雑になってきています。
　しかし重要なのは、それでいて怪しくないことです。正統なカテゴリーから外れると、どうしても危うさを感じさせてしまいます。面白さと危うさは紙一重です。それを見聞きする人の受容力にもよるのですが、ちょっとした工夫で「面白い」と思われるでしょうし、ちょっとした不注意で「危うい」と敬遠されることでしょう。
　面白さと危うさは紙一重です。テック系の起業家は、投資家をはじめとするステイクホルダーのカテゴリーの認知構造を理解し、魅力的なアイデンティティを形成していく必要があるのです。

第 8 章

投資家は
何をどう見るか

視点が変わると、あれほど不利だったものが、
真実への手がかりになる。
──小説家 コナン・ドイル

1 ブラックボックスを解き明かす

　ベンチャー投資家は、スタートアップの何を見て投資判断を下しているのでしょうか。投資家たちに尋ねると、下記のような答えが返ってきそうです。

- 起業家は実績があるのか。
- 経営チームは十分な経験と知識を持ち合わせているか。
- 技術に独自性があるか。
- 成長市場に向けてビジネスモデルは適切にデザインされているか。

　実際、アンケート調査などから、ベンチャー投資家は、起業家や経営チームに代表される人の要因と、技術や市場に代表されるビジネスモデルの要因に注目することが明らかにされています。ある研究は、競馬にたとえて「ジョッキーに賭けるか、ホースに賭けるか」とその重要性を問いかけます。[1]

　ジョッキー派は、技術を活用して事業をつくるのは人なので、知識と経験がある連続起業家にこそ大切な資金を託すべきだと考えます。一方でホース派は、独自の技術とビジネスモデルがあれば、乗り手が変わっても成功する確率は高いので、社会実装される技術を見るべきだといいます。

　どちらの考えにも一理あるので、決着をつけるのは難しそうです。しかし、少なくとも投資家がその企業を評価するにあたって、起業家、チーム、技術、ビジネスモデルを評価することは間違いないでしょう。

　果たして、投資家たちはこれらの要因をどのように勘案して、最終的に

1　Kaplan et al.（2009）。彼らはビジネスモデルを重視した投資のほうが安定すると結論づけています。

判断を下すのでしょうか。これは学術研究においても、長年「ブラックボックス」とされてきました。この章では、そのブラックボックスを解明しようとした研究を紹介します。投資家たちの意思決定プロセスがわかれば、うまく口説いて資金を集めることができます。

2 直感で飛ばし、熟慮で確かめる

▶ 投資家の力量を見抜く

この意思決定プロセスを解明するカギは、その決定が「直感によるものか、熟慮によるものか」という点にあります。心理学ではこれを「二重過程理論」として読み解き、[2] 人の意思決定プロセスは2つの異なる処理の結果として生まれるといいます。

第1は無意識に行われる直感的な処理で、暗黙知や経験知が用いられる自動的なプロセスです（タイプ1）。第2は意識的に行われる論理的な処理で、原則やルールに基づく制御的なプロセスです（タイプ2）。ベンチャー投資においても、これら2つの認知のプロセスを通じて投資家の意思決定がなされると考えられています。

これら2つのうち、投資家の意思決定に関する研究で特に注目を集めているのは、タイプ1の直感的なプロセスです。[3] なぜなら投資家は、たとえ情報が不完全な状況であっても、迅速に判断しなければならないからです。仮に、貴重な情報が手に入り、一時的にでも「自分だけが知っている」というチャンスが生まれたとします。いずれ他の市場参加者に知れ渡って

2　Kahneman（2011）.
3　Dane and Pratt（2007）.

図表8-1　直感と熟慮の対比

タイプ1　直感	タイプ2　熟慮
速い	遅い
自動的・努力要らず	制御的・努力を要する
連想的・並行的	演繹的・連続的
無意識的・無意図的	意識的・意図的
ワーキングメモリ※不要・受動的	ワーキングメモリ必要・能動的
脈絡依存的	抽象的

(注) ※ワーキングメモリとは、どの情報を覚えておけばよいのかの取捨選択をする能力
(出所) Fisher and Neubert（2023）p.1303のTable 1を一部抜粋して編集

もおかしくありません。それゆえ、その情報の優位性がなくなる前に意思決定する必要があります。

このときに役立つのが、専門知識と豊かな経験に基づく直感です。[4] 百戦錬磨の投資家は知識と経験によって、さまざまな要因が複雑に絡み合う市場環境からある種のパターンを読み取ることができます。過去の投資案件の成功や失敗を糧にして必要な情報を効率的に取得し、直感的な意思決定を行えるのです。[5]

ただし直感というのは、とっさの処理なのでバイアスを生み出しかねません。特に、知識も経験も不足している投資家の場合、その場の雰囲気、個人的な感情、無意識のバイアスに流されてしまうものです。[6] この点で、十分な知識と経験から有効な手がかりを拾い上げ、信頼に足りうる意思決定を下すことができません。だからこそ、熟慮に基づく意思決定プロセスで補っていかなければなりません。[7]

4　Fiske and Taylor（1991）.
5　Bingham and Eisenhardt（2011）.
6　Klein（2008）.

タイプ2の熟慮のプロセスの特徴は、時間をかけてじっくりと判断が下せる点です。意思決定は、意識的・意図的に原則に照らし合わせて行われます。それゆえ、未熟な投資家にも適しているともいえるのですが、注意が必要です。なぜなら、知識と経験が不足していると、最初の自分の直感を追認しようと都合の良い情報ばかり集めてしまうからです（動機づけられた推論）。

　本来のあるべき姿は、利用可能なデータをできるだけ集め、バイアスや感情を克服するというものです。状況を取り巻くファクトを慎重かつ厳密に評価し、合理的な意思決定を行う必要があります（合理的分析による推論）。そのためにはオープンな気持ちで好奇心を促し、客観的な立場から真実を追求しなければなりません。最初の印象を追認するのではなく、むしろ挑戦するような気持ちで評価する必要があります。

▶ 直感と熟慮の統合モデル

　インディアナ大学のグレッグ・フィッシャー教授とテキサスクリスチャン大学のエミリー・ネウバート准教授は、心理学の二重過程理論をベースに有力な仮説モデルを構築しました。[8] 過去の学術研究を丹念にレビューし、1つ1つの実証結果を論理的に組み立てて、投資の意思決定のブラックボックスを解明しようとしたのです（図表8-2）。

　このモデルの特徴は3つあります。1つは、直感と熟慮の順序です。私もベンチャー投資家に尋ねたことがありますが、「先に直感を働かせて、その後に論理的に検証する」という答えがほとんどでした。このモデルでも、「直感」が先、「熟慮」が後となっています。

　2つ目の特徴は、「直感」から「熟慮」への流れのベース「センスメイキング」があるという点です。センスメイキングとは、能動的に意味を与

7　Tversky and Kahneman（1983）.
8　Fisher and Neubert（2023）.

図表8-2 | 直感と熟慮の統合モデル

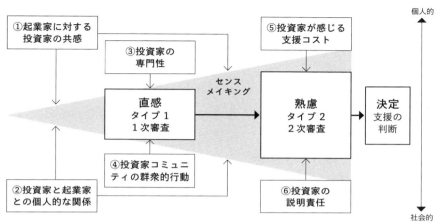

（出所）Fisher and Neubert（2023）p.1305

えることで納得感を高め、行動できるようにすることです。ベンチャー投資のような先の読めない曖昧な環境でも、手がかりをもとに解釈することで投資に踏み切ることができます。このときに大切なのが、投資対象にどのような意味を見出すのかなのです。

3つ目の特徴は、センスメイキングをベースにした二重過程に影響を及ぼす要因が6つ示されている点です。具体的には、「①起業家に対する投資家の共感」「②投資家と起業家との個人的な関係」「③投資家の専門性」「④投資家コミュニティの群衆的行動」「⑤投資家が感じる支援コスト」「⑥投資家の説明責任」のそれぞれが、何に作用するかが示されています。

▶ 共感と個人的関係性

まず、センスメイキングに影響を及ぼす2つの要因を紹介しましょう。フィッシャー教授とネウバート准教授は、投資家の「起業家に対する共感」が高ければ高いほど、そして、「起業家との個人的な関係」が強ければ強いほど、能動的に手がかりを探ろうとすると言います。

もちろん、共感し関係が強ければ投資するというわけではありません。あくまで、ちゃんと向き合うということです。投資家といえども人間です。起業家やそのスタートアップに一体感を覚えれば、多少の曖昧さが残っていても、その取り組みを理解しようと努めるでしょう。これがセンスメイキングを発動させます。

　また、起業家と個人的なつながりがあるときも同様です。人と人とのつながりが感情に働きかけ、理解しなければならないという義務感を引き起こし、能動的に検討するようになるのです。

　裏を返せば、共感や結びつきがなければ、投資家がセンスメイキングに取り組む動機は乏しくなります。わざわざ努力して手がかりを探す気にもならず、ダイヤの原石を見過ごしてしまう可能性も高くなります。

▶ 専門性と群衆行動

　次に、投資家の「直感」に影響を及ぼす2つの要因を紹介します。1つは投資家が身につけている専門性です。なぜなら、専門知識と経験があれば、先の読めない曖昧かつ複雑な状況でも、ある種のパターンを読み取り、直感的により適切な判断が下せるようになるからです。[9] 逆に、知識も経験もなければ、どのような刺激に注意を払えばよいのか、どのようなパターンを評価すればよいのかがわかりません。[10]

　恐いのは不知を自覚していない投資家です。そうした人ほど、「初心者の直感」に頼ってしまうことが少なくないようです。自信があるように見えても、その根拠になっているのは、思い込みとその場の感情にすぎません。

　日本ではベンチャーキャピタリストという職業が成立して間もないこともあり、知識も経験も乏しい若者が投資判断に携わることもあります。しかし、シードやアーリー期は、将来の見通しが立たないことが多いので、

9　Baron and Ensley（2006）p.1331.
10　Salas et al.（2010）.

実績のある投資家に評価してもらうべきです。

　もう1つの要因は、集団心理にかかわるものです。人は先行きが見通せない状況では、他者の行動を観察し、それに倣うものです。もし複数の投資家が、その起業家やスタートアップに強い関心を持っていたとすれば、何が起こるでしょうか。無意識のうちに、そこには将来性があるという直感が働いてもおかしくはありません。[11] このような行動は社会心理学では群衆行動と呼ばれます。

　他の投資家がその企業を支持していれば、自らもそれを支援することは正当化されます。無意識かつ直感的に、他者に期待して推論してしまうのです。これが、ドットコムバブルを引き起こした原因の1つです。この罠に陥りやすいのは、やはり専門知識や経験に乏しい投資家です。

▶ **支援コストと説明責任**

　最後に、「熟慮」の段階に影響を及ぼす要因を2つ紹介しましょう。その1つはスタートアップを支援するために、どれだけのコスト（金銭、時間、エネルギー、社会的資源）を投入しなければならないかの見通しです。もし、最初の直感がポジティブであれば、投資家は支援コストが高くても、可能な限り多くの情報を収集し、論理的な評価を下そうとすることでしょう。しかし、もしネガティブであれば、投資家は時間をかけて分析する気持ちにはなれません。否定的な判断を裏づけようとすることでしょう。

　もう1つがスタートアップを支援することに対する説明責任です。たとえば、VCが誘い合わせて巨額の資金を集めるとき、パートナーに説明しなければなりません。もし「直感」がポジティブだった場合、説明責任が高いほど、より広い範囲に深く「熟慮」がなされるはずです。

　デューデリジェンス[12] を実施し、他に投資の機会がないかを分析し、本当に投資すべきかを決定することでしょう。逆に、「直感」がネガティブで、

11　Bikhchandani et al.（1992）.

その判断に自信がある場合、さっさと結論を出したいと否定的判断材料ばかりを探し求めても、おかしくはありません。

▶ **優れたパートナーを求めて**

前述のとおり、起業家はパートナーとなる投資家のことをよく理解しておく必要があります。その投資家が、成長段階のどの時期を得意としているのか、経験や専門知識が十分なのか、新人を使う場合にはどのような作業をさせているのか、信頼に足りうるかを見極めましょう。

ミドル後期やレイトステージになれば、実績も出ますし、環境の先読みもしやすくなります。新人でも社内のガイドラインや基準に従うことで、ある程度は対応できるのかもしれません。しかし、シードやアーリーの時期では話が違います。技術を評価する専門知識を備えていなければ、まともに評価できるはずはありません。

優れた起業家に必要なのは、パートナーとして助言してくれる優れた投資家です。熟練のベンチャーキャピタリストは何をどう考えているのでしょうか。十人十色かもしれませんが、その1つの事例を紹介します。

3 熟練のベンチャーキャピタリストの考え

▶ **日米のVCの違い**

ここでは、大学を源流とするベンチャーキャピタリストとして、もっとも長いキャリアを持つ、ウエルインベストメント株式会社代表取締役社長の瀧口匡さんの考えを紹介します。瀧口さんは、2005年から投資活動に従

---

12 M&Aや投資に向けてリスクやリターンを適切に判断するための事前調査のこと。

事し、これまで約25社の株式公開を支えたという実績を持っています。活躍の舞台は、日本にとどまることなく世界中を飛び回っています。近年は、シリコンバレーに出向くことが多く、スタンフォード大学の大きく跳ねそうなテック系のスタートアップに投資しています。

　その瀧口さんがインタビューで最初におっしゃった言葉があります。

　「日本のスタートアップのあり方は、ある意味でガラパゴス的だ」

　これは、必ずしも悪い意味ではなく日本的だという意味です。根本的にゲームが違うため、米国で投資するときは日本での慣行にとらわれてはならないということです。そして、グローバルなゲームだと認識して参加する必要があるというメッセージです。裏を返せば、日本で活動するときには、日本型のゲームとして参加しなければならないということでしょう。

　日米の一番の違いは、役割分担の明確さです。米国ではアーリーステージの投資家、ミドルステージの投資家、レイトステージの投資家と、ステージごとに得意分野が分かれています。それぞれ評価基準も違い、全員がプロフェッショナルとして尊重し合ってスタートアップの生態系を支えているのです。

　それぞれのステージに特化しているので、判断も早いそうです。優れた案件があれば、ベンチャーキャピタリストはその場で感触を伝えます。

　「金額の大小はともかく出すから」

　こう伝えて、その瞬間に握ってしまうのです。ところが日本の場合は、ステージごとの役割分担が明確ではなく、必ずしも現場にプロフェッショナルが立ち会えているとは限りません。若手が担当することもありますが、大手のVCだと権限委譲が十分に進められていません。投資を裏づける数字や根拠が求められます（説明責任）。投資判断も「社内の投資委員会で諮

るので、3カ月待ってください」となります。

　瀧口さんは、その理由について、「ほとんどの日本のベンチャーキャピタルが、セコイアキャピタルのようにGAFA級のスタートアップを育てようと考えていないからだ」と言います。裏を返せば、世界ではなく日本のゲームでしっかり利益を上げていくという戦略をとっているということです。

　日本には世界有数のグロース市場があり、米国とは異なる固有の役割を果たしています。小さな規模の手堅い上場でも、キャッシュフローがマイナスでも公開して資金調達できる奇特な市場なのです。GAFA級のスタートアップを上場させる市場とはなっていませんが、だからこそ、小規模でも見込みのあるスタートアップを育てるという役割を果たせます。

　日本のVCは、国内市場の特性に合わせて最適化しているわけです。瀧口さんも、その合理性について次のように述べています。

　「アマゾンみたいな規模の企業は無理にしても、キャッシュフローネガティブ[13]の小規模の会社を引き受けることができるのは日本の市場しかない。この市場をベースにして勝っていこうというのは適切です」

　日本のグロース市場の特性もあり、国内のVCの多くは、より確かなミドルステージ以降でゲームを進めようとします。ミドルやレイトのステージともなれば、実績やファクトも出てくるので、数値や根拠も整えやすくなります。企業価値を評価して合理的に投資の意思決定ができるのです。

　日本のスタートアップ投資は、シリコンバレーとは基本的に異なります。「世界標準から遅れている」と耳にすることもありますが、性質が違うだけです。独自の発展を遂げてきたと理解すべきでしょう。

13　資金がトータルに流出しており、資金調達が必要な状態のこと。

▶ アーリーで必要とされる判断

　もちろん、この特性がマイナスに作用することもあります。ミドルステージやレイトステージで投資していくVCは、日本の産業で成長していくスタートアップを着実に支援できるのですが、アーリーステージでは通用しないと考えられるからです。

　アーリーステージは、ミドルやレイトとは違います。アーリーを象徴するシードラウンドでは、事業が出来上がっていません。実績としての数字を示せないわけです。それにもかかわらず、VC社内での「説明責任」を果たそうとすれば何が起こるでしょうか。それは知識や経験による直感を働かすことはできず、たくさんの芽を摘んでしまうことになるでしょう。

　アーリーステージでグローバルなスタートアップを日本国内で育てるためには、米国のアーリーステージのプロの投資家たちのことをもっと知るべきです。彼らの失敗も含めて、その考え方や方法を学ぶ必要があります。

　瀧口さんも、海外で活動することで学びました。しかし、どのようにすれば実績のないビジネスを評価できるのかについて、悩んでいた時期もあったそうです。

　「『勘だろう』みたいなことを言う人もいらっしゃいましたが、単なる山勘とは違うと思いました。あるとき、9割の人がダメだと言った技術について、その領域に詳しい人が『あっ、これ面白いよね』と言って、うまくいった。その1人の人がなぜそれがうまくいくと思ったかというと、経験、見地、知識です。9割の人は一般的概念、普遍的な概念で物事を見てダメだと判断したのに対して、その1人だけは違う目線を持っていました」

　経験、見地、知識にヒントがあると調べていくうちに、科学史家の伊東俊太郎さんの『科学と現実』という書籍にたどり着きました。1981年の古

い作品ですが、この中に、帰納法、演繹法、仮説推論など、いろいろな推論法が説明されていました。

　この書籍を熟読し、瀧口さんは気づきました。シードやアーリーでは仮説推論型の技法が役立ちうるのです。それは、当該産業や技術に関する知識や経験を総動員して、推論しながら可能性を見極め、仮説を立てて価値づけするということです。まさに、知識と経験に裏づけられた「直感」を働かせているということでしょう。

　これがウエルインベストメントの投資戦略となりました。現在、アーリーステージで成果を出すことができているのも、この推論を実践しているからです。

▶ 宇宙デブリの事例

　たとえばウエルインベストメントは、シリコンバレーのLeoLabsという宇宙デブリの会社に投資しています。今でこそ「話題の企業」となっていますが、瀧口さんが投資判断を迫られた2018年の時点は、まだシードかアーリーのステージにあった無名のスタートアップにすぎませんでした。宇宙デブリがビジネスになるかどうか誰もわからず、売上もゼロで先行きも不透明です。価値を推し量るのがものすごく難しく、他のVCから注目されている様子もありませんでした。

　とはいえ、デブリが衛星に当たって壊れるということが社会問題になっていました。瀧口さんたちは、もともと宇宙デブリについては相当調べていました。

- 米軍が10cm以上のデブリのデータを無料で共有していた。
- 10cm未満の小さいデブリのデータまでは提供できていなかった。
- 数も膨大なので、データを受け取っても、それを各国が解析して衝突の可能性を計算するのは大変な作業である。
- データはあっても、実用化には至らない。

しかし、実際にLeoLabsの技術を見て話を聞いていくうちに、商用化して社会的な価値を生み出しうると判断したそうです。瀧口さんは「私たちなりに推論して、これはありかなと思った」と言います。

▶ **デブリだけの話ではない**

　しかしながら、ベテランとしての直感を発揮したのは、この先の領域です。そのとき、瀧口さんたちが考えていたのは、「これはデブリだけの話ではない」ということです。瀧口さんたちは、デブリのデータ解析としてプレゼンを受けましたが、内心ではそれとは違う視点でも、この技術の可能性を眺めていたのです。

　宇宙というのは、国際法が適用されません。デブリのデータを取りにいくと、デブリだけではなく各国の衛星のデータも取れるわけです。当時から米国と中国の間でいろいろな摩擦が起き始めていました。そういうデータベースが宇宙空間の重要なビジネスになるだろうと直感しました。

　「まだスタンフォード大学が所有するアラスカのアンテナしかなかったときでした。そのストーリーを聞きながらいろいろと深く理解するようになりました。本当にゴミのようにデブリが写っていて、その中に、衛星が写ってるっていうのがわかったのです。どこのものかと尋ねたら、どの国がいつ打ち上げたかのデータがあるので、すべてがわかりますという答えでした。それぞれの衛星の登録番号までわかるということだったので、ビジネスになると思いました」

　この推論は見事に的中し、後にSpaceXがこのサービスを利用することになります。そして、2022年5月には日本の航空自衛隊が、このサービスを採用しました。公式には、その理由として、「低軌道での衝突、破砕、軌道変更、新規打上、再突入といった重大イベントに関してタイムリーな

情報を提供できるから」と記されています。これによって、航空自衛隊のオペレーターは、追跡・監視・衝突回避といった多様なデータおよびツールを活用できるようになります。瀧口さんたちが直感したように、安全保障上の観点からも、このビジネスが成長しうるわけです。

　起業家がアピールするポイントと、VCが見るところが違うというのは、ベテランのVCにおいて時々見られることです。企業価値の評価のポイントが異なるわけです。起業家によって説明された用途の先、ベテランのVCたちがその先の未来として埋めていくストーリーといえます。これがアーリーに対して推論型の投資を行うということだと考えられます。

4 知識と経験に裏づけられた投資

　ビジネスの世界では、ロジカルシンキング＝「論理的思考」が大切だといわれます。しかし、飛躍を許さない論理は創造性を阻むことにもなりかねません。ロジカルシンキングが創造の邪魔をするとすれば、いったい私たちはどうすればよいのでしょうか。

　1つの打開策が本章で紹介した「知識と経験に裏づけられた直感」や「仮説推論」です。そもそもロジカルシンキングは、確かな前提がある場合に有効です。たとえば、「ソクラテスは人間だ」「人間は必ず死ぬ」という2つの前提から「ソクラテスは必ず死ぬ」と導くような推論です。

　しかし、現実のビジネスの世界では、確かな前提を置くことができません。顧客は変わります。競争相手も変わります。インフラも変わります。それゆえ、昨日までの前提が、明日以降、5年後も10年後も通用するとは考えにくいのです。

　このような状況で、過去の前提に縛られると判断を見誤ります。だからこそ、将来志向で仮の前提を置く必要があるのです。それが仮説推論とい

うものです。宇宙デブリの話でいえば、世界の対立が深まっていくという仮説、人工衛星の位置の把握が国の安全保障にとって大切だという仮説を置くという感覚です。

　知識と経験があれば、センスのいい前提を置くことができます。逆に、そのどちらもなければ、どうなるのでしょうか。わかる範囲で月並みの推論をして当たり前のことしか思いつかないことでしょう。

　過去のデータと論理だけで投資の意思決定をしようとすると、先行きが不透明な世界では判断できません。周囲の評価に流されて群衆的な行動に陥ってしまいます。また、無理しておかしな前提を立ててしまうと、間違った推論をしてしまい、大きな失敗をするかもしれません。

　スタートアップの投資において、演繹的な推論が通用する場面は限られています。だから、VCたちは論理を超えていく必要があります。まだ見ぬ未来について、ときに大胆な前提を置いて発想を飛躍させるしかありません。それが、仮説推論するということです。

　しかし、飛躍させればさせるほど危うくなります。だから、仮説検証のサイクルを小さく速く賢く回す必要があるのです。VCのラウンドが、シードラウンド、アーリーステージ、ミドルステージ、レイターステージと分かれているのはそのためです。

　アーリーの早期のラウンドでは、投下すべき資金は少なくて済むので、リスクが大きくても投資することができます。大胆な推論で仮の前提を置いて、世界を変えるようなビジネスを生み出すチャンスを広げることができるのです。やがてミドルやレイトになると、実績が出て市場や技術の環境も明らかになり、より確かな推論ができるようになります。リスクが相対的に小さくなるので、より大規模な投資ができるようになります。

　もし、日本国内においてアーリーのVCが発達しておらず、ミドル以降ばかりだとすれば、潜在力のある技術であっても、投資を受けることなく朽ち果ててしまうことでしょう。この意味で、アーリーステージのVCの果たすべき役割は大きいといえます。

第 9 章

出口戦略としてのM&A

人間は一生のうちに逢うべき人には必ず逢える。
しかも、一瞬早すぎず、一瞬遅すぎないときに。
──哲学者 森 信三

1 | 売却を前提にスタートアップする

　意外かもしれませんが、テック系のスタートアップの成功物語の多くは、大企業へのM&A（吸収合併）によって完結します。事業化してIPO（株式公開）して、さらなる成長を果たす起業家は、一握りの例外的存在です。
　ミスリル・キャピタルを創業者したアジェイ・ロヤンさんは言います。

「私が目にする新興企業の90％は、規模を拡大するためではなく、売るためにつくられている」[1]

　メディアでは、創業者が画期的な技術をもとに会社を立ち上げ、大きく成長させるという物語をよく耳にします。GAFAなどはまさにその典型で、いくつもの苦難を乗り越えて株式公開し、さらなる成長とともに社会に影響を及ぼしています。
　しかし、このような姿は、必ずしもテック系スタートアップの典型とはいえません。ロックスター級の起業家の活躍は、とても目立ちますし、話題にもなるのですが、統計上の数という意味では非常に少ないのです。
　言い換えれば、経済全体で見ると、イノベーションの多くは、スタートアップが「先発完投」で成し遂げるわけではないということです。0から1のきっかけをつくるのはスタートアップだとしても、その1を100にし、1000にするのはメガベンチャーや大企業の役割。スタートアップが開発した技術がこれらの企業の手に渡り、社会に広がっていきます。
　このイノベーションのロードマップで、起業家は「いつM&AによるEXITをするのか」について、賢明な判断を下さなければなりません。

1　Arora et al.（2021）p.1453.

EXITとは、最終的に出資者に対して、どのように利益を確定させるかの出口戦略のことです。IPOはもちろん、大企業などに吸収合併されるM&AもEXITの1つです。

この章ではEXIT戦略の中でもM&Aに焦点を絞り、起業家はどのように、そのタイミングを見極めればよいのかについて検討していきます。

▶ **魔の川、死の谷、ダーウィンの海**

テック系の起業家がM&AによってEXITするタイミングは、大きく分けて3回ぐらいあります。1つ目は、研究を成功させて開発の段階にたどりついたとき、2つ目は開発した技術を事業化できたとき、そして、3つ目が事業の市場競争力が高まったとき。それぞれ、「魔の川」を渡ったとき、「死の谷」を乗り越えたとき、「ダーウィンの海」を泳げるようになったとき、にたとえることができます。[2]

図表9-1　魔の川、死の谷、ダーウィンの海

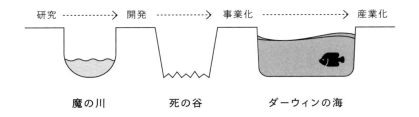

（出所）出川（2004）をもとに作図。

2　出川（2004）。

- 「魔の川を渡ったらEXITしよう」
- 「死の谷を越えたらEXITしよう」
- 「ダーウィンの海で生き残ってからEXITしよう」

　適度なタイミングでEXITすることで一定の富が得られるので、次のチャレンジへの移行がスムーズに進みます。若ければ若いほど、挑戦回数を重ねながら経験値を高めていくことができます。連続起業家と呼ばれる人たちは、軽快にM&Aしつつ、新規事業にも挑戦し、スケールをめざす本当の勝負どころを見極めているようです。

▶ 企業価値を高めなければ、取り分は減る

　テック系の起業家は、それぞれのステージに挑むにあたって資金調達をしなければなりません。無事乗り越えることができれば、企業価値が高まります。高値でM&Aすれば、投資家に返却しても手元に十分な富を残すことができます。基本的には、進めば進むほど、大きな富を生み出す機会が得られます。

　ただし、新しいステージには、新たな困難が待ち受けています。性質も異なるのでリスクも低いとはいえません。また、VCから資金を調達した場合は、乗り越えた後にどれだけ成長できたのかも大切です。成長して企業価値を高めなければ、自分の取り分が減ってしまうからです（資本の希薄化）。不慣れな起業家が慣れないステージに挑むと、どうしても対応に時間とコストがかかってしまいます。そして、もし挑戦に失敗すると、得られるリターンが激減します。

▶ デジタル系かハード系か

　さて、M&AによるEXITを前提にした場合、どのタイミングで行えばよいのでしょうか。適切なタイミングは技術の特性にもよるので注意が必要です。デジタル財の場合、2つの理由で、より先のステージに進みやす

いように思えます。

　第1に、モノのビジネスとは違い、製造設備や配送センターに投資する必要がほとんどありません。サービスに必要なサーバーやデータセンターは外部で調達することができます。流通はインターネットを使うので、少ない資本で次のステージに進みやすいのです。

　第2に、デジタル財は、開発のリードタイムが相対的に短いといえます。しかもインターネット上で、仮説検証サイクルを「小さく早く賢く」回すことができるので、ビジネスを急成長させやすいのです。起業家としては、検証結果を踏まえて、次のステージに進むべきかの判断を下すことができます。

　一方、ハードテックといわれるモノづくりの世界は、これとは対極の世界です。生産設備への投資、モノを流通させるための費用、アフターサービスための人員など、さまざまな投資が必要とされることが多いのです。

　仮説検証するにも、プロトタイプをつくる必要があるので、どうしても時間がかかります。より早く自社の製品・サービスを社会に広めたい場合は、大企業とのM&Aも視野に入れるべきでしょう。

2　M&Aにおける早期と後期のトレードオフ

▶ 3つの選択肢

　一昔前、日本のスタートアップコミュニティでは、M&Aというのは次善の策だと理解されていました。ソニーやホンダのように、自ら開発した技術で成長を成し遂げ、世界に貢献する「先発完投型」こそが究極の姿であり、ギリギリまで独力で勝負するのが理想だとされていました。

　しかし、近年スタートアップへの理解が高まり、日本でもM&Aは最善

の出口戦略の1つだという認識が広まっています。M&Aのタイミングについて検討した学術研究があります。

デューク大学のアシシュ・アローラ教授らの研究チーム[3]は、これまでの研究から3つの選択肢を示しました。

- 選択肢1：早期にM&Aする。
- 選択肢2：後期にM&Aする。
- 選択肢3：柔軟にM&Aのタイミングを見極める。

▶ それぞれのメリットとデメリット

最初から早期のM&Aを決めておけば、無駄な準備や投資をしなくても済みます。販売チャネルや営業担当者を整備する必要がないので、限られたリソースを、技術や製品の開発に集中できます。事業化や成長のリスクを背負わずに済むので、一定の合理性があります。製品化・事業化に自信がない創業チームは、早期のM&Aを選択する可能性が高いといえます。ここから仮説1が導かれます。

仮説1：製品化と事業化に自信がない創業チームは早期にM&Aする。

しかし、早期の技術やプロトタイプは未熟なものです。リスクも高いので、関心を示す買い手はおのずと少なくなり、ディスカウントされかねません。製品化・事業化に自信のある創業チームは、ある程度まで完成度を高めてから、後期にM&Aしようと考えます。

---

3 ボッコーニ大学のアンドレア・フォスファ教授とコペンハーゲン・ビジネススクールのトーマス・ロンデ教授の3人の研究チーム（Arora et al., 2021）。

仮説2：製品化と事業化に自信がある創業チームは後期にM&Aする。

限られた経営資源しか持たないスタートアップにとって、早期か後期かというのは大きな問題です。早期のM&Aを決めれば、技術開発そのものにより多くの時間とコストを割くことができます。逆に、後期のM&Aを決めたのであれば、技術開発をしつつ、製品や事業の完成度を高めていかなければなりません。

意思決定のタイミングを先延ばしにするために早期のM&Aを試しつつ、様子を見ながら柔軟に判断するというスタートアップもあります。アローラ教授らは、製品化・事業化に対する自信が中程度の創業チームは、この選択を取ると考えています。

仮説3：製品化と事業化の自信が中程度の創業チームは、柔軟に判断する。

いずれも過去の学術研究から導かれた仮説です。アローラ教授らはシミュレーションのモデルを構築し、これらの仮説を検証することにしました。そこで置かれた前提は2つです。

①経験と知識のある創業チームのほうが難局をうまく乗り越えられる。
②リソースは限られているため、早期EXITに力を入れれば後期EXITに投入できるリソースが減る。

シミュレーションの結果は、これら3つの仮説を支持するものでした。

▶ **M＆Aのタイミングを決める条件**

この研究は、早期か後期かの判断は、他にもさまざまな要件によって影響を受けることも示しています。たとえば、下記のような場合では、

M&Aは後期に持ち越される傾向にあるようです。

- 技術や製品を事業化できる企業が少なくM&A市場が未発達な場合
- ベンチャーキャピタルが充実していて当面の資金繰りに困らない場合
- 知的財産（IP）の保護が弱く開示して交渉を進めると模倣される場合

　まず、M&A市場が未発達で受け皿となる買収企業の数が少なければ、優れた技術であってもM&Aは困難を極めるでしょう。逆に、大企業によるM&Aが当たり前だという業界であれば、おおよそのタイミングが決まっていたりします。技術や業界や国・地域によってM&Aのしやすさは異なるのです。

　次に、VCから十分な資金を調達できたスタートアップは、後期の勝負に出ることが可能です。VCが認める技術なので成功確率は高いはずです。VCとしては、多少リスクがあっても、より大きなリターンが得られるように支援します。M&Aが後期に延期されてもおかしくはありません。

　最後に、IPの保護が弱いと、早期に大企業と交渉することはできません。特許を迂回したり、別の技術で同じ機能を実現したり、模倣されてしまうリスクがあるからです。このような場合、製品や事業に模倣困難な要素を盛り込み、事業の実績を上げてから、事業ごとM&Aするという判断に傾きやすくなります。

　以下では、柔軟に出口戦略を策定したスタートアップ事例について紹介します。当初はIPOを思い描いていたスタートアップが、何をどう考えてM&Aへと切り替えたのか。その判断に至ったプロセスを紹介します。

3 ［事例］日本発の組織再生型靱帯を世界展開する
CoreTissue BioEngineering

▶ アスリートの致命傷

　スポーツ選手のけがで致命傷となりうるものは何でしょうか。その1つは膝の前十字靱帯の損傷でしょう。跳ぶ、着地する、方向転換する。この動作を繰り返し、膝に過度な負担がかかったとき、膝の真ん中にある交差した靱帯が断裂することがあります。前十字靱帯の損傷の症例は非常に多く、日本では年間おおよそ2万件、米国では20万件にも達するそうです。

　切れた靱帯が自然に癒合することはないので再建手術が不可欠ですが、人工靱帯は磨耗が激しく、5年のうちに約半数が切れてしまいます。

　結局、自家腱移植（多くの場合、太ももの裏）から自分の腱の一部を取ってくることになるのですが、健常な自家腱を採取するため、術後には痛みが伴い、運動が制限されてしまいます。自家腱を取る必要がない強靱な移植用靱帯が必要とされているのです。

　この問題をユニークな方法で解決しようというのがCoreTissue BioEngineering（以下、CTBE）です。

　同社は牛や豚の腱から靱帯をつくって人間に移植するというアイディアの実用化を進めてきました。この方法の最大のメリットは、組織の構造を残すことで強靱さを保つことができる点です。

　早稲田大学理工学術院教授の岩﨑清隆さんは、独自の脱細胞化技術で拒絶反応を起こす原因となる細胞を除去する技術を開発し、移植を可能にしました。一連の技術を特許化し、[4] 会社を立ち上げることにしたのです。それが2016年11月29日に設立されたCTBEです。2018年には、代表取締役

4　詳細は、井上（2019）を参照。

写真9-1 | 脱細胞化した組織再生型靭帯

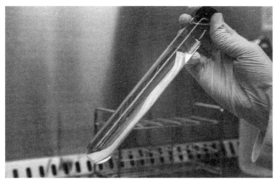

（出所）CTBE

として、この業界の経営に精通している城倉洋二さんを迎え入れました（現在は代表取締役会長）。

▶ **当初はIPOをめざす**

城倉さんは、花王と外資系の医療機器3社でグローバルキャリアを積んだという経歴の持ち主です。治療用の医療機器が米国製ばかりであることに疑問を感じていたこともあり、日本発のこの技術に大変な魅力を感じました。

「日本発のこの技術であれば、自らのキャリアをかける価値がある！」

外資系企業の部長職を辞して、経営者のポストを引き受けました。当初、頭に思い描いていたのは、IPOを念頭にしたビジネスモデルでした（図表9-2）。

「私が最初に構想したときのビジネスモデルは、国内であっても海外であっても、大手企業をパートナーにして販売してもらうというビジネス

図表9-2　当初構想していたビジネスモデル

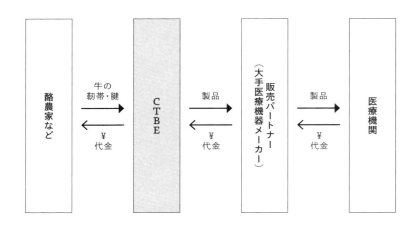

モデルだったのです。製造は自分たちで担うという製造販売モデルです」

営業組織まで抱え込むとなると、投資規模が膨大になります。だから、限られた経営資源を開発と製造に集中させ、製品の普及については販売パートナーに任せるべきだと考えました。

▶ 新しいメンバーを迎える

2021年まで経営を1人で切り盛りしてきた城倉さんですが、膝前十字靭帯の治験の準備や米国FDA（食品医薬品局）との協議など、仕事量は増える一方でした。これを1人でこなすとなると、投資家との交渉、新しい製品の開発、ならびに海外展開まで手が回らなくなります。

しかもCTBEが扱うのは、生体由来の植え込み型治療機器という難しい商材です。科学的なエビデンスだけではなく、社会的な信頼や実績がなければ採用されるものではありません。城倉さんはIPOを念頭に置いたビジネスモデルをつくるのは容易ではないと感じ始めていました。

ちょうどそのとき、CTBEに転機が訪れます。海外経験が豊かでMBA

を取得した和氣千明さんがメンバーに加わったのです。和氣さんは過去20年近く、外資系の医療機器メーカーでマーケティングマネジメントを担当していました。主に扱っていたのは薬剤溶出型ステントという、心筋梗塞を治療する医療機器でした。

　これは一度、患者さんの体の中に植え込まれると、在命中は取り外されることがない機器です。米国の企業が市場シェアの9割を占めていましたが、日本企業は存在感を示せていません。和氣さんは「日本はなぜ、植え込み型の医療機器に弱いのか」と疑問に感じていました。

　すでにMBAを取得していることもあり、和氣さんは財務担当部長職を任されましたが、すぐに役員へと昇格。城倉さんは、そこでの彼女の仕事ぶりを見て代表権を持つ社長に就任してもらうことにしました。会社の代表権を持っていたほうが資金調達も円滑に進むと考えたのです。

▶ EXITの方針を転換する

　この頃CTBEは、膝前十字靭帯損傷の後に、肩腱板断裂向けの医療機器の開発に取り組んでいました。肩腱板断裂とは、農業や林業、工場や建設の現場でよく見られる症状で、腕が上がらず痛みも強くなっていきます。生活のためにも有効な治療が求められており、社会的にも有意義な将来性のある市場だと考えられました。

　成分はどちらもコラーゲンなので、同じ技術を用いることができます。和氣さんは、IPOに向けて、自分たちの製品を販売してくれるパートナーを探しました。ところが日本国内では、思ったようにIPOができないことに気づきます。

　IPOには、その準備だけでもお金がかかります。CFO（最高財務責任者）を雇い、社内体制を整えていかなければなりません。医療機器の場合、臨床試験データなどのエビデンスなどが必要であり、その取得にお金も時間もかかります。両方を同時に行うと、すべてが大掛かりになってしまうのです。

「医療機器のスタートアップを日本でIPOをするのは、ハードルが高いと感じます。日本の場合、製品や技術を適正に評価するのではなく、国内の平均的なところや過去の事例を見てお話をされているので、『過去の事例ではそんな額に達していない』と言われるのです」

しかし、発想を転換して出口戦略をM&Aに切り替えれば、多くの問題が解消します。上場の準備に資金やリソースをかける必要がなくなり、技術や製品の開発に注力できるようになります。少し余裕も出てくるので、相手先との交渉も進めやすくなります。

和氣さんと城倉さんは、業界の知識と経験から、薬事承認後というのを1つのタイミングだと考えるようになりました。薬事承認されるということは、厚生労働省に医療機器として安全だと認められることを意味します。この段階まで達していれば、大企業は少なくとも、植え込み型医療機器の安全性を懸念する必要はありません。事業としての将来性に焦点を絞って、その可能性をより適切に評価できるようになります。

▶ スピーディに普及させるために

医療機器を普及させるためには、使い方を説明しながら、病院に導入していく必要があります。世の中に出したから急に売れるわけではなく、じわじわとしか世の中に定着しません。この点が一気に市場で拡大させられる医薬品と違うところです。

ただでさえ普及が困難なわけですから、すでに市場へのアクセスを確立した大企業に協力してもらうことが大切です。自社ビジネスとしてではなく、信頼も実績もある大企業に扱ってもらったほうが、世の中への普及スピードは高まりますし、投資回収も早くなります。「売り手よし、買い手よし、世間よし」の三方よしが実現するのです。

城倉さんと和氣さんに共通する思いは「日本発の技術でグローバルに展

開すること」です。日本発の生体由来の植え込み型治療機器を、いち早く社会に普及させることが大切で、そのために最適な出口戦略を考えています。

4 スタートアップの企業価値を高めるために

▶ M＆A市場の成熟度が課題

　日本のイノベーションエコシステムにとって、M＆A市場の成熟化というのは喫緊の課題だといえます。というのもM＆A市場が成熟していなければ、テック系スタートアップの選択肢は制限され、いろいろな副作用を誘発するからです。その理由は2つ考えられます。

　第1に、M＆A市場が未成熟だと、EXITしたいタイミングで売却ができなくなります。無理をしてでも自主事業を進めざるをえず、資金を調達して、より先のステージに進まざるをえません。ところが、事業経験が不足していたり、調達できる資金が十分でなかったりすると事業化の難易度が上がり、失敗するリスクが高まります。

　第2に、M＆A市場が未成熟だと、M＆A事例が十分に集まらず、企業価値の相場が適切に形成されません。VCとしては、いろいろな評価軸から企業価値を推定しますが、実績として売却と買収が成立していないのですから、どうしても控え目なものとなってしまいます。結果、スタートアップが調達できる資金が制限され、より高いレベルの挑戦ができなくなります。

　テック系スタートアップの資金調達に制約がかかると、開発のスピードが落ちてしまいます。結果、ポテンシャルを持った技術の芽が摘み取られ、イノベーションエコシステム全体が萎んでしまうのです。

今回の事例に限らず、国内のスタートアップ界隈では、日本の大企業がリスクに過敏になり、M&Aに消極的になってしまうことが問題視されています。買収が活発になり、M&A市場が成熟しなければテック系スタートアップの企業価値は高まりません。これが高まらない限り、企業価値に応じた資金調達を行うのが難しくなるのです。

　冒頭で述べたイノベーションのロードマップを完成させるためには、成熟したM&Aの市場は不可欠です。特にモノづくりを伴うテック系スタートアップの場合、技術の開発には長い歳月が必要とされます。キラリと光る技術の開発についての資金が途絶えないようにM&Aの市場を成熟化させていく必要があります。

▶ 国内の成熟度に合わせた出口戦略

　とはいえ、テック系スタートアップにとって、M&A市場の成熟度というのはコントロールできる要因ではありません。与えられた条件であり、それに適応していくほかないのです。

　CTBEは、国内のM&A市場の成熟度を与件として、柔軟にEXITのあり方を模索しています。それが、「薬事承認後」というタイミングでした。薬事承認されれば、その医療機器に対する評価が高まり、M&Aの金額も高くなります。日本の認証はとても厳しいので、国内で認められれば米国などの先進国でも承認を取ることができるでしょう。

　これによって、グローバルな視野でのM&Aへの道が開かれます。たとえ、そのときに国内市場のM&Aの成熟度が低くても、海外の医療機器メーカーに売り込むことができるのです。海外のメーカーが関心を示せば、日本の大企業の認識も変わるかもしれません。

　CTBEの医療機器開発のアプローチは画期的です。ゼロから強靭な組織をつくろうとしていたら、さまざまな困難に直面していたことでしょう。組織というのは、束になって構造をなしています。しかも、その構造は階層状になっていて、大きな束のなかに小さい束があり、その中にさらに小

さな束があります。この構造なしには、強さは生まれません。

　別の動物から移植するというアプローチをとったからこそ、組織の構造を残しつつ、生体と融合できる強靭な組織再生型の靭帯を開発することができたのです。

　城倉さんと和氣さんは、さらなる製品化にも自信があったようですが、単独で事業化してIPOするのは困難だという判断を下しました。実際、医療系ベンチャーでは業界の性質上、EXIT戦略においてM&Aをとる場合がほとんどです。それゆえ、お二人は自社の製品としての完成度をできるだけ高めて、自社技術の将来性をアピールするつもりです。

　EXITのタイミングというのは、とても難しい課題ではありますが、事業化できるかどうかの自信、M&A市場の成熟度、VCによる資金繰り、IPの保護などの要因を総合すれば、より適切な意思決定ができると考えられます。

第10章

競争優位を構築する

絶えず自己認識、自己観照する。
——実業家 松下幸之助

1 | 真似したくても真似できない仕組み

▶ **リソースの力**

　いつの時代でもお手本にしたくなる高収益企業があるものです。[1] それは、新聞や雑誌で目にする有名企業であることもあれば、意外に知られていないニッチトップ企業であることもあります。そういった企業はなぜ、高収益を維持し続けているのでしょうか。

　競争戦略論的にいえば、少なくとも2つの説明の仕方があります。

　1つは、その企業が「類い稀なる資質や能力を持っている」という説明です。実際、模倣されない独自技術、圧倒的な販売チャネル、卓越したブランドなどを持つ企業は、高い利益を上げています。それゆえ、他社が持ちえない生産力の高い資源を占有することで、優位性を築き、収益性を高めることができるのです。このような説明を資源ベースの考え方（リソースベースド・ビュー）といいます。

　トヨタでいえば、ジャストインタイムの生産システムやそれを可能にするサプライヤーネットワークがあるから、高収益を上げられるという説明になります。セブン−イレブンであれば、市場の動向を情報システムで吸い上げて、商品開発に活かす能力があるから、他のコンビニエンスストアより頭1つリードできるということになるのです。

▶ **ポジションの力**

　もう1つの説明の仕方では、その会社が収益を上げやすいビジネスを選んだという点に注目します。いくら優れた資源を持っていても、ライバル

1　井上（2012）。

がひしめいているところでビジネスをしていては儲かりません。血みどろの競争が行われている業界内で能力を磨くよりも、場所を変えて競争があまり激しくない業界に移ったほうが有利です。このような考え方から収益性を説明しようとするのが、ポジショニングの戦略論です。

　トヨタの場合、自動車産業そのものが収益ポテンシャルの高い業界を選んだと説明されます。実際、多くのユーザーはデザインやブランドなどに対して、多くの対価を支払ってくれます。セブン‐イレブンの場合、業界リーダーとして全国の主要な都市に他社に先んじてドミナント出店しているため、競争が激しくなっても、自らのビジネスを有利に展開できていると考えます。

　1970年代までは、実務界でも学界でも、市場規模が大きくて成長性が高ければ、収益ポテンシャルも高いと考えられていました。しかし、規模が小さくても独り勝ちできれば、利益率も高くなります。また、衰退産業であっても、競合が次々に撤退していけば、結果として独り勝ちと同じ状況になり、残存者利益を得ることができます。技術的には成熟した製品でも、競合が次から次へと撤退して、そこに残った企業が高い収益を上げられるのはこのためです。

　結局、利益率を左右するのは、競争の激しさなのです。

　ちなみに学界では、リソースベースの考え方とポジショニングベースの考え方とでは、どちらの説明力が高いかで論争が起こってきました。しかし、冷静になって考えてみれば、高い能力を持っているからこそ、有利なポジションを維持できるわけですし、有利なポジションにいるからこそ、能力にも磨きがかかります。[2] この意味では、リソースとポジションは、表裏一体で相互に強化し合っているのです。

2　加護野・井上（2004）；井上（2006）。

2 競争優位のビジネスモデル

▶ **ビジネスモデル分析の枠組み**

　高収益の企業をお手本とするには、会社のカギとなるリソースと有利なポジションを明確にしなければなりません。さらに、カギとなるリソースから価値を生み出す方法や、その価値の内容にも注目すべきでしょう。

　これらの検討を経て、初めて収益の上げ方を、事業の仕組みの中に位置づけることができるようになります。いかにして価値を生み出し、そして、それらの活動がカギとなる資源にどのように支えられているのかを整理することができるわけです。

　以上の議論を踏まえて、お手本の会社から参照する範囲を定めるフレームワークを提示することにします。

　まず、ビジネスモデルの要素を下記のように定めることにします。

- ポジションの取り方
- 顧客への価値提案
- 主要業務の活動
- カギとなる経営資源

　これらの構成要素を上から順に並べると、ポジショニングの戦略論とリソースベースの戦略論、ならびにオペレーションにかかわる理論を統合した分析の枠組みをつくることができます。それを図表10-1のように、一番上に市場におけるポジショニングを示し、価値を提供する仕組みをピラミッドに見立てて描くことにします。

　仕組みのピラミッドは、3つの層から成り立っています。一番上は、顧

図表10-1 | P-VARフレームワーク

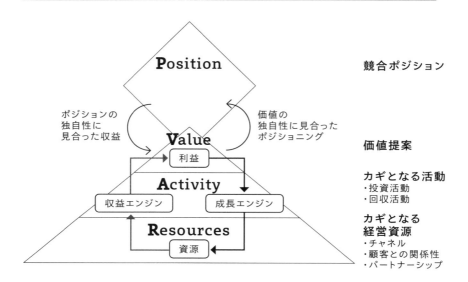

客に提供する価値提案（Value proposition）の層で、特定の顧客セグメントに的を絞って訴求できる価値を提案しています。

真ん中には、その価値を提供するための活動システム（Activity systems）、すなわち、業務活動としてのオペレーションがあります（業務活動は、投資活動としての「成長エンジン」と回収活動としての「収益エンジン」に分けることもできます）。

そして、一番底辺に位置するのが、その活動を支えるための経営資源（Resources）です。資源が豊かであればピラミッドも安定します。これらの要素を特定することで、何の価値をどのように提供しているかを理解できます。4つの要素の頭文字を取って「P-VAR（ピーバー）」と名づけました。

▶ 経営者の認識

P-VARを使えば、狙うべきポジションを明確にできますし、カギとなる経営資源を明らかにすることもできます。

このときに大切なのは、1つには、自分が誰と戦っているかの認識です。学術研究でも、このような競争の認識が注目されています。どの会社をライバル視しているかによって、経営者が思い描く戦略は違ってきます。特に画期的な製品やサービスによって差別化する場合は、何との違いを生み出すかが明確でなければなりません。

　そして、欲をいえば、誰と戦っているかという1対1の認識を超えて、業界内の複雑な競争環境の全体を把握することです。どこにチャンスがあるのか、業界の空白となるようなポジションはどこにあるのか、を常に分析する必要があるのです。

　最近の学術研究では、競争に対して一風変わった見方をする企業は、より革新的な製品・サービスを提供するといわれています。業界内のライバルたちとは異なる認識で競争環境を捉えることで、より多くの利益が得られることが判明したのです。

　いかなる会社も、潜在的なライバルすべてに目配りをすることはできません。強い注意や関心は、ある競争相手には向けられますが、他の競争相手には向けられません。しかも、その注意や関心はお互いに向けられているとは限らないので、競争上の盲点が生じることもあります。もともと異業種であった競争相手に不意打ちを食らわされるのは、そのためです。

　そうであるがゆえに、経営者の認識は大切です。ライバルと異なる認識で競争環境を捉えることができれば、チャンスが広がります。以下では、「秘密計算」という独自技術を経営資源にしながら、独特の認識から業界で有利なポジションを取ることで成長しようとするスタートアップ、EAGLYSを紹介します。

3 ［事例］機密データから宝を生み出す EAGLYS

▶ 全知全能の神によるユートピア

　EAGLYS株式会社（以下、イーグリス）を率いる今林広樹さんは、CEOメッセージで次のように述べています。[3]

　「あらゆるプライベートデータを組織、経済圏、業界を横断して活用できたとしたら、どんな事業や産業をつくれるでしょうか？　EAGLYSは産業の一次情報であるプライベートデータをつなげることで信頼性の高いPrivateAIを構築しています」

　今林さんは「秘密計算×AI」のプラットフォームをつくり、社会問題を解決することで人類に幸せをもたらそうとします。イーグリスがめざすのは、全知全能の神がいる世界に一歩近づこうとしているのかもしれません。
　幸い、イーグリスのようなスタートアップは、IT業界では大きな脅威として認識されにくい立場にあります。大手としては、常にマークしておかなければ怖いという存在とはなりにくいのです。今林さんはこの立場を活かし、どのようなポジションを勝ち取ろうとしているのか。また、そのためにどのような経営資源を拡充しようとしているのか。彼の戦略的な認識に迫ります。

3　EAGLYS「会社紹介資料」(https://www.docswell.com/s/EAGLYS/ZQ79EK-EAGLYSCompanyDeck)。

▶ 個人情報や機密情報からの価値創造

　一般的に、データは宝だといわれます。たとえば、「特定の実験条件において、化合物と触媒によって新素材ができる」というデータは貴重な知財となります。他の化学会社もこのデータと自社のデータとを結びつけて解析すれば、新しい化合物を発見できるかもしれません。しかし、他社の化学データは機密情報なので入手できません。社会的には必ずしも価値を生み出せているわけではありません。

　今林さんたちは、このような機密性のあるデータを共有することで価値を創造します。それが秘密計算の技術です。イーグリスのウェブサイトには、下記のように説明されています。

「従来の暗号はデータの通信・保管時にのみ暗号化を行うことでデータを保護する仕組みになっています。解析などのデータ処理を行うときは、一度暗号を解いて元の状態に戻さなければならず、処理中のセキュリティが脆弱になるリスクがありました。

図表10-2　データの機密性を保ちながらAIで解析する

デジタル化	アクセス	AI・データ活用
一次情報の セキュア収集と構造化	データ保護× アクセス利便性の両立	AI構築・ 運用による価値創出
Private Data	Private Room	Private AI

Private Data:
- 金融・リテール
- 医療・ヘルスケア
- 製造・サプライチェーン
- モビリティ・エネルギー
- ライフログ
- ゲノム・創薬
- 生体情報

Private Room:
データシェアリング・AIモデルシェアリング
秘密計算、連合学習、AIファイアーウォール
AI技術（画像解析、生成AI、OCRほか）
AI運用（MLOps/ AutoML）
秘匿センシング・暗号化・DataOps

Private AI:
→ 分析
→ 検索
→ 機械学習

（出所）イーグリス

秘密計算技術を使えば、通信・保管時だけでなくAIの学習時もデータを暗号化したまま処理できるため、データ漏えいや不正利用のリスクの回避につながり、元のデータを解析するのと変わらない精度で解析が行えるため、データ活用の可能性が広がります」

　通常、zipファイルとして暗号化した場合、相手にパスワードを知らせる必要があります。相手方はそのパスワードを開けてファイルを解凍し、中身を見て分析します。しかし、イーグリスの秘密計算の技術を使えば、相手方はそのファイルを解凍することなしに（つまり、中身を見ることなしに）解析できるようになります。
　パスワードを知らせる必要がなくなるので、自分の大切な情報を開示することなく、相手はそのデータを使えるわけです。化学データでも機密性を守りつつ、解析に活かしてもらうことができるので、利用料を徴収できるようになります。
　イーグリスは、データの機密性を保ちながらAIで解析することで、その価値を顕在化します。

▶ 社会課題を解決する技術資源

　たとえば、この技術を使えば振り込め詐欺を防ぐことができます。現在、それぞれの銀行では、振り込め詐欺を防ぐべく懸命の努力がなされています。しかし、それぞれの銀行が保有する情報は、自行で被害にあったものに限られます。つまり、各銀行が有する情報は完全ではないため、予測精度が一定以上は高まらず、詐欺を食い止めることができません。
　もし、すべての銀行がその情報を持ち寄って相互に補うことができれば、詐欺対策は強化されるはずです。
　ところが、プライバシーを守るため、暗号化したまま持ち寄ったとしても解析はできません。かといって、暗号化を解くと「個人情報の保護」が難しくなるのです。各銀行のデータを統合して解析するには、セキュリ

ティを保持したままでAI解析しなければなりません。断片的に存在するデータを集めて完全情報のデータベースを構築するには、秘密計算の技術が必要なのです。

イーグリスは秘密計算の技術を開発し、それを経営資源として、さまざまな社会課題を解決するインフラを築き上げようとしています。

▶ イーグリスの戦略認識

さて、そのカギとなる秘密計算ですが、そのコンセプト自体は1980年ぐらいには提唱されていました。しかし、いろいろな課題があって、なかなか実用化が進まなかったそうです。転機となったのは2009年で、スタンフォード大学でブレイクスルーとなる論文が公表されました。これによって暗号化した状態で解析をスムーズに行うという活路が見出されたのです。

その後、米国では助成金なども準備され、グーグル、マイクロソフト、インテルといった巨大企業が積極的に投資をし始めます。巨額のお金が集まって実用化も進み、2016年頃には海外のベンチャー企業が生まれました。

イーグリスの創業も2016年、グローバルに見てもトップランナー集団に位置づけていたことがわかります。まさに絶妙のタイミングなのですが、強豪ぞろいの中での競争は避けられません。今林さんは、どのような目算があって勝ち抜いていけると考えたのでしょうか。

> 「技術面での強みと、ビジネス面での強みがあるので大丈夫です。われわれの技術的な強みは、圧倒的な処理スピードにあります」

暗号化というのは、たとえて言えば10文字の情報量を1000万の文字情報の中に埋め込んで隠すようなものです。安全性は高まるのですが、データが肥大化するので、データセンターに貯蔵して大型コンピュータで処理しなければならなくなります。結果、スマートフォンはおろか、パソコンで

も扱えないようなものになってしまいます。これが従来の課題、秘密計算の弱点でした。

イーグリスはそのデータを大幅に圧縮することで、この問題を解決します。イメージとしてはzipに近いもので、これによって一般的なパソコンでも計算スピードを高めることができるようになりました。

▶ 散らばった不正データを集めるポジション

より多くのメッセージを、より少ない暗号文でパッキングするために、イーグリスは独自の技術開発に取り組みました。本来、暗号化すると、たとえば1000万の長さに1の機密情報しか詰め込めないものなのですが、そこに1万詰め込めるようにしました。

「たとえて言えば、今まで1個1個の情報を、1つずつ梱包パッケージして送っていたものを、1つの段ボールにたくさん入れてパッキングして送るようなものです。厳密には圧縮というよりも、1つ当たりの数を増やしてセキュリティを担保しつつ、同時並行で処理ができるようにしました」

パッキングをするという考え方自体は、現在では目新しいことではないようです。実際、競合他社も他社なりの方法で取り組もうとしています。しかし、注目すべきなのは、イーグリスが戦略的なポジション、すなわち、AIのドメインに絞っているという点です。

AIに最適化させるような形でパッキングを行うことで、独自性が生まれます。イーグリスはその方法を先行して進めてきたので、「秘密計算×AI」のドメインで優位に立つことができました。競合他社が追いつき、このポジションを勝ち取ることは容易ではありません。

暗号化に詳しい海外のベンチャーであっても、AIのエンジニアを抱えているわけではありません。そこは他社頼みになるので、イーグリスと同

じことはできません。逆に、AIの会社は暗号がわからないので、暗号化されたデータがあっても解析することができないのです。他社が真似できない理由はここにあります。

「実は、これがビジネス面の強みに関係するところです。われわれは2つを持ち合わせることによって実現するビジネスモデルを構築しています。秘密計算の暗号系のエンジニアとリサーチャー、AI系のエンジニアとリサーチャーを抱えることで、これらの分有されている識別ルールを、われわれのプラットフォームを介して戦略的に共有できるようになります」

今林さんは、世の中のすべての不正がパズルのピースのように散らばっていると言います。それゆえ、イーグリスがその不正の断片情報をたくさ

図表10-3　イーグリスのビジネスモデル

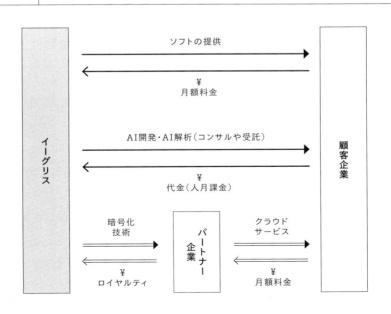

ん集められるようなプラットフォーム的なポジションに立ち、AI解析に掛ければ、より完璧な不正フィルターができます。これによって、完全情報に近づく、つまり、全知全能の神がいる世界に一歩近づくというわけです。

▶ 収益を上げるための活動システム

さて、「AI×秘密計算」によって実現するビジネスモデルは、どのようなものでしょうか。それは、「AI×秘密計算」のクラウドサービス基盤をAs a Serviceとして提供するサブスクリプション型のモデルです。

イーグリスは、「EAGLYS　PrivateAIプラットフォーム」というソフトウェアを提供しています。AIの利用によって顧客は実益を得ることができるので、ソフトウェアライセンスとして月額課金しています。

そのクラウドサービスに加えて、AIの開発と解析・運用保守も行っています。これは、いわゆる人月課金でのサービスです。そして、顧客のニーズに合わせて、クラウドサービス全体を使うこともできれば、パーツだけを利用することもできるようにしています。たとえば、顧客自身が秘密計算クラウドサービスを構築したい場合は、解析ツールだけをソフトウェア提供して、その利用料だけを徴収します。

このソリューションを広めるために、パートナーにライセンスするというビジネスモデルも展開しています。パートナーにクラウド利用をライセンスして、彼らの顧客にも届けてもらうのです。これがイーグリスの技術を収益化するための活動です。

4 競争ネットワークにおけるポジショニング

▶ ポジション、価値提案、活動、資源

　イーグリスのビジネスモデルをP-VARで整理してみましょう。

　まず、そのポジションは、あらゆる情報を集めて価値を生み出すプラットフォームとして言い表せます。これまで、秘匿性のある情報は、企業の壁を越えて共有することはできませんでした。

　しかし、暗号化されたままで解析できる基盤を提供することで、会社や業種を越えて、さまざまなデータを集めて解析することができます。イーグリス自身も「世の中に眠るデータをつなぐハブとなり、集合知で社会をアップデートする」と宣言し、オープンイノベーションのプラットフォームとしてのポジションを勝ち取ろうとしています。

　このポジションを勝ち取るためには、それに見合った価値提案ができなければなりません。イーグリスが顧客に対して提供している価値は、「あらゆるプライベートデータを組織や経済圏や業界を横断して活用する」ためのサービスです。

　具体的には、新たな化学物質の発見、金融における不正検知、工場における異常の検知、サプライチェーンの最適化、地域間の診療格差の解消など多岐にわたります。これまで断片化されていたデータを結びつけることで、安全にDXを進める環境を提供するのです。

　この価値提案を支える活動が、前述した研究開発の活動（成長エンジン）とソリューション提供の活動（収益エンジン）です。領域を「秘密計算×AI解析」と絞ることによって、効果的かつ効率的な開発を進めることができます。

　自社だけではカバーしきれない領域については、オープンイノベーショ

図表10-4　イーグリスのビジネスモデルの整理

	イーグリスのビジネスモデル
Position 競合ポジション	秘匿性が高く、散在している情報を結びつけるプラットフォーム
Value Proposition 価値提案	あらゆるプライベートデータを組織や経済圏や業界を横断して活用する基盤
Activity Systems カギとなる活動	クラウドサービス基盤を開発し、サービスとして提供する活動 ・成長エンジン：研究開発活動 ・収益エンジン：ソリューション提供活動
Resources カギとなる経営資源	「秘密計算×AI解析」の技術 秘密計算の技術者、AI解析の技術者

ンの発想で、それぞれの業界に精通しているパートナーと共に開発を進めます。ソリューションの提供についても同じく、パートナーの力を借りながらクラウドサービスとして広めていきます。どちらも継続的な収入が見込める理想的なビジネスモデルです。

　最後に、このような活動のベースとなる経営資源ですが、すでに紹介してきた「秘密計算×AI解析」という技術の掛け合わせです。AIに最適化したパッキングによって、圧縮されたデータをスピーディに解析できるようになります。一般の顧客企業にも利用できる現実的なソリューション基盤を展開できるのです。

▶ ライバル視すべき競争相手

　P-VARを使えば、自社のビジネスモデルやライバルのそれを整理することができます。これによって、狙うべきポジションを明確にできますし、カギとなる経営資源を明らかにすることもできます。戦略面からビジネスモデルを構想できるようになるのです。
　このときに大切なのは、ライバル視すべき競争相手は誰なのかを見極めることです。最近の議論では、誰と戦っているかという1対1の認識を超

えて、業界内の複雑な競争環境を把握することが重視されています。

　しかし、これは容易ではありません。なぜなら、そもそも誰が誰をライバル視しているかの認識は必ずしも対称ではないからです。スタートアップAは大手Bをライバル視していたとしても、BはAをライバル視しているとは限りません。Bは同じ大手のCやDをライバル視していたりするので、ライバル関係において片想いだったということも珍しくないのです。

　このような非対称性が、ユニークな製品・サービスの開発に結びつきます。先の例でいえば、大手のBはCやDに気を取られています。Aはスタートアップということもあってマークされていません。Aがひそかに破壊的なイノベーションで大手に挑もうと画策しても、それに気づくことはないのです。ここにAのチャンスが生まれます。

　イーグリスも、ライバルとの競合において、このような非対称性を活かしています。巨大なライバルにできないこと、やりたくないことを見極めたうえで、自社が手掛けるべき活動を設計しているのです。

「正攻法で行けば、秘密計算に集中するはずです。だから米国のIT大手は、秘密計算のコアのエンジンであるライブラリーの開発に投資して、そこに強みを持っています。だから私たちは、逆に、そのコアの開発を捨てます。限られた資源を、秘密計算のアプリケーションのところ、ライブラリーの外側のソフトウェアのところに投資をしているのです。このような選択と集中があるからAIと秘密計算のキーリソースを獲得して、維持し続けられるのです」

　当然ながら、米国のIT大手は、イーグリスを注意すべきライバルとしては見なしていません。ライバル関係に非対称性があるからこそ、スタートアップは潜伏しながらビジネスモデルの基盤を整えていくことができるのです。

▶ 競争ネットワークにおけるポジショニング

　学術研究でも、このような非対称な競争の認識が注目されています。先ほどの例でいえば、A、B、C、D、Eなどの企業から構成される競争のネットワーク全体を把握し、どこにチャンスがあるのかを見極めるべきだというのです。

　ヴァンダービルト大学のシュルティ・サッチェンケリー准教授とスタンフォード大学のリータ・カティラ教授は、このような競争ネットワークにおける経営者の認識がイノベーションに結びつくのではないかという仮説をもって調査しました。[4]

　調査対象は、競争が激しく、互いに誰がライバルであるかを意識し合う企業向けのインフラソフトの業界です。1995年から2012年までの18年間に、121のソフトウェア企業が、どのような認識を持って8502個の新製品を開発して導入したかを調べました。

　米国の有価証券報告書には、どの会社をライバルと見なすのかのリストが公開されています。このデータを用いれば、ライバルについての認識を時系列で調べることができるのです。厳密な実証調査の結果、下記の傾向を読み取ることができました。

- お互い競争相手としてマークし合わないような空白の部分に、イノベーションのチャンスがあるということ。
- そして、独自の認識をつくり上げた企業ほど、ユニークな製品・サービスを開発できること。

　業界内のメインストリームばかり見ていると、微妙な差別化に終始しかねません。競争のネットワークが密なところで戦っていても、大胆な発想

4　Thatchenkery and Katila（2021）.

は得られないようです。秘密計算だけで違いを出す、AIの技術だけで違いを出す、というのは、まさにこのような発想に思われます。

　むしろ、このような業界内の複雑な競争環境においても、どこにチャンスがあるのか、業界の空白となるようなポジションはどこにあるのかが大切です。経営者は、業界の外から参入しようとする潜在的なライバルなどにも目を光らせて、独自の認識をつくり上げていくべきです。

　イーグリスの今林さんは、業界全体を俯瞰し、それぞれの競合が競争環境をどのように見ているのかに注目します。自らが活路を見出すべきポジションを見極め、業界と業界を橋渡しして、多くの課題解決をもたらす触媒となるテクノロジーである「秘密計算」を活用しようとしているのです。

　繰り返しになりますが、自分が誰と戦っているかの認識が大切です。そして、誰と戦っているかという1対1の認識を超え、どの会社がどの会社をライバル視しているかの業界内の複雑な競争環境の全体を俯瞰することが大切なのです。これによって、急成長を生み出すポジションをイメージし、適切な形でビジネスモデルを設計することができるようになります。

3RD STEP

成長の戦略を描き出す

- ▶ 第11章　ビジネスモデルの価値創造力
- ▶ 第12章　イノベーションは周辺から生まれるのか？
- ▶ 第13章　リフレームして成長する
- ▶ 第14章　新しい市場と産業をつくる
- ▶ 第15章　ユニコーンとして成長するための正当性
- ▶ 第16章　ビジネスモデルを組み合わせる

最後の段階は、スケール（規模拡大）を実現するというステージです。ゼロからのスタートアップが、限られた年月で市場を拡大して成長するためには、努力した分だけ儲けを出すという発想ではいけません。努力以上の成果を出すためには、どのような仕掛けが必要か、あらかじめ戦略的に構想しておく必要があります。それは、利用者が増えれば増えるほど、利用者にとっての価値が高まるという経済性、あるいは自らの製品・サービスの補完製品が、どんどん充実していく基盤を構築するということです。顧客1人を獲得するのに必要なコストが成長とともに下がってこそJカーブを急速に立ち上がるような成長軌道が実現するのです。楽して儲けるという発想なしには、大きな社会貢献はできないでしょう。

第 11 章

ビジネスモデルの価値創造力

価値は、お金でできているわけではない。
期待や憧れが、絶妙に調和してできている。
――作家 バーバラ・キングソルヴァー

1　いよいよIPOのタイミング

　いよいよ、IPOできるタイミングとなりました。一般的にスタートアップが株式公開して上場するのは、グロースと呼ばれる成長市場です。まだ成長性が期待されていて、積極的に投資しなければならない段階なので、利益が多少出ていなくても、当面の間は容認されます。

　とはいえ、業績と株価と成長性はとても大切です。序章でも示したように、IPOの段階でオーディエンスが注目するポイントは下記のとおりです。

- 上場後も会社の管理を担える経営者なのか。
- ステイクホルダーたちの利害関係をうまく調整できているか。
- 実証された技術コンセプトをうまく活用できているか。
- 組織の財務パフォーマンスは順調か。
- 売上と利益の成長に焦点を当てた目標と戦略が立てられているか。

　このときにアピールすべき1つのポイントは、「ビジネスモデルの価値創造力」です。つまり、事業のバリュードライバーがうまく機能しているのか、それが財務パフォーマンスに結びついているかが大切なのです。

　ビジネスモデルについては、前の「商業化のステージ」でその妥当性が確認されていますが、あくまで構想レベルの話でした。上場にあたっては、それが想定どおりに機能して実績を上げているのかが問われます。

　本章では、新規公開時に向けてビジネスモデルの価値創造能力をどのように高めればよいのかについて検討します。

2　バリュードライバー

ビジネスモデルの価値創造能力は、どのようにして生まれるのでしょうか。この分野の研究の第一人者ともいわれる、ペンシルベニア大学のラファエル・アミット教授とIESEのクリストフ・ゾット教授は、取引や活動の新しい結びつきによって価値を生み出すことができると考えました。これをバリュードライバーと名づけ、4つに分けて整理しました（図表11-1）。

① 新規性

新規性は、製品とサービスの新しい組み合わせの導入、収益を生み出す創造的な手法、そして、プロバイダー、顧客、パートナーを結びつける新しい方法によって生まれます。新規性は3つに整理できます。1つ目は、

図表11-1　価値創造の源泉

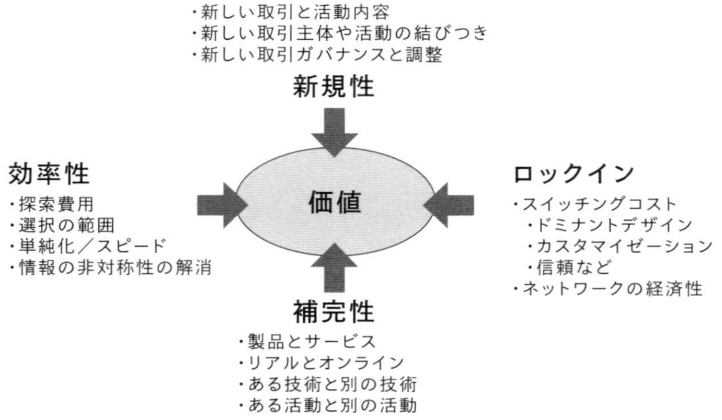

・新しい取引と活動内容
・新しい取引主体や活動の結びつき
・新しい取引ガバナンスと調整
新規性
効率性
・探索費用
・選択の範囲
・単純化／スピード
・情報の非対称性の解消
価値
ロックイン
・スイッチングコスト
・ドミナントデザイン
・カスタマイゼーション
・信頼など
・ネットワークの経済性
補完性
・製品とサービス
・リアルとオンライン
・ある技術と別の技術
・ある活動と別の活動

（出所）Amit and Zott（2001）p.504より作成

ビジネスモデルを成り立たせる取引や活動そのものの新しさです。2つ目は、取引主体や活動をつなぐ方法の新しさです。3つ目は、取引や活動を調整したり管理したりする方法の新しさです。

② 効率性

　効率性は、個々の取引当たりのコストを低下させることで価値を生み出します。たとえば、ITによって取引相手を探して選び出すコストを下げる。取引を単純化して迅速にする。そして、一方は知っているが他方は知らないという情報の非対称性をなくすことで、取引主体間の信頼を高める。このような工夫によって、効率性を高めることができます。

③ 補完性

　補完性は、いくつかの活動を束ねることで、別々に活動するよりも価値が高まるような場合に成り立ちます。たとえば、ハードとソフトが揃うことで生まれる補完性です。補完性は、製品を販売したのちに発生する保守サービスでも認められます。リアルの店舗とオンラインの店舗、ある技術と別の技術、ある活動と別の活動など、さまざまな工夫によって組み合わせの価値を高めることができます。

④ ロックイン

　ロックインは、継続的につながることによって生み出される価値です。たとえば、カスタマイゼーションを徹底させたり、代え難い信頼関係を構築できれば、スイッチングコストは高まります。あるいは、利用者が増えれば増えるほど便益が高まるというネットワークの経済性を生み出すという方法もあります。業界標準をとることができれば、自社の製品やサービスに囲い込むことができるでしょう。

3 ビジネスモデルと競争戦略

▶ ビジネスモデル・イノベーション

　これらのバリュードライバーの中で、ビジネスモデル研究において最も注目度が高いのはどれでしょうか。

　それは新規性です。なぜなら、イノベーションは新結合によってもたらされると考えられているからです。

　実際、バリュードライバーを提唱したアミット教授とゾット教授は、ビジネスモデルの新規性は単独でも企業価値を高めうると考えていました。つまり、さまざまな要素を結びつける新しい方法が、企業の業績の主要な推進力であると考えました。[1]

　しかし、取引や活動の新規性のみでイノベーションが起きると考えるのは早計です。よく「新結合＝イノベーション」だと誤解されるのですが、これは半分は間違いだといえます。なぜならイノベーションの条件は２つあって、それは、①新結合と②価値創造だからです。これらが同時に満たされなければイノベーションは実現しません。

　つまり、取引の構造や内容が刷新されても、それが経済的な価値を生み出さなければ、イノベーションにはならないのです。

▶ ドライバーの補完性

　４つのドライバーは単独でも機能しますが、組み合わせても効果を発揮します。それゆえ、価値づくりにプラスになるのであれば、他のドライバーを組み合わせるべきです。

1　Zott and Amit（2007；2008）.

IEビジネススクールのペッテリ・レッパネン准教授、ジョージタウン大学のジェラルド・ジョージ教授、そして、ミュンヘン工科大学のオリバー・アレクシー教授らの研究チームは、その組み合わせの内容に注目しました。新規性は他のバリュードライバーとの組み合わせにおいてのみ、高いパフォーマンスを発揮しうると考え、どのような組み合わせのパターンが好業績につながるのかを調査したのです。[2]

　調査対象は、インターネット黎明期（1996～99年）と確立期（2014年～）のそれぞれにおいて、米欧の5大証券取引所に株式公開されたeコマース企業です。学術的な手順に従い、eコマース企業のバリュードライバーの組み合わせと競争戦略が測定され、企業価値（トービンのq）との関連性が調べられました。

　その結果、新規性単独では高い業績を上げるのが難しいことがわかりました。他のバリュードライバーや、競争戦略との適切な組み合わせによって業績が高まることが判明したのです。

　それでは、どのような組み合わせが最適なのでしょうか。

　競争が活発な環境においては、ビジネスモデルと競争戦略について下記の3つの組み合わせが卓越した業績を上げていることがわかりました。

① 新規性とロックインを中心的なバリュードライバーにして、効率性と補完性を加味して差別化する。
② 新規性を中心的なドライバーにして、効率性を加味し、規模の経済を働かせて差別化する。
③ 新規性を中心的なドライバーにして、効率性を加味して差別化する。

　私たちの調査でも、これに近い組み合わせによってビジネスモデルを設計したスタートアップを見つけることができました。ドローン業界をリー

2　Leppänen et al.（2023）.

ドする株式会社ACSL（Autonomous Control Systems Laboratory：自律制御システム研究所）です。

同社は、2013年に日本を代表するドローン研究者である野波健蔵さん（千葉大学名誉教授）によって設立されましたが、ビジネスを管理するうえで必要なノウハウが不足していました。野波さんのテクノロジーが持つポテンシャルをビジネスで成功させるために、2016年にマッキンゼー・アンド・カンパニー出身の太田裕朗さんがCOOに就任、同じくマッキンゼー出身の鷲谷聡之さんもACSLに参画しました。その後、太田さんは退任し、鷲谷さんがACSLのリーダーを務めています。

ACSLは2018年、東京証券取引所のマザーズ市場（現・グロース市場）に上場しました。彼らは何をどう考えてバリュードライバーを設計し、上場に向けてアピールしたのでしょうか。

4 ［事例］ドローン開発の旅を顧客と楽しむ ACSL

▶ 卓越した業績をもたらす組み合わせ

ACSLのビジネスモデルは、新規性とロックインをバリュードライバーの中心に据えながらも、効率性と補完性を加味して差別化を実現しています。これは卓越した業績をもたらす3つの組み合わせのうちの1つです。

まず、ACSLがいかにして、新規性を実現しているかについて検討します。そのポイントは、新しい製品とサービスの組み合わせ、すなわちプラットフォーム機体を準備し、自律制御技術を用いてカスタマイズし、ソリューションを開発する点にあります。

写真11-1 下水道点検用のドローン

（出所）ACSL

▶ 未利用空間の経済化

　ACSLの価値創造は、ドローンによる「未利用空間の経済利用」というもので、今まで使われてこなかった空間を経済化します。具体的には、インフラ点検、防災・災害対応、エマージングユースなど多岐にわたります。いずれの空間利用も、人類にとって未体験ゾーンなので、何がボトルネックになるのかは、やってみなければわかりません。

　それゆえ、顧客と共に実証実験を繰り返し、ペインポイント（困りごと）を見極めます。そして、それに見合ったドローンを開発します。たとえば、下水道を点検するドローンの開発依頼が舞い込んだとします。いったいどのようなものをつくればよいのでしょうか。

　「曲がらなきゃいけないのかな」
　「何メートル飛ぶ必要があるのかな？　300メートルぐらいかな」

　鷲谷さんも、下水道の管理業者から直接話を聞くまではわかりませんでした。
　しかし、実際に話を聞いてみると、下水道というのは直線しかないことがわかりました。そして、分岐するときは必ずマンホールがあります。マンホールからマンホールまでは60メートル前後しかありません。カーブが

あると詰まりやすくなるから、そして、長すぎると詰まったときに回収できないからです。

そこから、「60メートルの区間だけ真っ直ぐ飛ぶドローンを開発すればよい」ということがわかりました。

▶ **差別化されたソリューション**

さらに踏み込んで調査すれば、顧客のペインポイントが見えてきます。このペインポイントを解消すれば、他では代え難いようなソリューションに育てていくことができます。

下水道点検の実証実験をしてわかったことは、下水道には汚物があるので、ドローンに付着するということです。回収したドローンは汚物が付着していて、絶対に触りたくありません。

ACSLは現場で高圧洗浄機を使って洗えるようにしました。ドローンの耐久性を高め、点検する人たちが快適に作業できるようにソリューションを設計したのです。鷲谷さんはその様子を目の当たりにして、次のように語っています。

「マンホールの中に入って点検するのがどれほど苦痛か。僕らの想像の

写真11-2 | 洗浄しやすい製品設計

頑丈なカーボンコア
（出所）ACSL

交換可能なEPPバンパー

100倍ぐらいつらいんですよ。ちゃんと現場に入って、肌感覚で理解することが大切です」

現場に密着した共同開発は、とても地道な作業となります。時間もコストもかかります。それゆえ、開発したドローンは、量産しなければ投資回収できません。ACSLは「業界を代表するような企業」を顧客パートナーに迎えるべきだと考えています。パートナーが力強ければ、共同開発もうまくいきますし、販売数も伸ばすことができるからです。

▶ 大脳と小脳を持つドローン

ACSLのドローンが顧客のニーズにカスタマイズして設計できるのには技術的な理由があります。ACSLはドローンで、いわば人間の頭脳に該当するものを開発しています。

1つは小脳に該当するもので、体が傾いたら踏ん張らなければならないとか、体温を調整するために汗が自然に出てくるなど、自律神経で人間の状態を管理してくれるものです。

もう1つの大脳は、目とか鼻とか口など、能動的に環境を認識する器官と結びついていて外部センサーの役割を果たすものです。これがあるから、人は「ぶつかりそうだ」とか「知っている人がいる」と認識できるようになります。

ACSLは、小脳も大脳も2つとも自社開発できるという、世界的にも珍しい会社です。小脳によって、ドローンも安全に、風が吹いても飛び続けられるようになっています。一方、環境を認識してくれるカメラとかセンサーも組み込んでおり、大脳のようにドローンも能動的に障害物や通路を認知できるのです。

▶ 徹底したカスタマイズ

なぜ、ドローンのカスタマイズにおいて頭脳が大切なのか。それは用途

図表11-2　カスタマイズを可能にする技術

ソリューションの作り込み
ACSLは独自開発の自律制御システムを有しており、拡張性が高く、顧客要望に応じたカスタム化が可能

用途特化型機体の販売
技術検証にて有効と評価できた用途について、用途特化型機体として量産開発・製造を実施

小型空撮ドローン「SOTEN」

(出所) ACSL

によって2つの脳の使い方が異なるからです。物流用途のドローンと、インフラ点検をするドローンと、災害対応するドローンとでは、バランスの取り方もセンシングの仕方も違います。鷲谷さんはアスリートにたとえて説明します。

「用途に合わせた頭脳をつくれるところが、われわれの一番の強みです。たとえば筋骨隆々とした体操の選手といわれれば、まず、その運動性能を実現する脳をつくって、バランス感覚の高いドローンをつくります。陸上選手のように並外れた俊足タイプをつくれと言われたらそういう脳をつくり、速く飛ぶドローンを開発します」

用途の違いに合わせて開発することでノウハウが蓄積していきます。それを組み合わせれば、他の用途にも転用できるようになります。新しい要素の組み合わせによって価値を生み出せるのです。「そんな発想があるのか」「これは面白い」と試行錯誤を繰り返すことになり、新しいアイディアが生まれていきます。

▶ ACSLの新規性

このようにACSLはプラットフォーム機体を準備し、自律制御技術を用いてカスタマイズできるようにしています。そして、この試作機を使って概念検証（PoC）を行い、ソリューションを開発するのです。これは新しい製品とサービスの組み合わせによる新規性の実現です。

また、ACSLは実証実験を通じて用途特化型の機体を開発します。それを実業務に導入してもらい、量産へと結びつけるのです。最初はコンサルティング的な役回りを演じ、やがてメーカーとして量産できるようにする。このような手法は、ドローン業界においては新しいもので、収益を生み出す創造的な手法ともいえます。

▶ 顧客をロックインする

ACSLの制御技術は、創業者の野波健蔵さんが20年間研究してきたアルゴリズムをもとにしています。ソースコードは40万行といったレベルで、大人の頭脳に近いレベルにまで高められています。

このような独自技術を持っているACSLですが、自社の命運を技術力だけに委ねているわけではありません。ハードウェアだけに頼ると、他社に追いつかれたときに優位性がなくなります。ソフトウェアについても、現在でこそACSLが制御面でリードしていますが、5年、10年と経過するうちに、その差が縮められてもおかしくはありません。

それゆえ鷲谷さんは、顧客の要望を聴き入れながら共に歩んでいくことが大切だと考えています。ビジネスモデルにも工夫を凝らし、顧客とのつながりを深めてロックインすることによって、事業基盤を安定させようとしているのです。

共に歩んでいくことで「ACSLのものでなければダメなんだ」と思ってもらえるようになり、自然にスイッチングコストが高まっていきます。この自然な摂理を理解して、顧客基盤を整えていけばよいのです。

そのためにACSLは、プラットフォームと呼ばれる標準機体をつくって、実証実験を繰り返します。さまざまな業種で「業務を理解させてください、実証をさせてください」「1日でも3日でもいいですから、1回でもやらせてください」とお願いしてきました。

　懐に入り込むことができれば、用途に合わせた機体を開発できるようになります。ハードもソフトもお客さま専用仕様になるのです。そうすると、他社のものとは仕様もユーザーインターフェイスも操作感も違うので、わざわざ乗り換えようとは思わなくなります。

▶ **プラットフォーマーはめざさない**

　鷲谷さんが顧客の懐に入って信頼関係を構築するときに気をつけていることがいくつかあります。1つは、受託開発に徹するということ、すなわち、データを管理するプラットフォーマーになろうとしないということです。

　顧客としては、ビッグデータを自分で蓄積していつでも活用できるようにしておきたいものです。それゆえACSLとしては、ドローンの本体側に生まれる権利以外は求めません。データは必要ないというスタンスを貫きます。

　もちろん、顧客が膨大なデータを持っていても使いこなせない場合もあります。飛行情報、挙動、撮影した画像など、ドローンに詳しくないと活用が難しいからです。それゆえ、ACSLはいつでもサポートできるように準備しています。十分なノウハウを有しているので、高度なソリューションが必要になったときには助けることができます。

▶ **PoC段階でのコミットメント**

　もう1つ鷲谷さんが気をつけているのが、無料のPoCは行わないという点です。顧客ニーズに合わせた概念検証するとき、表面上の当たり障りのない話に終始してはなりません。送電鉄塔や吊り橋などのインフラ点検な

図表11-3 ソリューションの提供から特注システムの量産まで

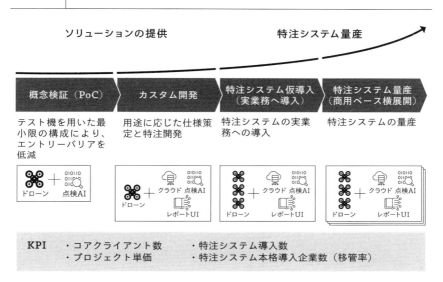

（出所）ACSL

どにおいて、高所からの転落事故などの話を聞かなければ、真のペインポイントをつかみきれず、最適なソリューションを提案できないのです。

それゆえ、顧客にも最初から真面目にコミットしてもらう必要があります。無料で始めると、どうしても甘えが出てしまい、本気の取り組みにはなりません。鷲谷さんは、たとえ50万円でも100万円でもPoCの費用として収めてもらうことが大切だと考えています。担当者の決裁権限の範囲で代金をもらい、「1回やってみましょう」と持ちかけるのです。

そして、最終段階では必ず顧客の上司にも実験を見届けてもらいます。成功すれば、ほとんどの場合、機体の本格導入へとつながるからです。

▶ ACSLのロックイン

以上のように、ACSLはロックインについても、顧客を離さないような工夫を凝らしています。一言でいえば、それは「お客さまと共に歩み、共

に育つ」という共創アプローチのビジネスモデルです。

　まず、担当者が決済できる金額で懐に入り込み、用途に合わせた機体を開発します。実証実験を繰り返すことで、導入するにあたってのボトルネックや、本当に困っているペインポイントが明らかになっていきます。これらの経験や知識やノウハウは、顧客とACSLで共有されます。別のメーカーにはわからない話なので、他社に乗り換えるようなことはありません。

　そして、実業務への導入に向けて、ハードもソフトも専用仕様になっていきます。機体の使い方に慣れれば慣れるほど、スイッチングコストが高まります。用途特化型機体も開発されるようになれば、誰も、わざわざ乗り換えようとは思わなくなります。

　さらに、ドローンによって集められたデータの活用をする段階になると、ACSLのノウハウが活かされます。顧客の利用目的が広がり、ビジネスの活用が進めば進むほど、「共に歩み、共に育つ」という関係性が深まっていきます。ACSLのビジネスモデルは「顧客をつかみ、そして離さない」、選ばれ続ける推進力を備えているのです。

▶ ジャーニーを楽しむ

　本格導入となれば、機体以外の売上も伸びていきます。機体を販売した後には、定期点検やメンテナンスが必要となります。事故を未然に防ぐためにも部品やバッテリーを交換して、消耗品も補充します。補完品のリカーリングの収益モデルで安定収益が見込めるようになります。

　だからこそ大切なのは、販売台数を伸ばすことです。投資効率良くこれを進めるには、コンサルから量産までのコンバージョンサイクルを早くして、プラットフォーム機体の陳腐化を避ける必要があります。コンバートまでのサイクルが3年以内であれば、プラットフォーム機体を新たに開発する必要はありません。

　だからこそ、機体販売にまでつながるカスタマージャーニーをうまく設

計して、実験のフェーズをうまく乗り越えなければなりません。鷲谷さんは、楽しむことが大切だと言います。

「お客さまがずっと楽しんで体験できているかが重要なのです。実験のフェーズは、お客さまにとっても、つらい時期があります。でも、それを乗り越えれば達成感や成功体験につながります。キャリアにプラスになったり、会社のブランディングに寄与するかもしれません」

プレスリリースをすると、担当者としても晴れ舞台に立つことができます。会社としても、環境や安全に配慮したという実績を上げることができます。まさに、顧客と一緒に旅をしていくプロセス、一緒に素晴らしい経験を重ねるという物語なのです。

▶ 効率性と補完性と差別化

ACSLのビジネスモデルには、効率性や補完性のバリュードライバーも加味されています。PoCに始まるカスタマイズは、ドローンの技術と用途が成熟していない現代において、かなり効率的な製品開発のあり方だと考えられます。顧客と共に歩むことで、顧客と企業の情報の非対称性を解消し、市場のニーズと技術のギャップを埋めて、課題を解決することができるからです。

また、補完性についていえば、ACSLが顧客とカスタマージャーニーを共に歩んでいく過程というのは、いわばコストのかかる投資段階です。それを機体の販売と保守サービスで回収して利益を伸ばすというのは、損して得とれの精神に基づく補完性といえます。

その成果として生まれたビジネスモデルは、機体販売と保守やアフターサービスの組み合わせから成り立っています。部品の供給、メンテナンス、その他のアフターサービスの利益率は相対的に高いものです。

ACSLが提供する「用途特化型機体」と「特注ソリューション」という

図表11-4　ACSLのビジネスモデル

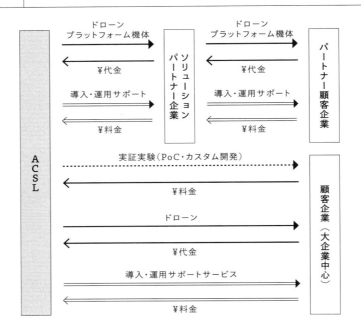

のは高度にカスタマイズされたものです。他のもので代えることはできません。ACSLのドローンとシステムでなければ、顧客が解消したい課題は解決できないという意味でも、差別化された製品とソリューションだといえるでしょう。

5 業界を活気づける

　ACSLのドローンは、さまざまな業界の顧客の下で飛び回り、その業界の進化を促します。それは、あたかもハチドリが、蘭を繁殖させるという持ちつ持たれつの関係にたとえられます。互いの繁栄を確かなものにする

ために、ハチドリのくちばしも長くなり、蘭の花弁も長くなるのです。

　ドローンが飛び立つことでACSL自体も繁栄し、顧客企業も繁栄します。鷲谷さんが述べているように、共に歩み、共に育ち、共に進化する。それがACSLのビジネスモデルなのです。ドローンのすごさは、運送や物流のインフラを変えうることです。一般に、新しいビジネスモデルの誕生や進化は、運送のインフラの変化によっても触発されるといわれます。かつて運送・交通技術が急激に進歩したときにも、新しいビジネスが生まれ、進化したという歴史があります。

　たとえば、鉄道という物流インフラによって、工業都市から農村部という市場へ物資の運搬が可能になりました。これが大企業の誕生を促し、経済効率は大幅に高まったのです。その後、道路というトラックが縦横無尽に走れるインフラが整備され、宅配便を前提としたさまざまなサービスが生まれました。

　技術の内容が高度になっても、起こりうる社会・経済現象は同じです。ドローンとIoT時代のビジネスモデルにおいても、このような共進化が見られることは想像に難くありません。

　それほど遠くない将来に歴史を振り返ったとき、ACSLをはじめとするドローンメーカーが担ってきた役割は明確になっていることでしょう。それは単に、ドローンの製造と販売を担ったということではないはずです。物流インフラを変え、顧客企業と共に未知の空間から価値を生み出すきっかけをつくり、産業のエコシステム全体を発展させる重要な役割を果たした、と評価されていることでしょう。

　まさにハチドリのように飛び回り、生態系の共進化を促す存在なのです。

第 12 章

イノベーションは周辺から生まれるのか

医者は何のためにあるんだ！
——ブラック・ジャック（手塚治虫）

1 イノベーションの担い手

▶ **周辺か中心か**

　イノベーションは周辺から起きるという命題があります。裏を返せば、業界の中心的な企業はイノベーションを起こすのが難しいということです。

　業界の中心的な企業は、既存のステイクホルダーたちに囲まれ、既得権益のネットワークに埋め込まれているものです。何か新しいことをしようとしても、なかなか身動きがとれません。これに対して業界の外にいる企業は、これまでの常識にとらわれずに大胆な発想ができます。新しい技術を提げて破壊的なイノベーションを引き起こしやすいというわけです。

　一面の真理を突いた命題なのですが、本当にそうなのでしょうか。

　確かに、周辺のポジションに位置し、外部との縁結びができれば価値を生み出すことができるでしょう。橋渡し役であるからこそアクセスできる情報源や資金提供者がいて、実現できるイノベーションがあるようにも思えます。

　しかし、イノベーションを生み出すには、さまざまな資源を新しい形で結びつける必要があります。そのためには、多様な協力者との結びつきが不可欠なので、単に周辺にいるだけでこれを実現できるとは思えません。ネットワークの中心に位置するからこそアクセスできる資源、得られる実行力もあるはずです。

▶ **両立は可能なのか**

　それでは、双方のいいとこ取りをすればよいと思われることでしょう。会社として内と外のネットワークを同時に構築し、それを維持するという

考え方です。

　しかし、それにはコストがかかります。そもそも、内と外の価値観や規範が違うような場合は、両立しにくいのかもしれません。内と外のネットワークが相互に補完し合えばよいのですが、反目する可能性もあります。あるいは、双方あっても実は冗長で無駄なだけ、ということもありえます。

　これから業界における位置取りを画策するスタートアップにとって、これは重要な課題です。そこで本章では、周辺と中心とではどちらがイノベーションにとって有利なのか。どちらにも位置するような戦略というのはありうるのか。学術研究と実例で迫ります。

2　創業チームの業界内外の結びつき

▶ 起業家志向性が強いだけでは不十分

　スタートアップ研究の1つの分野に、起業家志向性（Entrepreneurial Orientation）という概念があります。これは、個人ではなく会社全体に注目した革新性や積極性のことです。起業家志向性が高いスタートアップは、積極的にリスクをとれる組織構造やプロセスを会社の中に備え、組織として革新的な行動をとることができます。

　学術的には、起業家志向性は「革新性、積極性、リスクテイクを特徴とする企業のプロセス、構造、行動」と定義されます。[1] いわば、会社レベルで体現された起業家精神ともいえます。

　基本的に、起業家志向性が高ければ高いほど、イノベーションを生み出しやすいと考えられます。学術研究でも、大きなリターンが期待できる事

1　Covin and Slevin (1989); Miller (1983).

業機会を見つけ、ターゲットを定めて先行者優位を獲得することで、高業績を上げられるという証左もあります。[2]

しかし起業家志向性は、イノベーションの必要条件であっても、十分条件ではないことも明らかになってきました。極端な話をすると、たとえ起業家志向性が高くても、必要な資源が手に入らなければ価値を生み出せないということです。

スタートアップは、戦略的な資源を獲得し、それを開発して、上手に活用できなければなりません。そのためにはネットワークを通じて、必要な情報や経営資源にアクセスする必要があります。このようなネットワークは「社会関係資本」と呼ばれます。すなわち、「関係性のネットワークを通じて企業が利用できる実際的・潜在的な資源」[3]のことです。

関係性のネットワークは、大別すると2つに分けることができます。1つは、業界内の結びつきとしての内的ネットワーク。そしてもう1つは、業界外との結びつきとしての外的ネットワークです。

オランダのアムステルダム自由大学のワウテル・スタム教授とトム・エルフリング教授は、これら2つのネットワークに注目して実証研究を行いました。[4] すなわち、創業チームの業界内外のネットワークが、起業家志向性と相まって新規事業のパフォーマンスにどのように影響するのかを検証したのです。

▶ 業界内で中心であるべきか、業界外と橋渡しすべきか

スタムとエルフリングが立てた仮説は次の4つです。いずれも、起業家志向性が内的ネットワークや外的ネットワークと相まってパフォーマンスをもたらすという仮説です。読者の皆さんは、どの仮説が支持されたと思いますか。

2　Lumpkin and Dess（1996）; Wiklund and Shepherd（2005）.
3　Nahapiet and Ghoshal（1998）.
4　Stam and Elfring（2008）.

仮説1：起業家志向性と業績の関係は、ネットワーク中心性の高い企業のほうがネットワーク中心性の低い企業よりも強い。

仮説2：起業家志向性と業績との関係は、広い範囲で架け橋をする企業のほうが、狭い範囲でしか架け橋をしない企業よりも強い。

仮説3：業界外に架け橋をする範囲が広い場合、起業家志向性と業績との関係は、ネットワークの中心性が高い企業ほど強い。

仮説4：業界外に架け橋をする範囲が狭い場合、起業家志向性と業績との関係は、ネットワークの中心性が高い企業ほど弱い。

最初は、起業家志向性と業界内ネットワークの中心性が相まって、高いパフォーマンスをもたらすという単純な仮説です。

2つ目は、起業家志向性と業界外への橋渡しが相まって、パフォーマンスを押し上げるという仮説です。

3つ目は、起業家志向性の高い企業が業界内外のネットワークを兼ね備えることで相乗効果的にパフォーマンスを上げるという仮説です。

そして4つ目ですが、これについては少し説明が必要です。ネットワーク中心性が高く、架け橋をする力が弱い企業は、業界内からの強い圧力にさらされています。本来であれば、起業家志向性を発揮して事業機会を追求すべきなのですが、圧力に屈してその能力と意欲が妨げられる可能性があるかもしれません。

そうだとすれば、業界外との結びつきが弱い場合、ネットワークの中心性が高ければ高いほど、起業家志向性はパフォーマンスをもたらさないという仮説が成り立つのです。

調査対象は、オープンソース・ソフトウェア業界のベンチャー企業90社です。起業家精神が旺盛なスタートアップにとって、業界内のネットワークは業績をもたらすのか。業界外のネットワークはどうか。果たして双方を持ち合わせることに意味はあるのか。2005年に実施したアンケート調査などから解き明かしました。

この調査において、業界内のネットワーク中心性は、業界ネットワークにおいて、企業がどれだけ少ない結びつきを介して他の企業にアクセスできるかで測定されました。[5] 一方、業界外のネットワークは、架け橋となる結びつきが業界ネットワークを越えて、どのぐらい広がっているかによって測定されました。[6]

▶ 業界内外のネットワーキングは可能

　検証の結果、仮説1を除く3つの仮説が支持されました。起業家志向性が強い創業チームは、しかるべきネットワーク資源を備えてこそ、パフォーマンスを高めることができるということです。

　スタムとエルフリングは追加的な分析も行い、中心かつ周辺というような位置取りが可能であることを証明しました。

　「高いネットワーク中心性と広範な橋渡し的関係の組み合わせが、起業家志向性と業績との関係を強化することがわかった」

　このように結論づけたのです。たった1回の調査で確かなことはいえないのですが、創業チームにとって、業界内外の結びつきを同時に高めることは大切なようです。彼らの調査で最も高いパフォーマンスを上げた企業群は、どちらか一方のネットワークを高めた企業ではなく、双方を高めた企業でした。

　業界内の結びつきを高め、業界外の結びつきを高めることで、中心にいることのメリットと周辺にいることのメリットが享受できます。革新性、積極性、リスクテイクといった起業家志向性を最大限に発揮し、新事業を成功に導くことができるのではないでしょうか。以上がスタムとエルフリ

5　Powell et al.（1996）.
6　Geletkanycz and Hambrick（1997）.

ングの実証研究から見えてきた可能性です。

　しかし、それは具体的にはどのような姿なのでしょうか。中心に位置しつつ橋渡しするというのは、具体的にどのような姿なのか。また、どのようにすれば、そのような位置取りが可能になるのか。以下では、実例とともに理解するために、医療系でこれを実現した企業を紹介します。

3 ［事例］不眠症や癌にアプリを処方する
サスメド

▶ 現代のブラック・ジャック

　現代の起業家は、ブラック・ジャックとは一味違います。メス一本という職人芸ではなく、ブロックチェーンという最新のIT技術を用います。制度外規格の治療で患者に負担を強いるのではなく、保険適用を勝ち取って患者に寄り添うのです。外から風穴をあけるのではなく、内から正統性を確保しながら関係者を巻き込んでいきます。

　端的にいえば、個人ではなく仕組みで医療イノベーションを起こします。しかも、ブラック・ジャックのように周辺的な立場からではなく、中心に位置してことを成し遂げます。一般的には、中心に位置していては、既存の価値観やしがらみにとらわれて身動きが取れなくなるといわれますが、いつもそうなのでしょうか。

　自らをその世界に埋め込むからこそ、実現するイノベーションもあるものです。中心が起点となれば、周辺からでは得られない資源と実行力が得られます。ここでは、既存の価値観や制度の大切な部分を尊重しつつ、時代の変化に対応するのがポイントです。

　医師でありながら、サスメド株式会社を創業した上野太郎さんは、そのヒントを与えてくれます。

▶ 始まりは不眠症治療用アプリ

サスメドの始まりは、医療機器としての不眠症治療用アプリです。

万病のもとにもなるという不眠症。この厄介な疾患に対しては、認知行動療法が推奨されていますが、睡眠薬が処方されることが多いようです。1人の患者の診療に数十分の時間を費やすことが、現実的に難しいからです。上野さんも当時、臨床医として待合室で患者さんが列をなしている状況を目の当たりにしていました。

しかし、アプリを活用すれば、睡眠薬に頼らずに短い診療時間でも、認知行動療法が実現できます。

2014年の薬機法の改正によって、治療のためのアプリも医療機器として認められるようになりました。上野さんは、不眠症の治療用アプリをプログラム医療機器として開発し、承認を取ることができました。アプリが医療機器として承認された先駆的な事例の1つです。

▶ 癌患者の苦痛をアプリで和らげる

サスメドは、他にも複数のアプリを開発しています。具体的には、癌患

写真12-1 | サスメドの不眠症治療用アプリ

（出所）サスメド

図表12-1 治療用アプリ提供の流れ

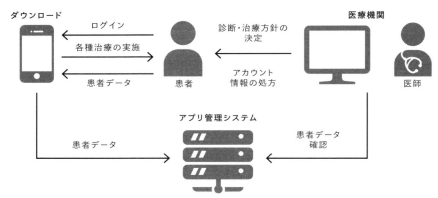

（出所）サスメド

者向けのもの、腎臓病の患者向けのもの、耳鼻科の領域での治療アプリなどです。癌患者向けのアプリというと、どのようなケアができるのか、その内容が気になる読者も少なくないのではないでしょうか。

日本の癌患者には、死亡の直前まで抗癌剤がずっと投与されているという実態があります。おおよそ7割から8割ぐらいの方が、亡くなる3カ月前まで抗癌剤が投与されています。

抗癌剤は、癌を小さくしたり、治せたりする場合には有効なのですが、終末期になると効果が弱まっていきます。抗癌剤を投与し続けても、つらい副作用ばかりが目立つようになるのです。患者さんにとっても、亡くなる直前の大事な時間に、病院に通って副作用と戦うことに多大なエネルギーを費やしてしまうことになります。

なぜ、苦しい治療が続けられるのか。

医師と患者の関係性というのは、「癌を治す」ことを目的として形成されています。患者さんの立場だと、自分からやめるとは言い出しにくいものです。医師の立場からしても、治療の中断は、ある意味で負けを認めることになりかねません。

「ここからミスコミュニケーションが生じ、亡くなる直前まで抗癌剤が投与され続けてしまう」

医療の現場を熟視している上野さんは、このように考え、アプリを通じてこの問題を解消していきます。具体的には、患者自身がどのような医療内容やケアを望むのか、関係者と話し合うのです。これをアドバンス・ケア・プランニングといいます。早い段階から緩和的なケアも行い、死亡直前の不適切な治療を防ぎ、患者さん自身の副作用を軽減して、不安やうつを抑えるのです。

実際に早期から緩和ケアを実施した患者さんで、亡くなる前のQOLが改善しただけでなく、生存期間が延長したという研究報告もなされています。2023年に閣議決定された第4期がん対策推進基本計画でも、癌と診断されたときからの緩和ケアの推進が盛り込まれています。

▶ アプリが医師から処方されることの意義

このようなアプリが医療機器として承認され、保険適用されることの意義は何でしょうか。端的にいえば、医師からの処方ということで信頼が生まれ、患者の行動変容につながるということです。

「医師からの処方だということは、すごく大切です。結局、誰でもダウンロードできるヘルスケアのアプリと、自分の主治医である医者から処方されたものとでは、まったく意味合いが違います。自分の状況が主治医の先生に共有されるとなると、ちゃんと取り組もうという意識が芽生えます」

アプリを取り巻く医師と患者の関係性があるからこそ、治療がうまく進みます。ヘルスケアというと、「あれば便利」という域を出ることができ

図表12-2 　ヘルスケアアプリと治療用アプリの違い

	ヘルスケアアプリ	治療用アプリ（DTx）
医学的エビデンス	なし、または脆弱	治験で医学的エビデンスを取得 販売するには厚生労働省による承認が必要
ユーザー	健常者、有症状者、誰でもいつでも利用開始可能	医師が診断し、処方を受けた患者のみに利用権限あり
マーケティング	消費者1人1人を対象にした広告が必要	医師が処方を行うため、医師へのマーケティングのみ
課金方法	月額使用料や、広告視聴料による無償利用	医療機器であり高価で販売 保険適用の場合、国民皆保険にて3割負担

（出所）サスメド

ません。

　一方、医療というのは病気で困っている患者さんから求められるものです。これは「なければ困る」ものなので、マーケティングに膨大なコストをかけなくても普及していきます。上野さんたちは「自分たちらしく医療でやっていこう」と決め、ヘルスケアではなく医療機器として承認を取ることにしました。

▶ サスメドの誕生と苦闘

　会社を設立したのは、上野さんが35歳のときでした。当時、同世代の医療従事者の間では「今の医療制度は持続しえない」という共通の問題認識

を持っていたようです。周りの医師と話す中で、持続可能な医療についての問題意識が高まり、デジタル技術を通じて持続可能な医療に貢献するというアイディアを思いつきました。

　会社を設立するときのビジョンは、「ICTの活用で『持続可能な医療』をめざす」というもので、端的にいえばサステナブルメディスンです。その「SUStainable MEDicine」を略したものを社名にしてSUSMEDが誕生しました。

　上野さんたちは、開発した不眠症の治療用アプリで治験に進もうと思ったのですが、これがとても大変だったようです。治験では薬機法に基づく規制の遵守が求められます。医薬メーカーは、これをクリアするために、CRO（医薬品開発業務受託機関）にも委託して、労働集約的に照合作業をしなければなりません。さらに、過去に改ざんの事件が多数ありました。だから、治験のデータが本当に正しいと示す必要があり、レギュレーション（規制）が厳しくなっていったようです。

「今の時代、体力のある製薬会社さんでも、治験の受託をしているCROに手伝ってもらっています。私たちもCROに見積もりを出してもらいましたが、億円単位の見積もりがポンと出てきた。中身をちょっと見てみると、ほとんどが人件費で驚きました」

　しかし、規制が求めているのはデータが正しいかの証明です。人手をかけた治験を強要するものではありません。当時、ちょうどビットコインが世間で話題になっていたこともあり、上野さんはブロックチェーン技術を自身の研究に役立てられないかを検討していました。

　そして、この技術を治験に応用すればデータ改ざんを防ぐことができることに気づきました。そこで2016年、業界で初めて、ブロックチェーン技術を用いた治験効率化システムの開発に取り組んだのです。

▶ 画期的な特許の背景にあるキャリア

　その１つが、「二重盲検法」で治験ができる技術です。医薬品の治験では、二重盲検法といって、プラセボという偽物の薬と本物の実薬を、患者さんや医師に悟られないように投与します。どちらが割り振られているかわからない状態で治験を行い、結果が出てから初めて種明かしします。

　このように医薬品の治験というのは、バイアスがかからないように、厳密に科学的に検証します。上野さんは、これをアプリで実現しました。2016年から取り組んできた実績もあり、知財を広範に押さえることができました。具体的には「ブロックチェーン技術を臨床試験に用いる」という特許です。これは、DTx（Digital Therapeutics、デジタル治療）のみならず医薬品や医療機器の治験にも使える、カバーできる領域が広い知財です。

　その始まりはビットコインです。読者の皆さんは、医学に携わる方がビットコインに注目しているというと驚かれるかもしれません。しかし、上野さんはこの点について、次のように語ってくれました。

「自然科学の研究者というのは、金儲けをするのが『悪』みたいな感覚があります。しかし、日本のアカデミアの研究が弱体化している背景には、そういう思考が起因しているのではないかと感じます。それよりも、資本主義的な部分をうまく活用して、研究も含めて推進していくという道筋もある。米国では、たとえばグーグルとかアップルといった企業が、自然科学でも論文をトップジャーナルに出しています」

　上野さんは単なる臨床医ではありません。アカデミアとして研究者も志していました。博士課程の大学院生のとき、研究に必要ということもあり、独学でプログラミングも学んでいたそうです。

　１人の臨床医として目の前の患者さんに尽くすことは大切です。大学院で研究して医学を前進させることも大切です。そのことを十分にわかって

いた上野さんは、起業して医療に貢献することも大切だと考えました。上野さんは、さまざまな世界を知ったうえでこの道を選んだのです。

上野さんは、医療や医学の中心にいなければ実現が難しいビジネスがあると言います。ブロックチェーン技術に詳しいITベンダーはたくさんあるのですが、彼らの立場で医療イノベーションを起こすのは容易ではないのです。

「そもそも、私たちが活動する医療の分野は、参入障壁が高いと思います。たとえば、IT企業の人たちがこういう薬事をクリアするのは非常にハードルが高いでしょうね」

サスメドのDTxは、他社に先駆けて開発・導入することで先行者優位が得られます。医薬品の場合、特許満了に伴ってジェネリック薬品が出ると、売上高が急落します。これは今まで飲んでいた薬をジェネリックに切り替えることに何の痛みも生じないからです。

しかしDTxの場合、これまで蓄積したデータを全部捨てて、新しいアプリに切り替えたいと思う患者は、ほとんどいないはずです。このようなスイッチングコストがあるため、ビジネスとしても安定するのです。

▶ アプリ事業のビジネスモデル

サスメドのビジネスモデルは、すでに述べてきたようにアプリ事業と治験効率化事業の2本柱です。医師が処方するアプリは、保険収載されるので、患者の負担は3割で残りの7割は健康保険でカバーされます。流通も含めて、医薬品とか医療機器と基本的に変わりません。

サスメドは自社の販売チャネルを持たないので、塩野義製薬と販売提携契約を結んで医療機関に届けます。塩野義製薬は感染症、うつ病や中枢神経系の領域に強く、自社のMR（医薬情報担当者）を通じて全国の医療機関に届けています。

図表12-3 サスメドのビジネスモデル（アプリ事業）

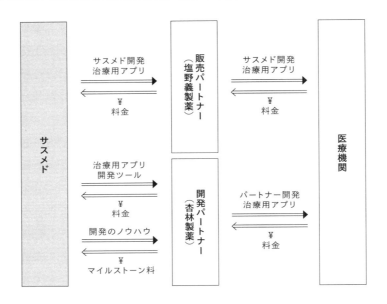

　サスメドのアプリで興味深いのは、完成品だけではなく、アプリ開発のプラットフォームも提供している点です。システムにおけるソースコードをほとんど書かずに開発を行えるローコードツールを提供しているので、ITベンダーでなくてもアプリをつくることができます。ゼロからアプリをつくらなくても新しい治療用アプリができあがるので、外部のパートナーは、このプラットフォームを使って開発することができます。

　たとえば杏林製薬は、耳鳴りに対しての耳鼻科の治療用アプリをサスメドと共同開発しています。そのビジネスモデルは、着手金、成果報酬型のマイルストーン、そして、販売実績に連動したロイヤルティ収入の3つです。

　まずサスメドには、共同開発の契約締結時点で1億円が支払われます。その後、成果報酬型のマイルストーン契約によって、治験の3段階のステージゲートをクリアするごとに報酬が入ります。さらに、販売成果に連

動したロイヤルティ契約も結んでいるので、社会に広がった分だけ収益がサスメドに入ってくるという仕組みです。非常に秀逸なビジネスモデルですが、そのお手本はペプチドリームにあったそうです。

「この契約のお手本はペプチドリームさんです。彼らはペプチド創薬のプラットフォームをつくり、それを大手の製薬会社さんと新薬の共同開発をして、マイルストーン契約を結んでいます。このビジネスはペプチドリームのプラットフォームのDTx版みたいなものです」

▶ 治験効率化事業のビジネスモデル

もう1つの柱が、治験効率化事業「サスメドシステム」です。この事業は、前述した治験のモニタリングを効率化するものです。治験のモニタリングの市場規模は約1000億円といわれています。

ターゲット顧客は、治験を行う製薬会社ですが、治験の受託業者であるCROに提供する場合もあります。製薬企業から研究開発費として捻出し

図表12-4　サスメドのビジネスモデル（治験効率化事業）

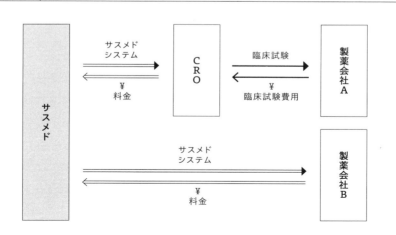

てもらい、サスメドと製薬会社とCROの3社で契約をして、治験を進めることもあります。

このサービスは、サスメドシステムとして提供されており、継続的な課金が見込めるビジネスモデルです。

治験の効率化が実現すれば、新薬が患者にいち早く届くような社会が実現します。現在、日本の治験は時間がかかるためにドラッグロス[7]が生じているのです。

ドラッグロスが問題になっている背景には、新薬の開発のあり方の変化があります。かつて、新薬の開発は大手製薬企業が担ってきました。海外では創薬ベンチャーによって開発された新薬が増えてきました。ベンチャーは財務的な基盤が強固ではないですし、グローバルな販売のネットワークも十分ではありません。だから、海外では承認されていても、日本で承認されていない医薬品の割合がすごく増えていくのです。

サスメドは、治験の効率化を進めて、これを是正したいと考えています。

4 ネットワーキングの非対称性

▶ 自らをその世界に埋め込みつつ越境する

ここまで、イノベーションは中心と周辺のどちらから生まれるのかについて検討してきました。学術研究では、中心に位置しつつ外部との橋渡しをするような企業からイノベーションが生まれやすいことが示唆されました。また、成功したスタートアップ事例を見ても、同様のことを読み取ることができました。

7　海外で使われている治療薬が国内では利用できない状態のこと。

このように考えると、「イノベーションは周辺から生まれる」という命題は、半分は正しくても半分は間違っているように思えます。特に、サスメドの上野さんたちの行動を見ると、自らをその世界に埋め込むからこそ実現するイノベーションがある、ということを感じずにはいられません。それは、既存のネットワークや資源を活かしつつ、それを別のネットワークや資源と結びつけるという起業家的行動です。

　上野さんは、医療現場にいたからこそ、不眠症の課題に気づくことができました。医学会の中心にいたからこそ、得られた知識や人脈もありました。そして、外部の世界と結びつくことで実行力も得られました。

　サスメドを設立してNEDOの助成金を獲得し、事業を推進できたのは外部の世界との架け橋があったからです。これらすべてを課題解決のために役立てて、今のサスメドがあります。中心で大切にされている価値観を尊重しつつ、周辺で得られた技術を活用しました。だからこそイノベーションを引き起こせたのです。

▶ 越境が可能にした競争優位

　興味深いのは、越境新結合によってある種の優位性が生まれたという点です。上野さんが率いるサスメドは、治療アプリに特化した技術、DTx全般に使える技術、ブロックチェーンと自動解析などの知財を有しています。そして、医療機関へのアクセスや、学会のネットワーク、制度的な障壁についての深い理解、科学技術にかかわる助成金獲得のノウハウなども有しています。

　これら1つ1つは、それ自体で持続的な競争優位の源泉とはなりえないのかもしれません。ライバル他社も時間をかければ、模倣できるかもしれないからです。しかし、それらが組み合わさるとシステム優位が実現します。小さな強さが組み合わさって、大きな強さが生まれるという掛け算の論理です。これが実現すると、ライバルもなかなか模倣できなくなります。

　サスメドの場合、このシステム優位ができた背景には、上野さんの越境

ネットワーキング行動がありました。さまざまな要素が、越境ネットワーキングによって結びつけられたため、1つのネットワークに閉じているライバルたちには真似できない仕組みが生まれたのです。

▶ 越境のしやすさは非対称

さて、このような越境ネットワーキングは誰にでもできるものなのでしょうか。2つの意味で、それは難しいと思います。1つには、上野さんと創業チームの起業家志向の大きさです。革新的で積極的にリスクをとれる企業は、そうあるものではありません。

もう1つには、この越境は上野さんには可能であっても、医療の外にあるITベンダーには不可能に近いと考えられるからです。越境のしやすさは、ある方向と別の方向とでは違いがあります。

たとえば、医療とITに架け橋を渡してつなげるとします。医師であり医学博士である上野さんが、ITの側に越境するのは難しいことではありません。しかし、その逆に、ITベンダーが医療の世界に越境するのは、とても難しいことなのです。

なぜでしょうか。1つの理由は、医療現場でしか生まれない情報、外の世界からはうかがい知れない情報があるからです。医療という特殊な状況に身を置かない限り理解しにくい情報、外に伝えようとしてもなかなか伝わらないような情報がその典型です。

経営学では、ある場所生まれた情報を他の場所に移すコストが高いとき「情報の粘着性が高い」といいます。粘着性の高い情報はイノベーションのもとになるのですが、現場にいなければ見つけ難いのです。

もう1つの理由は実行力です。医療というのは高度に専門的な世界であり、人の生命を扱うという意味で高度に倫理的です。この世界の関係者を巻き込むためには、その世界の文化や慣行に精通して、承認されなければなりません。外の世界から経済的な価値だけで語ることはできません。

医療からITへの越境よりも、ITから医療への越境のほうが困難である

とすれば、これは越境の非対称性にほかなりません。越境に長けたITの世界の起業家たちであっても、なかなかそれを越えることができないはずです。

　中心に位置する正統な起業家による越境ネットワーキング行動というのは、外部から仕掛ける破壊的イノベーションとは対極をいきます。「イノベーションのジレンマ」においても、イノベーションは周辺から引き起こされると主張されますが、[8] イノベーションの発生源はそれだけではないようです。自らをその世界に埋め込むからこそ実現するイノベーションというのは、このアンチテーゼとなるのかもしれません。

　スティーブ・ジョブズは、「海軍に入るぐらいなら、海賊になれ」と言い放ちましたが、海軍にしかできないイノベーションもあります。サスメドの事例は、日本の産業社会にとっても、良きお手本になるのではないでしょうか。

8　Christensen（1997）.

第 13 章

リフレームして成長する

真似をするときには、その形ではなく、その心を真似するのがよい。

――実業家 渋沢栄一

1　急成長を可能にする プラットフォーム

　急成長をもたらすビジネスモデルとは、どのようなものでしょうか。諸説いろいろとありますが、その1つがプラットフォームであることに異議を唱える人は少ないでしょう。

　米国のGAFAや中国のアリババとテンセントが大躍進し、時価総額上位にランクインしたのは周知の事実です。プラットフォームの経済性に注目したジャン・ティロールがノーベル経済学賞を受賞し、話題にもなりました。

　プラットフォーム研究の権威であるマイケル・クスマノ教授たちはプラットフォーム企業の収益性の高さを確かめるために、同一業界におけるプラットフォーム43社と比較対象企業100社とのパフォーマンスの違いを見ました。[1]

　その結果、プラットフォーム企業は、比較対象企業の約半分の従業員数で同程度の売上を達成していること、営業利益率は比較対象企業の約2倍であること、株式市場における企業価値も2倍以上であることがわかりました。

　なぜ、プラットフォーム企業は、非プラットフォーム企業の2倍ものパフォーマンスを上げることができるのでしょうか。

　それは、プラットフォームが利用者たちのかかわり合いを促し、好循環を引き起こして価値を創出することができるからです。たとえば、アップルはiPhoneで楽しめるアプリを充実させるために、社外の人たちが自由にアプリを開発できるようにインターフェイスを公開しました。アプリがたくさん揃えば、iPhoneというプラットフォームは魅力的になり、利用者は

1　Cusumano et al.（2019）.

ますます増えます。利用者が増えれば、より多くの人たちがそこにアプリを提供するという好循環が生まれます。

　急成長をもたらすビジネスモデルは、プラットフォームだけに限られません。テック系の起業家は、成長ステージに合わせてビジネスモデルを見直し、必要に応じて転換していかなければなりません。それは、自社の強みや儲けの仕組みをリフレームすること、新たな視点や枠組みで再解釈することを意味します。

　この章では、自らの価値創造のあり方をリフレームし、より成長性の高いビジネスモデルに転じた事例を紹介します。

2　模倣によって実現するリフレーム

▶ **ビジネスモデルのリフレーム**

　ビジネスモデルを見直すときに役に立つ1つの方法は、海外や異業種といった遠い世界からの模倣にあります。模倣というと、猿真似のように負のイメージを持つ人が多いと思われますが、そうとは限りません。

　古今東西、偉大なる会社のビジネスは創造的模倣によって生み出されてきました。[2]

　トヨタ生産システムの生みの親である大野耐一さんは、米国のスーパーマーケットの仕組みを「ジャスト・イン・タイム」の生産方式に応用しました。鈴木敏文さんは米国全土に展開するセブン-イレブンを見て、「これだ」と直感したといいます。コンビニエンスストアの仕組みを導入すれば、日本の零細小売商店を蘇らせて、大型店との共存が可能だと確信した

2　井上（2012）。

のです。

　ヤマト運輸の小倉昌男さんも米国に出張したとき、お手本との運命的な出会いを果たしました。彼は、ニューヨークの四つ角にUPS（米国の運送会社ユナイテッド・パーセル・サービス）の車が4台止まっているのに気づき、集配密度を基軸とする宅配便のビジネスモデルの可能性を見出したのです。

　イノベーションの象徴ともいわれるアップルにしても、最初からオリジナリティーだけを追求してきたというわけではありません。

　創業者のスティーブ・ジョブズさんも、「素晴らしいアイディアを盗むことにわれわれは恥を感じてこなかった」という言葉も残しています。アップルは、既存の技術を新しく結びつけるのが上手だという意味で「アセンブリイミテーションの達人」と評価されることもあります。[3]

　いずれも、その業界を代表し、イノベーションの象徴とされる企業ですが、異国、異業種、過去のものを上手に模倣しています。独創的ともいえるこれらのビジネスモデルは、必ずしもゼロから生み出されたものではありません。思いもよらない「お手本」を見つけ出し、創造的に模倣することで生まれたのです。

▶ 真似は良いことか悪いことか

　一般には、模倣だとか真似というと、独自性や創造性とは逆のものだと思われがちです。日本では「猿真似」、欧米では「copycat」などと言い表されるように、洋の東西を問わず、模倣者にはネガティブな意味が込められることが少なくありません。

　しかし古来、お手本を丸写しすることは、学習の基本として尊ばれていました。ローマ時代には、学徒たちは、暗記や模写から言い換えや解釈など、模倣の訓練に勤しんだといわれます。模倣は、独創性や創造性を求める際に不可欠な活動だとされ、慎重に、模倣対象を選ぶように奨励された

3　Shenkar（2010）.

のです。

　フランスの作家のシャトーブリアンは、次のように述べて、その本質を言い当てています。

　「独自な作家とは、誰をも模倣しない者ではなく、誰にも模倣できない者である」[4]

　独自の作風を持った小説家であっても、駆け出しの頃には他の作家を模倣して、いろいろな試行錯誤を重ね、誰にも真似されないような作風をつくるものです。

　ビジネスの世界でも同じです。他社からは、なかなか模倣できない仕組みであっても、大なり小なり模倣によって生まれています。模倣できない仕組みが模倣によって生まれるという、「模倣のパラドクス」です。

　独自性を追求するからこそ、逆に、模倣の力が大切だということです。私たちは模倣の作法を会得し、模倣の能力を高めなければなりません。

▶ 学術研究の知見

　模倣が創造性をもたらすか否かについては、学術研究でも意見が分かれています。[5] 模倣というと、どうしても立場の上で劣っている企業が業界リーダーに追いつくために用いる戦略であり、独自性の追求にはつながらないと考えられてきたからです。

　しかしながら、フランケンバーガー教授とスタム教授は、伝統的な模倣戦略が、暗黙のうちに2つの前提を置いていたため、模倣に対して否定的になったといいます。その前提とは次のようなものです。[6]

4　原文は、"The original writer is not the one who refrains from imitating others, but the one who can be imitated by none." 田辺貞之助『キリスト教精髄　第2（キリスト教詩学）』（創元社、1950年）では、「獨創的な著作家とは、なんぴとも模倣しない著作家ではなく、なんぴとにも模倣できない著作家である」（p.20）と訳されている。

5　Posen et al.（2023）。

①同業他社の模倣を前提としていたこと。
②テック系スタートアップによる模倣を念頭に置いていなかったこと。

　両教授の指摘は、裏を返せば、テック系スタートアップによるビジネスモデルの模倣となると、まったく異なる見解が導き出されるということです。これらの前提が違うと何が起こるのでしょうか。
　まず、模倣が業界内ではなく業界外になると、何が変わるのかについて見ていきます。

▶ 業界外の模倣の場合

　そもそも模倣がなぜ良くないのかというと、それが差別優位をもたらさないからです。同じ顧客に、同じような製品・サービスを、同じような手段で提供すれば競争に巻き込まれます。ライバルに追いついて業界内を同質化させ、リーダーの優位性を削ぐという目的であればよいのですが、自社が優位に立てるわけではありません。
　しかし、これは同業のライバルを模倣した場合の話です。異業種のビジネスモデルを模倣した場合、これまでにない価値の創造が実現するかもしれません。独自性が生まれて差別優位がもたらされても、おかしくはないのです。また、ゼロから独自のビジネスモデルを考案するよりも、業界外で実績のあるモデルを移植するなり模倣するなりしたほうが、失敗するリスクは低いはずです。
　このような考えから、下記の基本仮説を導くことができます。

　　基本仮説：業界外のビジネスモデルの模倣は、その後の新規事業の成長
　　　　　　と正の関係がある。

6　Frankenberger and Stam（2020）.

▶ テック系スタートアップの場合

次に、テック系スタートアップだとどうなるのでしょうか。

興味深いのは、テック系スタートアップだとこの基本仮説が際立つという見解です。フランケンバーガーとスタムは、ビジネスモデルの新規性のメリットは、新規性の高いテクノロジーと組み合わされて初めて発揮される可能性があるといいます。その理由はいくつかあります。

第1に、業界内の支配的なビジネスモデルが、新しいテクノロジーと相性が良いとは限らないからです。既存の技術に最適化されたビジネスモデルで活動しているライバルは、そもそも新しい組み合わせに興味がないかもしれません。興味を持ったとしても、ビジネスモデルを変えることには抵抗があるはずです。スタートアップに勝機が生まれるのはそのためです。

第2に、ビジネスモデルの模倣は容易でも、それを新規テクノロジーと組み合わせることで、複雑で、解読困難な模倣困難性を実現できるからです。特に異業種のビジネスモデルとの組み合わせなので、これまでの業界の常識が通用しなくなります。既存のライバルにとっては、何が成功の要因となっているのかが読み取りにくくなります。ライバルは模倣するにも、何をどうすればよいのかがわかりません。

第3に、真新しいテクノロジーでも、馴染みのあるビジネスモデルで包み込むことによって顧客に安心感を与えることができるからです。いくら優れた技術でも、実績がなければ簡単に普及するものではありません。これまでとは違う発想と使い方が強いられて、利用者はそっぽを向いてしまうかもしれません。しかし、たとえ異業種のものでも、ビジネスモデルに馴染みがあれば、顧客の親近感と信頼度は著しく高まるはずです。社会から正当だと認められやすいのです。

とはいえ、業界外からビジネスモデルを持ち込んで、新規のテクノロジーと結びつけるのは容易なことではありません。その業界にどのように適応させるのか、高度な調整が必要とされるはずです。その業界に十分な

経験を持つ起業家でなければ、このようなチューニングはできないと考えられます。

　このような考えから導かれたのが、下記の発展仮説です。

　　発展仮説：創業者の業界経験が豊かであればあるほど、技術革新性の高い企業が、ビジネスモデルの異業種模倣によって成長する度合いが高くなる。

　フランケンバーガーとスタムは、統計的な実証調査によって、これらの仮説の検証を試みました。調査対象はスイスでスタートアップ・コンペティションに参加したベンチャー企業です。このコンペでは必ずビジネスモデルの説明を行う必要があります。専門家がそれをチェックして、業界内のものか、業界外のものかを判断しました。

　4つの業種から122社の企業がサンプルとして抽出されました（平均設立年数は5.6年）。ここにはローテク系の企業も含まれており、その後の成否もわかっています。

　調査の結果、業界外のビジネスモデルの模倣は、ベンチャー企業の成長と有意かつ正の相関があることが実証されました。基本仮説は支持されたのです。

　また、発展仮説も支持されました。業界経験の豊かな創業者が革新性の高い技術について異業種模倣を行うと成長性が高くなる、という関係が認められたのです。経験豊かな創業者が卓越した調整能力によって、業界外のビジネスモデルと革新的な技術を結びつけることで新規事業の成長をもたらしうる、と考えて差し支えないでしょう。

　それでは、実際の起業家はどのように異業種からインスピレーションを得ているのでしょうか。以下では、異業種のビジネスからヒントを得ることで自社のビジネスモデルをリフレームした事例を紹介します。

3 ［事例］ロボットがビルや街で働くインフラを築く
ZMP

▶ **ロボットを開発したら**

　もし、あなたがロボットを開発したら、どのようなビジネスモデルでお客様に届けるでしょうか。

　ロボットといっても、未来のスーパーヒーローのように空を飛んだり、100万馬力で被災地を助けたりするものではありません。二足歩行することもなく、車軸で平らな道をゆっくりと進んでいく現代のロボットです。

　頭部にカメラやセンサーをつければ、パトロールすることはできるでしょう。荷台を引けば、重いものでも運ぶことができます。体に掃除機を身につければ、廊下や部屋をきれいにすることができる、そういうロボットです。

　大学のクラスルームでこのように問いかけると、学生たちは「一般の利用者に販売する」と言います。何に使うのかと尋ねると、「部屋の掃除を

写真13-1　歩行速ロボ三兄弟

配達ロボ「DeliRo」　　歩行速モビリティ「RakuRo」　　警備ロボ「PATORO」

（出所）ZMP

図表13-1 | 設置ベースモデル

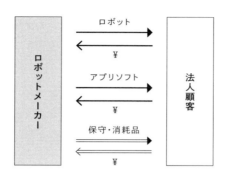

してもらう」「朝起こしてもらう」「留守番してもらう」という答えが返ってきます。

しかし、現代のロボットは高価です。学生たちに「それに数百万円支払いますか？」と問うと、一同が沈黙します。そして、少しまともなビジネスモデルのアイディアが出てくるのです。

読者の皆さんも考えてみてください。第5章で紹介したビジネスモデルの9分類を使うと、比較的簡単にアイディア発想することができます。「製造販売」「合算モデル」「継続モデル」「フリーミアム」と、順番にそれぞれの可能性を洗い出しましょう。適切なものがいくつか見つかるはずです。

9分類を提示して授業を進めると、実に多様なアイディアが出てきます。無料で配布する「フリーミアム」（膨大な資金が必要）、サイネージ広告で稼ぐ「広告モデル」（どれだけ閲覧されるのかが疑問）、ロボットを持っている人が他人とシェアする「マッチングモデル」（みんなが持っていないと成り立ちません）。いずれも面白いのですが、実現性に乏しいと言わざるをえません。

協議を重ねるうちに、ロボットの販売後に消耗品とメンテナンスで収益を伸ばす「設置ベースモデル」が基本となることに気づきます。気の利いた学生であれば、一般消費者に販売するよりも、法人にまとめて買っても

らうほうが効率的だと考えるはずです。

　社会人の場合、同じクイズを出しても、すぐに現実的な答えが返ってきます。先に述べた「設置ベースモデル」に始まり、ときにロボットのパーツをサードパーティに開発して販売してもらう「補完財プラットフォームモデル」が出てきます。

　しかし、このような売り方で本当に自社のロボットの売上を伸ばすことができるのでしょうか。創業者の谷口恒さんは、それぞれのメーカーがこのような売り方をしても、ロボットはなかなか社会に広まっていかないと言います。

　「ロボット会社というのは、どうしてもロボットをつくることで精いっぱいになってしまうけれど、インフラを整えなければ普及しません」

▶ **インフラへのパラダイムシフト**

　ZMPの創業の理念は、「ロボットがあらゆる場所で人々を支える豊かな社会をめざす」というものです。危険な仕事、夜間のパトロール、掃除など、人間が嫌がる仕事をロボットが肩代わりしてくれる世界を実現するのが目標なのです。

　いくらZMPのロボットの性能が良くても、自社製品の販売にこだわっていては普及しません。谷口さんは、創業の理念を貫くためにも、他社のロボットと役割分担しながら共存していく未来を描くべきだと思うようになりました。

　それが、ZMP自らが社会のインフラになるべきだという戦略です。数々の実証実験から、自社の強みはロボットではなく、そのインフラとなる管理システムと3次元マップにあると気づいたのです。

　たとえていえば、それはパソコンにおけるOSのような存在です。マイクロソフトのWindowsがプラットフォームの役割を果たし、その上で数々のアプリケーションが動いています。アプリケーションはマイクロソフト

も開発しますが、サードパーティも多種多様なものを提供します。これによって、顧客はパソコンというハードウェアをさまざまな形で利用できるようになるのです。

　谷口さんは、マイクロソフトのWindowsのビジネスモデルからインスピレーションを得て、ZMPのビジネスモデルを構想しました。大学のキャンパスや街の中や建物の中で実証実験を重ねながら、社会実装するための技術に磨きをかけました。

　時間をかけて、①自動運転の技術、②３次元マップ、そして③ロボットを管理するOSに該当する技術を開発したのです。つまり、自社のロボットに加えて、技術的な強みを３つ揃えて、ブランドネームをつけることにしました。

▶ **三位一体を実現する**

　その１つは、IZAC（アイザック）という自動運転、自律移動の技術です。これはIntelligent ZMP Autonomous Controllerの略で商標登録もされています。配送ロボットやフォークリフトだけではなく、自動車にも使われている優れた技術です。ZMPは、この汎用的な自動運転技術を自社開発しています。

　２つ目は、RoboMap（ロボマップ）という、自動ロボットのためのマップです。街の中を配送ロボットが走るためには、最初に３次元の高精度のマップをつくる必要があります。点群マップとかポイントクラウドとも呼ばれます。これも自動車の自動運転に使われている技術なのですが、ZMPはこのマップを自社で保有しています。

　３つ目が、ロボットをサービスにしていくROBO-HI（ロボハイ）です。これは、ビルの中で障害物やロボット同士がぶつからないようにするための技術です。アプリにつなげて連携させ、ビルの細い通路を２台のロボットが通るとき、どちらを優先するかを管理します。エレベーターで他のロボットが乗ってきたら、踊り場で待たせるようなこともできます。

図表13-2　Windowsの補完財プラットフォーム

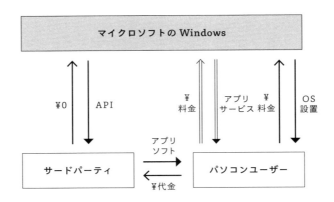

　谷口さんは、これらの技術を束ねて「三位一体」と表現します。ロボットをインターネットにつなげて管理可能にして、マップを与えることで、初めてソリューションが成り立つという考えです。
　三位一体といっても、社内の垂直統合によってサービスを提供しているわけではありません。マイクロソフトのWindowsと同様、水平展開のプラットフォーマーとしてサービスを提供しています。

▶ ZMPのビジネスモデル

　ZMPのビジネスモデルをマイクロソフトのビジネスモデルと対応させると、理解が深まります。
　ROBO-HIはオープンなOSみたいなもので、Windowsのような役割を果たします。ソースコードは非公開にしつつも、APIをオープンにすることで、他の会社の掃除ロボットやパトロールロボットの指示や管理ができるようになります。
　連携できるのはロボットだけではありません。ROBO-HIにつなげれば、日本のすべてのエレベーターとも連携させることが可能です。自動ドアにも対応しているので、ビルの構内であれば縦横無尽に活動することができ

図表13-3 | ZMPの補完財プラットフォーム

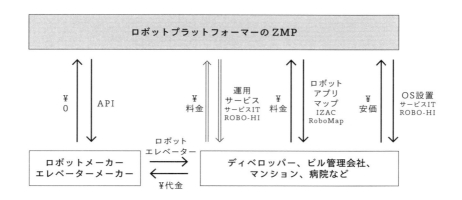

ます。しかも、エレベーターメーカーや他のロボット会社とは正式に契約しているので、メーカー保証が付いています。勝手に後付けのハードウェアを付けて対応しているわけではありません。

▶ カギになるのはOSの普及

このように説明すると、プラットフォームを支配しているように聞こえるかもしれませんが、そんなことはありません。ROBO-HIは、ビルやマンションでロボットが稼働するためのOSです。これなしには、どのメーカーのロボットも活動することはできません。OSに対応できないロボットは買ってもらえないのです。かといって、OSをゼロから自社開発するのは本当に大変なことなのです。

たとえば、新しいビルにロボットを入れるとき、通常はIT企業に委託してOSに該当する制御ソフトを開発させるそうです。大きなビルであれば、3年間ぐらいの工期が必要なので、3億円程度かかるそうです。しかも、1つのビルに最適化して開発すると汎用性は期待できません。定期的なアップデートも、なかなかしがたいようです。

ZMPの場合、さまざまな顧客にマルチベンダーで供給しているので、

基本設計はその10分の1ぐらいで済みます。3億円かかるところが3000万円でOSをインストールすることができます（それでも、利益が出ています）。

しかも、ROBO-HIはオフィスビルに限らず、ホテルや病院など、さまざまな建物に合わせてつくることができます。順調に普及しているのでアップデートも定期的に行えます。

ZMPはゼネコンやディベロッパーなどの法人顧客からビルの設計図を共有してもらい、すべてのフロアの3次元のマップをつくり、ロボットの動線を設計しています。オフィスの通路が狭い場合のルールにしても、顧客のニーズに合わせて設計しています。夜間掃除ロボットがビルの20階からエレベーターを乗り継いで掃除をして、最後は充電ステーションへ戻るというところまで、すべてを指示できるソフトを開発しているのです。

このような背景があって、自社開発しなくて済むということで、他のロボットメーカーからは歓迎されています。国内はもとより、海外のロボットメーカーもROBO-HIに対応してくれます。

「すでに十数社のロボットがつなげられます。ロボットだけではありません。うちのROBO-HIにつなげれば、日本のすべてのエレベーターとロボットを連動させることが可能になります。自動ドアにも対応しているのです。なので、たとえば海外から新しいロボットが来るときには、弊社に相談があります。われわれは街のOSとか、ビルOSとして、今、普及を進めています」

法人の顧客は、ゼネコンやディベロッパー、通信会社やビルの管理会社、マンションや病院などさまざまです。ROBO-HIをインストールしてマップをつくれば顧客との関係は深まります。自社製のロボットの販売も伸びて、保守や消耗品からの収益も期待できるでしょう。そして何よりも、他社のロボットも含めた運用サービスから得られる継続的な収益は絶大です。

ZMPにはロボットの開発と製造を担うハード部門、マップやアプリを

開発するソフト部門、そして、OSを開発するIT部門があります。これら3つを備えた会社は他に類がないようですが、それぞれの部門がそれぞれ異なるKPI（カギとなる業績指標）を活かして役割分担しつつ、全体として1つのビジネスモデルとなっているのです。

4 見えない部分を模倣する

　ビジネスモデルの模倣において必要なのは構造的特性であって、表面的な特性ではありません。むしろ、表面的な部分が参考にならないほうが「業界初」となる可能性が高くなります。ライバルからも「あの会社は何をやっているのか」と不思議がられるので、水面下でじっくりと取り組むことができます。

　一見すると、参考にならないものを真似するというのは、何ともおかしな話です。しかし、真の創造性をもたらすのは、見えにくい部分の模倣です。究極の良い模倣とは、模倣だと気づかれないような模倣なのです。

　逆にいえば、悪い模倣というのは、見えている上っ面の部分だけ模倣するということにほかなりません。たとえば、見た目のデザインだけを真似するような模倣です。業務を動かすオペレーションにも目を向けなければ、同じようなサービスは実現しません。

　ちなみに、構造的にも表面的にも参考にならないビジネスは、お手本とはなりえません。

▶ 表面の部分だけを真似たコピーキャットたち

　上辺だけの模倣を行って失敗したという話はよく話題になります。日本でも、ヤマト運輸が宅急便という画期的なサービスを開発し、軌道に乗せた直後、これを見た競合他社が続々と宅急便を模倣しましたが、うまくい

きませんでした。短期間のうちに35社が一気に宅配事業に参入してきたのです。しかし、いずれも成功することはありませんでした。

　各社はヤマトの成功を次のように分析したようです。

- 家庭の主婦などの一般利用者は、新しい市場であり伸びる可能性がある。
- 一般の利用者は値段の交渉をしないので、商業貨物より利益率も高い。
- ヤマト運輸の成功は、動物をシンボルにしてテレビコマーシャルで流したことにある。
- 競合として遅れをとる前に参入しなければならない。

当たらずといえども遠からずなのですが、肝心なところを見落としていました。

　まず、偶発的かつ散発的な一個口の荷物を集荷して届けるためには、配送ネットワークの密度が必要だということを理解していませんでした。ところが、彼らは宅配向けのハブ＆スポーク[7]の運送ネットワークを築くこともなくビジネスを始めたのです。

　次に、動物のシンボルマークへの過度な期待もありました。確かに、ヤマトの宅急便が一般に知れ渡ったのは、「母猫が子猫を優しく確実に運ぶように荷物を運ぶ」というシンボルマークが評判になったからです。だから、コピーキャットたちがイヌやゾウなどのネコよりも強そうな動物をシンボルにしたくなるのもわかります。しかし、そういったシンボルさえあれば成功するというものではありません。これは、悪い模倣の典型です。ときに模倣というのが創造性からかけ離れた存在に思われるのは、このような上辺だけの模倣者が後を絶たないからです。

7　中心拠点のハブに人や荷物を集め、それを周辺拠点のスポークに仕分けて運送する方式。

▶ 具体と抽象の往復運動

　一橋大学の楠木建教授は、この点について、「良い模倣が垂直的な動きであるのに対して、悪い模倣は水平的な横滑り」と看破します。創造的な模倣は、原理を理解するのに対して、上辺だけの模倣は、表面だけを横滑りするというわけです。

　宅急便の事例でいえば、競合他社は、ヤマト運輸の利益率やネコのシンボルマークばかりに目を奪われるのではなく、宅配事業を成り立たせている仕組みに目を向けなければなりませんでした。

　目に見える上辺の具象だけを見て、それを横滑りさせても意味はありません。お手本になるビジネスを抽象化して理解し、自らの世界に落としていく必要があります。楠木教授はこれを、具象から抽象へ、抽象から具象への往復運動と論じています。

> 「具体も抽象もどちらも大切。良い模倣に典型的に見られるように、抽象化の思考がなければ具体についての深い理解や具体的なアクションは生まれません。抽象と具体との往復運動を繰り返す。この思考様式が最も『実践的』で『役に立つ』のです」[8]

　具体と抽象の往復運動を繰り返すことで、学習能力が高まります。このように考えると、模倣はイノベーションと正反対の方向にあるのではなく、イノベーションへの道筋の途中にあることがわかります。

　ZMPは実証実験と研究を通じて、具体と抽象の往復運動を繰り返しています。そのプラットフォームは、ディベロッパーやビル管理会社のみならず、病院などにも利用されています。このまま順調に広めていくことができれば、急成長することは間違いないでしょう。

8　楠木（2015）p.325。

新しい市場と産業をつくる

交響曲を口笛で吹くことは誰にもできない。
演奏するにはオーケストラが必要だ。

——神学者 ハルフォード・ラックコック

1 自社のサービスが代名詞となる

▶ ネット検索といえばグーグル

　かつて、書類をコピーすることを「ゼロックスする」と言っていた時代がありました。同様にセキュリティで防犯することは「セコムする」、インターネット検索することは「ググる（グーグル）」と言われることがあります。

　パイオニア企業が圧倒的に強い場合、その会社名や事業名が、当該サービスの代名詞になることがあります。多くの起業家は、そうなることを夢みて新しい市場を創造しようとします。もちろん、この夢を実現できるのは、ほんの一握りでしかありません。

　しかし、特定領域に絞り込めば、これに近いことが実現できるかもしれません。それは、その世界において「○○といえば××」というような存在になるということです。

　このときに大切なのは、組織の境界をどこまで広げるかについての意思決定です。すなわち、自社の担当範囲をどこまでにするのか、また、外部の取引先とどのような関係を結ぶのかの取り決めです。

▶ 組織の境界が大切な理由

　自社の活動領域を定めることで、誰がライバルになるのかが定まります。限られた資源しか持たないスタートアップが、いきなり強大な企業と張り合うことはできません。正面から戦わなくて済むような領域を選び取ったり、大企業が手を出しにくい領域に進出したり、共存関係が成立させる必要があるのです。

　スタートアップは、自社の担当範囲と、他社とどのような関係を築き上

げるかを注意深く検討しなければなりません。経営学ではこれを「境界のマネジメント」と呼び、1つの重要なテーマとされています。

2 市場の成長と同期化させる3つのステップ

▶ 3つのステップ

　ここでは、スタートアップにおける企業の境界の重要さについて注目した定評のある研究を紹介します。ポルトガルのカトリカ・リスボン・ビジネス＆エコノミクス・スクールのフィリップ・サントス教授とスタンフォード大学のキャサリン・アイゼンハート教授は、1990年代半ば、コンピュータとエレクトロニクスとテレコム産業が融合した時期に焦点を定め、5つのスタートアップの組織の境界線のあり方を丹念に観測しました。[1]

　いずれも、1994年後半から1995年前半に設立された米国企業です。インターネット関連業界がまさに離陸しようとする時期であり、分散処理、電子メール、電子商取引などが広まり、数多くの新興市場が生まれました。5つのスタートアップはそれぞれの思惑で、企業の境界について戦略的な決定を下しました。

　興味深いのは、その類似点と相違点です。うまく成長した2社には一定の共通点が存在し、その共通点は、失速した3社とはコントラストをなしていたのです。

　サントスらは、過去の学術研究の知見とインタビューデータとを照合させ、新市場を創造して支配力を高めるための行動を3つのステップに整理しました。以下、①から③の順番で説明していきましょう。

1　Santos and Eisenhardt（2009）.

① **市場の存在を主張する**

　最初のステップは、市場の存在を主張するということです。新興市場というのは、何もかもが曖昧な世界です。多くの企業は、その新興市場が、今後市場として確立・成長していくのかがわからず、参入してコミットすることができません。

　このときに大切なのが、市場と企業に明確なアイデンティティを与え、関係者に「これから新しい市場が生まれる」と信じてもらうことです。そのためにスタートアップが取るべき行動は、いくつかあります。その1つが、他の世界でよく知られたたとえで説明するという方法です。

　たとえば、インターネット上の信頼を、市場概念の中心に据えてアイデンティティを構築するときに、「IDカード」「財布」「パスポート」といったよく知られた言葉を使用してキャッチコピーをつくるという方法です。

　「電子財布のようなもので、すべてのIDを1つにまとめ、ネット上でパスポートのように使える」

　このように説明すれば、わかってもらいやすくなるのです。電子商取引においても、「ショッピングカート」や「チェックアウト」など、リアル店舗でもよく知られたコンセプトが使われるのはこのためです。

　サントスらは、このような異なる世界のたとえによって、それを聞くオーディエンスに新奇性と親しみやすさの双方をもたらすと考えています。社内外での理解を促すと同時に、企業が独自の市場やアイデンティティを持っていると認識される可能性は高まります。

② **市場の境界線を引いて明確に分離する**

　　次のステップは、新しく生まれつつある市場に境界線を引いて分離することです。まだ見ぬ市場というのは、不確定なことばかりです。「どれ

くらいの市場規模が見込めるのか」「既存の大手の縄張りに抵触することはないか」「参入が容易で過当競争に陥ることはないか」。市場自体が存在していないため、確かな分析をすることはできません。

このような状況で競合企業と真っ向勝負するのは得策ではありません。スタートアップとしては、自らのアイデンティティと企業の境界を明確にして、脅威をもたらす存在ではないことを示すべきでしょう。

たとえば、競合となりうる企業にパートナーになってもらえれば、競争を回避すると同時に市場の創出を加速できます。具体的な方法はいくつかあります。その1つが、既存のリーダーに対して共闘するようなポジションを取るというものです。

これは、「アンチリーダー・ポジショニング」と呼ばれます。非常に強力なリーダー企業が近接市場を支配している場合、スタートアップはリーダー企業に対抗するために、他の企業に連携しようと声を掛けることができます。声を掛けられた企業としては、リーダーの力を削ぐために、このような連携に参加してくれるかもしれません。

特にもし、これから生まれる市場がリーダーにとって魅力的になりそうであれば、一人勝ちを防ぐために他の企業らは、呼びかけに参加してスタートアップを支援してくれることでしょう。

サントスらは、アライアンスパートナーも潜在的なライバルとなりうることに言及します。役割分担を明確にし、利益をうまく分け合える構造をつくっておくことによって、競争を遅らせ、有利な産業構造をつくることができるのです。

③ 区別された市場を制圧する

最後のステップは、市場の制圧です。たとえ新しい市場を立ち上げても、そこで独占的な利益を生み出すことができなければ意味がありません。マーキングした縄張りがライバルたちに荒らされないように、しっかりと準備をしておく必要があります。

スタートアップが、これを実現する方法はさまざまですが、最も効果的な方法の１つが買収（M&A）です。その目的は、３つに分けて整理することができます。

- 競合モデルを排除する。
- カバーする領域を拡大する。
- 既存企業の参入を阻止する。

▶ 競合するビジネスモデルを排除する

　新興市場では、さまざまなビジネスモデルが乱立するものです。その中には、当該スタートアップにとって厄介なもの、相性が悪いものも含まれることでしょう。このような場合には、脅威の芽が小さいうちに競合するビジネスモデルを買収して排除するという戦略が有効です。

　大切なのは、脅威とならないように、早い段階で摘み取っておくという点です。たとえライバルの経営資源やビジネスモデルが自社にとって必要でなくても、M&Aを仕掛けて制圧しておきます。

　もちろん、その意図は伏せておくべきでしょう。買収される側としては、破壊されるために買収されたくはないはずです。また、そうだとわかれば、価格を釣り上げてきます。あくまで、ターゲット企業のビジネスモデルや経営資源が必要だから（言い換えれば補完関係があるから）と口説くべきです。

▶ カバーする領域を拡大する

　スタートアップ起業家の見込みが正しければ、新興市場の範囲は急速に拡大していくことでしょう。地理的な広がりはもちろん、ある顧客層から別の顧客層へと、利用者も拡大していくはずです。

　このときに大切なのは、その拡大に合わせて自社の領域を広げることです。小規模であってもライバルを買収すれば、市場のカバー率を高めるこ

とができます。つまり、自社の領域を広げるためのM&Aです。

ここで大切なのは、自社との補完的な領域を担っている企業を買収することです。そして買収を通じてプレゼンスが高まれば、「○○といえば××」というような存在になれます。

▶ **既存企業の参入を阻止する**

最後は、既存の大手企業の新規参入を阻止するためのM&Aです。既存大手は、スタートアップを買収することで、新興市場に容易に参入することができます。もし、そのスタートアップの技術と大手の経営資源（販売チャネルや補完技術）との組み合わせが脅威となるのであれば、そのスタートアップが大手に買収されないように、先んじて手を打っておくべきです。

たとえそのライバルが単独では脅威にならなかったとしても、買収を検

図表14-1 | 市場と企業の成長を同期化させる3ステップ

---

① **市場の存在を主張する**
・他の世界でよく知られた認知モデルでたとえる
・市場内の卓越性を示すリーダーシップを発揮する
・象徴的な物語を伝えることで企業と市場の認識を高める

② **市場の境界線を引いて明確に分離する**
・パートナー契約を結んで利益を分け合う
・株式を取得してもらう
・既存のリーダーに対して共闘するポジションを取る

③ **区別された市場を制圧する**
・競合モデルを排除する
・カバーする領域を拡大する
・既存企業の参入を阻止する

（出所）Santos and Eisenhardt（2009）より作成

討する必要があります。主たる目的は、大手企業がそのスタートアップを買収することによる参入を阻むことです。極端な話、買収したライバルの経営資源は活用できなくてもよいわけです。

以上、新興市場において支配力を高めるための方策を3つのステップに分けて紹介してきました。一覧すると、図表14-1のようになります。

それでは実際の起業家は、どのように組織の境界を決定しているのでしょうか。境界が定まっていくプロセスに注目することで、その実態に迫ります。

3 ［事例］低空域におけるドローンの運航管理システム Terra Drone

▶ 空飛ぶクルマがぶつからない

「スター・ウォーズ」や「バック・トゥ・ザ・フューチャー」に登場する空飛ぶクルマは、低空域を縦横無尽に往来しています。なぜぶつからないのでしょうか。まるで見えないハイウェイが存在しているかのようです。おそらく、飛行を管理するシステムがあって、定められた航路から逸れないように管理しているに違いありません。

それが、低空域の運航を支える「空のハイウェイ」です。

このような世界が現実になりつつあります。ドローンの世界ではすでに、空のハイウェイについての制度が検討されてきています。そして、それを実現しようとしているスタートアップが存在するのです。

中国では、この領域は「低空経済」と呼ばれています。これはまさに「空のブルーオーシャン」です。そして実は、この事業セグメントのトップを走っているのは日本企業なのです。それが連続起業家の徳重徹さんが率いる、Terra Drone株式会社（以下、テラドローン）です。彼らは、ヨーロッ

パと米国のスタートアップ事業者をグループ会社に収め、日本発のグローバルプラットフォーマーになろうとしています。

▶ **ソリューション事業**

テラドローンは2016年、連続起業家の徳重徹さんによって設立されたドローンカンパニーです。その前進は先駆的なEV三輪車で業績を伸ばしたTerra Motors（テラモータース）でした。グローバルカンパニーとして大きな成長を成し遂げるために分社化を行い、ドローン事業に参入したのです。

テラドローンの事業の柱は、2つあります。

その1つは、ドローンを用いたソリューション事業で、さまざまな産業に展開しています。たとえば国内の点検事業では、電力・石油化学業界を中心に、煙突・タンク・ボイラーなどのインフラ設備の点検を実施しています。オリジナルのハードとソフトを開発し、オペレーターとして実際に現地に入ってサービスを提供しているのが特徴です。

ドローンといえば、中国のDJIが有名ですが、同社は産業に入り込んだソリューションを積極的には提供していません。そのビジネスモデルは、高性能な汎用機を安く大量生産するというものです。用途に合わせてカスタマイズするという高付加価値のビジネスには消極的なようです。

対してテラドローンは、農園に農薬や肥料の散布をするというサービスも行っています。海外の巨大なパーム油を生産している農園が主なターゲットで、たとえば、1つの農地が約5000ヘクタールもあるインドネシアでも事業を展開しています。

高性能なハードとソフトが必要で、腕の立つパイロットがいないと、うまく散布できないようなところでこそ、サービスの品質が際立ちます。難しい用途でこそ利益を出すことができるので、付加価値を高められる領域に力を入れています。

テラドローンは、リモートセンシング・サービスプロバイダーズの世界

ランキング[2]において、3年連続で2位の実績を誇っています。2024年は、4年ぶりに世界1位に返り咲きました。

▶ 運航管理システム

テラドローンのもう1つの柱は、UTM（運航管理システム）と呼ばれるプラットフォームサービスです。いわば、低空域にドローンが通るハイウェイを整備して運航管理するサービスです。

高い高度の空は、航空管制システム（ATM）によって飛行機が安全に航行できるようになっています。飛行機が自動運転で飛行していたとしても、位置や高度が管理されているので、衝突することはありません。同様に低空域に多くのドローンが飛び始めると、安全面からも同様のインフラのようなものが必要になってきます。それがUTMなのです。

ヨーロッパではEU全体でルールづくりが先行したこともあり、UTMに関する規制整備が進んでいます。たとえばUniflyは、ヨーロッパ諸国とカナダなど、8カ国以上でUTMのシステムを実装・提供した実績があります。徳重さんは、この会社に注目してテラドローンの子会社にしたのです。徳重さんは言います。

> 「UTMは、われわれがリードしています。先ほどのランキングで、もしUTMのカテゴリーがあれば、テラドローンが世界1位です」

UTMを使えば、ドローンがどこに飛んでいるかを把握することに加え、飛行機やヘリコプターの位置を画面上に映し出すこともできます。UniflyのUTMは、すでにプロダクトとして世界中に展開しています。

2　Drone Industry Insights によるランキングづけ。

写真14-1 | Uniflyの運行管理システム

ドローンやエアモビリティの
「空の道」イメージ

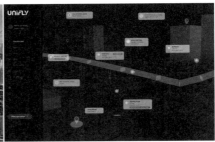
地球上のドローンの位置や
高度を画面上で把握し、遠隔から管理できる

（出所）テラドローン

▶ 低空域経済圏のインパクト

　地上から空を眺めたとき、モビリティにかかわる事業機会が広がります。地上では自動運転が話題になっており、空にはすでに飛行機が飛んでいます。そして、その上の宇宙は大変な注目を集めています。

　特に、地上の自動運転と宇宙ビジネスへの注目度は高く、世間から「すごいことが起こるぞ」と思われています。実際、宇宙ビジネスでは、たとえ営業赤字が膨大でも、時価総額が1000億を超えるスタートアップも存在します。曖昧な新興市場においても、「市場が生まれる」と認識されている証拠です。

　しかし、地上と宇宙に挟まれた低空域はどうでしょうか。たとえば、飛行機が行き来する高度よりもずっと低い、ドローンで考えると、地上から150mぐらいまでの領域が挙げられます。徳重さんは、ここがまだ十分注目されていないことに気づきました。

　「パッと見上げたときの、低空域の経済がガラ空きなわけですよ。それをなぜ使わないのかという話ですね。もったいないでしょう。空いてい

る領域があれば有効活用すべきです」

　近年、中国はそこに力を入れようとしているようです。中国の国家戦略としても、新しい技術を活用できる領域で米欧をリードしたいはずです。自動車でいえば、内燃機関のガソリンエンジンではなく、環境に優しいといわれる電気自動車（EV）に力を入れています。米欧企業にすでに抑えられている領域ではなく、新技術によって生まれる、新しい事業領域に力を入れようとしているのです。

　すでに高空域は、ボーイングやエアバスなどの航空機産業の影響力が強大です。しかし、低空域は、世界的に見ても、まだ支配者が存在しているわけではありません。中国企業は、この未開拓な空間で覇権を取りに行こうとしています。ドローンや空飛ぶクルマが普及するようになると、この領域の経済は急速に発展することでしょう。

　「インドネシアのジャカルタとかタイのバンコクって、渋滞がすごいじゃないですか。だから、空を飛んで行ければ便利ですよね。空飛ぶクルマというと、なかなか実現しない印象もありますが、たとえばホンダにエアバス、ブラジルにあるエンブラエルの子会社がアーバンエアモビリティをつくっています。つまり、飛行機会社が本腰を入れたら、空飛ぶクルマも開発できると思います」

▶ 市場の成長と同期化させる3ステップ

　徳重さんは、ドローン黎明期からどのように市場を創造し、自社の支配力を高めようとしてきたのでしょうか。先に紹介した3つのステップに照らし合わせて検討してみましょう。

① 何かにたとえて市場の存在を主張

　まず、徳重さんはECビジネスを引き合いに出しながら、新しい市場が

生まれると主張しました。徳重さんは、その様子がインターネットの黎明期とそっくりだと言います。当初は、インターネットもドローンもビジネスになるとは考えられていなかったのです。

ソリューション事業では、「パソコン」「ハード」「アプリ」「システム」といった言葉を用いながら自社のアイデンティティを示しました。

「要はパソコンだと思ってもらえればよいのです。パソコンにはハードがあるのですが、その後、アプリケーションレイヤーが市場にどんどん増えていきました。ハードがあってシステムやサービスが乗ってくる。ドローンも同じなので、僕たちは、最初からソリューションで勝ちますと説明していました」

また、UTMについても、すでに説明したように「ハイウェイ」「インフラ」といったよく知られた言葉を使用しています。ソリューションもUTMも、よく知られた言葉を用いて新しい市場をイメージしてもらいました。

② **共闘関係で棲み分ける**

次に、徳重さんは、新しく生まれつつある市場に境界線を引きました。大手のDJIと真っ向勝負することなく、うまく棲み分けできるような境界線です。市場関係者にも、そのことを伝え、自らのアイデンティティと企業の境界を明確にして、棲み分けていることを示しました。

「ドローンメーカーのDJIは、そもそもUTMをやっていません。その意味でセグメントが違います。ソリューションにしてもUTMにしても、私たちは彼らとは違う事業領域でビジネスをしています。そこは競合しないようなセグメントを最初から選んでいました」

そして、自社のソリューション事業とUTMプラットフォーム事業を強化するために、他の企業に「一緒に世界をつくろう」と呼びかけ、仲間に引き入れました。これは「既存のリーダーに対する共闘関係」を打ち出したわけではありませんでしたが、結果的に、競合となりうる企業にもパートナーになってもらえました。これによって競争を回避すると同時に市場の創出を加速できるようになりました。

③ M&Aによるプラットフォームづくり

　最後に、徳重さんはM&Aによってソリューションとプラットフォームを強化していきます。

　徳重さんは、ドローンというものは、伝統的な産業で活用してもらうことで大きな価値を生み出せると考えています。石油、電力、物流、農業などはその典型で、人に依存してきた業務や危険な業務をドローンが肩代わりすることで、大幅なコストダウンが見込めます。

　ただし、国や業種ごとに特性の違いがあるので、ぴったりのソリューションを提供するためには、現地のパートナーの協力が必要です。テラドローンは、解決すべき課題とソリューションを適合させるために、現地企業をM&Aします。徳重さんは次のように言います。

> 「現場をちゃんと理解しているパートナーと組めば、顧客の困りごとに寄り添えます。だから、そういうドローン企業をM&Aすることがきわめて重要です」

　テラドローンは、一定の技術を備えながらも現場に精通している会社をM&Aします。技術が不足しているのか、マネジメント力が不足しているのか、あるいは組織文化に問題があるのかを見極め、不足を補うわけです。これによって割安な価格でM&Aした企業の競争力を高めて、その市場を抑えることができます。

ただし、UTMのM&Aは難易度が増します。徳重さんはテラドローンを設立して、わずか半年後には、世界中を飛び回ってUTMの重要性に気づきました。すでに米国とベルギーとイギリスにUTMスタートアップがありました。相当進んでいたので、テラドローンが追いつくことはできません。

　そこで、それぞれの国と地域を代表する３つのスタートアップの中で、最もテクノロジーが優れていて、企業価値も高いベルギーのUniflyに注目しました。ベルギーでは４分の１以上の株を保有する株主は拒否権行使できるので（日本は３分の１）、当初は25％以上の出資は受け入れられませんでした。そのため、５億円（24.9％）を出資することにしました。

　Uniflyはシードアーリーの会社でしたが、予想どおりに実績を上げて頭角を現します。そのとき、新型コロナウイルスが世界中に蔓延して航空産業が壊滅的になり、Uniflyも資金繰りに困るようになりました。徳重さんは、これまでの経験を活かした巧みな交渉術で、最終的には51％の株式取得に成功したのです。

　ヨーロッパを抑えることができれば、中東にも展開しやすくなります。そこで、米国市場を取りに行くために、米国で最もプレゼンスがあるUTMの会社であるAloftをパートナーに迎え入れました。タフな交渉を重ねた末、無事、３分の１以上の株式を取得できました。

　こうして徳重さんは、グローバルで「UTMといえばテラドローン」というアイデンティティの礎を築いたのです。

4 破天荒でも理にかなう

　テラドローンの徳重さんの市場と産業のつくり方は、破天荒でありながらも学術理論のポイントを抑えています。企業の境界を巧みに定め、競合と棲み分けつつ、自らのアイデンティティと市場を重ね合わせて成長させ

ているのです。

　徳重さんはまず、黎明期のパソコンやインターネットの経験に照らし合わせ、ハードウェアのレイヤーの上にあるアプリケーションやソリューションのレイヤーに商機があると見抜きました。しかも、高付加価値をもたらす、伝統的な産業に向けたソリューションや、広大な農園での農薬散布などに絞り込んでいます。

　そして次に、そのソリューションのベースとなるUTMのレイヤーをM&Aによって抑え、グローバルプラットフォームを構築しようとしています。

　企業の境界と事業領域を明らかにすることで、過当な競争を避けて仲間を増やすことができます。アイデンティティが明確なので市場関係者から期待されることでしょう。実績が実績を生み、アピールできる材料が揃います。

　Uniflyのような卓越したプラットフォーマーでない限り、単独で上場できる企業は限られています。だから、「われわれと一緒になって上場しましょう」という誘いに乗ってくれるパートナーが集まるのでしょう。また、力のあるドローンメーカーでも、「われわれと一緒になって、世界を変えていくんだ」というビジョンに共感し、協力してくれるのだと思います。

　サントスとアイゼンハートは、関係者に「これから新しい市場が生まれる」と信じてもらうためには、卓越したリーダーシップをとり、象徴的な物語を伝えることが大切だと述べています。徳重さんの行動も破天荒に見えますが、両教授の主張に合致しているのです。

第15章

ユニコーンとして成長するための正当性

公共の利益が自らの利益を決定すると言えなければならない。
この確信だけが、リーダーとしての唯一の正当性の根拠である。

――経営思想家 ピーター・ドラッカー

1 ツケ払いができる存在になる

▶ 正当性は貴重な資源

　本書の冒頭で、スタートアップが成長の3段階をクリアしていくためには、国の助成機関、ベンチャーキャピタリスト、そして、機関投資家などから高い評価を得る必要があると述べました。

　スタートアップが評価額10億ドル以上のユニコーンになるためには、そして、将来さらに成長するためには、社会から正当な存在として認められる必要があります。

　正当性はスタートアップにとってとても貴重な資源です。正当性があるということは、社会から受け入れられ、適切で望ましい存在として認められるということです。正当性がなければ、人も資金も情報も集まってきません。

　「正当性はスタートアップが抱える負債に対する解毒剤となりえる」[1]と言われるのです。

▶ いつまでも甘えは通用しない

　通常、企業というのは、十分な利益を上げて従業員や株主に還元できない限り、社会から正当な存在だと認められません。

　裏を返せば、実績がないスタートアップは、社会のお荷物と思われても仕方がないのです。起業家としては「私たちは大丈夫、将来にツケておいて」という感覚なのかもしれません。しかし、うまくアピールできなければ、誰も「わかった」と言ってはくれないでしょう。

1　Stinchcombe（1965）.

今でこそイノベーションの担い手として期待されているスタートアップですが、いつまでも将来性への「甘え」が通用するとは限らないのです。

この章では、ユニコーンクラスの信頼を勝ち取り、大きく成長するための方策について考えていきます。すなわち、「社会から望まれる存在」になるにはどうすればよいのか、正当性を高めるための戦略について検討します。

2 正当性の源泉を理解し、働きかける

▶ 好循環を作動させる

今から20年以上昔になりますが、ミシガン大学のマーク・ジマーマン教授とテンプル大学のジェラルド・ゼイツ教授は「生き残りを越えて──正当性の確立によるベンチャーの成長」というタイトルの論文を世に出しました。[2]

この論文で、彼らは正当性と成長性についての包括的な因果関係図を提唱しています（図表15-1）。この図において、起点となるのは正当性を高めるための戦略です。その内容は後述しますが、この戦略がうまく機能すれば「正当性」が高まります。

正当性が高まれば、スタートアップは必要な資源を持っている関係者たちにアクセスすることができます。資本、技術、人材、顧客の支持、人脈などにかかわる「経営資源」を得る機会が生まれるのです。

正当性によって経営資源が得られれば、スタートアップの「生存」を可能にしてくれます。それと同時に、成長の好循環を作動させることができ

2　Zimmerman and Zeitz (2002).

図表15-1 | 正当性獲得の好循環

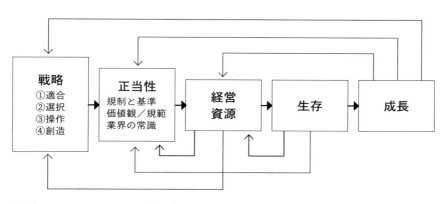

（出所）Zimmerman and Zeitz（2002）p.415 より作成

ます。資源の獲得が実績となって正当性が高まります。豊かな経営資源を背景にした追加的な戦略もとりやすくなります。そして、「生存」できた証により、正当性がますます高まると同時に、資源が集まりやすくなります。

　この好循環を繰り返していくうちに、「成長」の可能性は高まります。売上成長、組織の拡大、技術の向上などで進展があれば、ますます社会からの期待が高まり、先の好循環が強化されます。こうして、大きな飛躍を成し遂げることができるのです。

▶ **正当性を高める4つの戦略**

　このような好循環の起点となるのが、正当性を高めるための戦略です。

　正当性というのは、社会の中で、ある行動が望ましい、あるいは適切であるという一般化された認識です。[3] 規制や基準から判断されることもあれば、価値観や規範とのかかわりで評価されることもあります。あるいは、業界の常識と照らし合わせて判断されることもあるでしょう。

3　Suchman（1995）p.574 を簡略化して説明。

正当性の性質がわかれば、何にどう働きかければよいかも見えてきます。力も資源も持ち合わせていないスタートアップは、どのようにして正当性を高めればよいのか。ここでは、そのための方法を4つ紹介します。[4]

① 経営環境への適合

これは、ルールに従い、社会の要求や期待に合わせることによって正当性を確保する方法です。この戦略をとるスタートアップは、既存の社会のあり方を変えようとしたり、疑問を投げかけたりしません。違反せずにしっかりと従います。

経営環境への適合は、既存のあり方が当然視されている状況において最も効果的です。通常、スタートアップには、既成の社会構造に挑戦する力や資源はありません。何が白で何が黒か、価値観や規範が明確で規制がすでに確立されているような業界では、適応戦略が基本となります。

② 経営環境の選択

何が正当であるのかは、国や業界によっても違うものです。スタートアップは、自らの活動のあり方が受け入れられる国や業界を選ぶことで正当性を高めることができます。ルール、規範、価値観などが、自社のビジネスに合致する環境が選べる場合、選択は効果的な戦略となります。

ある地域で活動するだけで、正当性が高まるようなこともあります。シリコンバレーで活動していれば、ITをはじめとした先端テクノロジーに強いスタートアップだと思われることでしょう。バイオや医薬であればボストン、金融であればニューヨークと、場所に由来する正当性もあるのです。

③ 経営環境の操作

これは、会社と環境が調和するように環境に働きかけるという方法です。

4　Zimmerman and Zeitz（2002）.

自社の特徴が活きるように環境を変化させるのがポイントです。先の２つが環境を与件にしていたのに対し、この方法は環境を与件とせずに、動かしうるものだと考えます。経営環境の操作には、スタートアップが自らの特徴が活かせるように特別な支援基盤を開発することなども含まれます。

　当然ながら、スタートアップ自体には、経営環境を操作できるだけの力も資金もありません。それゆえ、より大きな企業や団体と組むことで影響を及ぼすというのが基本です。社会的使命を掲げて、行政組織などとコンソーシアムを組むのも１つです。ベンチャー企業からなる業界団体をつくるという方法もあります。

④ 経営環境の創造

　まったく新しいチャンスを発見し、いざ展開しようというときに、その新しい市場にルール（規制や規範）が欠如していると気づくことがあります。いわゆる規制の空白だとかグレーゾーンと言われる領域です。このような場合、スタートアップは新しいルールや価値観を植えつけて、自らの正当性を確立しなければなりません。

　パイオニアの役割を果たすことができれば、フォロワーたちが後に続き、その基盤はより強固なものとなります。インターネット時代には、ドットコム企業は利益そのものよりも、成長性と市場シェアこそがVCにとっての投資基準になる、という新しい考えを広めました。民泊やライドシェアでも、新しい価値観とともにルールが改定されました。

　先端を行くスタートアップは、時に、政府の規則や規制を作り出すことさえあります。海外の事例や技術の可能性を説明し、政府関係者に働きかけ、望ましい規制を共につくり上げていくという方法です（第４章を参照）。

　以下では、経済社会の要請にうまく対応した企業を紹介します。それは、既存のあり方に疑問を投げかけつつ、既存の規制や規範に適合してイノベーションを生み出したスタートアップです。彼らは正当性を高める４つの戦略をうまく組み合わせて正当性を高めていました。

3 [事例]新素材と資源循環で社会を変える
TBM

▶ 小さな巨人

ビジネスにおける革命の多くは、小さな製品やサービスがきっかけとなって生まれるものです。アップルはiPodで音楽の流通革命を引き起こし、テスラはモデルSで電気自動車へのシフトを加速させました。

今でこそ革命の担い手として活躍するアップルやテスラですが、最初から巨人として君臨していたわけではありません。いわば、小さな巨人として周囲を巻き込み、イノベーションを引き起こしたのです。

日本にも両者に通じる小さな巨人がいます。環境配慮素材LIMEX（ライメックス）をてこにして、経済社会のインフラを一変し、地球上のサスティナビリティに貢献しようとする株式会社TBMです。その名は、Times Bridge Managementの頭文字をとったもので、「何百年後も継承され人類の幸せに貢献できる事業を起こしたい、時代の架け橋になるような会社をつくりたい」という想いが込められています。創業時から同社を率いるのが山﨑敦義さんです。

彼らの哲学はLess is Moreの持たざる経営で、バランスシートを軽くして、すでにある設備やインフラを最大限に活用して社会にインパクトをもたらす、というものです。どのようにして社会に認められて、ユニコーン企業になったのでしょうか。ここではTBMのビジネスモデルに迫ります。

▶ 新素材でカーボンニュートラルに貢献

TBMは、エコノミーとエコロジーを両立させる新素材として、グローバルな規模でLIMEXの普及に取り組んでいます。LIMEXとは、TBMが開発した石灰石やCO_2に由来する炭酸カルシウムなどの無機物を主原料と

写真15-1 | 多様なLIMEX製品

(出所) TBM

した環境配慮素材です。

プラスチックに代替することで、石油の使用量を削減し、CO_2の排出を抑制してカーボンニュートラル社会にも貢献できるのです。また、紙をつくるには水資源がたくさん必要ですが、LIMEXをつくる際には、ほぼ水を利用しないため、水の使用量を大幅に削減できます。木材も使わないので、森林を破壊することもありません。

LIMEX素材は、印刷物や袋、食品容器、文具、玩具、生活雑貨、包装、ラベルなど紙製品やプラスチック製品の代替として活用されています。たとえば、名刺、ショッピングバッグ、カレンダー、クリアファイル、メニュー表、食品容器、アメニティ用品などに活用されています。経済社会の規範に適合した事業活動といえます。

この素材が、世界的にも普及しているのはなぜでしょうか。最も大きい理由の1つは、既存のプラスチック成形設備をそのまま使えるようにした点です。TBMは、原材料をLIMEXに入れ替えれば、プラスチック製品の代替がつくれるように、LIMEXのレシピを開発しました。

プラスチックの形づけは、真空成形、射出成形、ブロー成形、ならびにインフレーション成形などさまざまあるのですが、既存の設備でLIMEXを使うことができます。それぞれの方法に合ったレシピが開発されている

からです。大きな投資をせずにLIMEX製品をつくれるということで、広がっていきました。山﨑さんはこの点について、次のように説明します。

「海外の機械でもストレスなくつくれるので、工場を所有せずにLIMEXの生産拠点を増やし、製造業としての活動ができる。ここがうちの技術の強みでもあるんですね。この点を評価していただいて企業価値も高まりました。日本でも世界でも普及させるために、レシピ開発と知財開発を一生懸命やってきました」

▶ リサイクル工場でサーキュラーエコノミーを実現

しかし、LIMEXを販売するとなると、その回収やリサイクルが話題になります。もし、リサイクルについての構想がなければ、顧客は望ましく思わないことでしょう。産業界では製品をつくるときのCO_2削減だけではなく、使用後のリサイクルへの問題意識も高まっています。資源循環の仕組みまで考えたうえで、素材開発に取り組んでいるという姿を見せなければ、社会の期待に応えられず、信頼は得られません。

このような時代の要請に適合するために、TBMは資源循環事業を始めました。カーボンニュートラルに貢献できるLIMEX素材を普及させるためには、それを回収・循環していく仕組みが必要です。それが、サーキュラーエコノミーの実現をめざした資源循環の取り組みです。

「LIMEX事業と資源循環事業の両方を走らせることで、サステイナビリティが実現します。だから、われわれは資源循環事業に着手しました。カーボンニュートラルに、サーキュラーエコノミーを掛け合わせて相乗効果を狙いました」

▶ **最初から構想はあった**

リサイクルについては、LIMEX素材の開発当時から社内でも検討が進められていました。しかし、当初は「国内のインフラは整っているからそれに乗ればよい」「新素材のLIMEXもパートナー企業が扱ってくれるはずだ」と考えられていたそうです。

しかし、実際に新素材のリサイクルを進めようとすると、さまざまな調整が必要になり、話は前に進みませんでした。LIMEXと一般のプラごみの分別など、いくつか解決しなければならない問題が明らかになったのです。山﨑さんは、逆にこれをチャンスとして捉え、マテリアルリサイクルのプラントを自力で立ち上げることにしました。

「後で誰かがやってくれるという発想では社会に浸透させていくことはできません。自分たちでやらなきゃダメだという覚悟を決めました」

インフラをつくっていくとなると、より大きな資金が必要になります。なぜ、山﨑さんはリサイクル事業への参入を決めたのでしょうか。この決断の背景には、世界的な規模での環境意識の高まりがありました。

▶ **真のリサイクルに向けて**

日本が主軸としているのは、廃棄物を焼却してエネルギーを生み出すという熱回収です。これは世界から見ると、純粋なリサイクルとは見なされません。本来のリサイクルは、廃棄物を新たな製品の原料として再資源化するマテリアルリサイクルのことを指します。

日本のマテリアルリサイクルは、その多くを海外に依存してきました。廃棄物の約半分を海外に拠出し、海外でマテリアルリサイクルしたものを、自国のマテリアルリサイクル率にカウントしていたのです。

ところが、2021年のバーゼル条約の改正でこれが問題視され、海外での

写真15-2 | TBM横須賀サーキュラー工場

使用済みのプラスチック、LIMEXの選別ライン

(出所) TBM

搬出処理が難しくなりました。日本政府は方針を転換し、2030年に向けてプラスチックの再生利用を倍増させていく計画を表明しました。日本経済全体として、今まで熱回収していたものを、マテリアルリサイクルなどの方法で再生利用しなければならなくなったのです。

　TBMはこの規制に適合すべく、マテリアルリサイクル事業を立ち上げて、一般のプラスチックの再生利用の事業を始めました。そして、そこにLIMEX製品を選別してリサイクルできる仕組みを組み込んだのです。

▶ リサイクルプラントの立ち上げ

　もともとTBMは、神奈川県とリサイクルを推進するコンソーシアムを立ち上げていました。それは、LIMEXの使用から回収・再製品化までを推進するためのものです。この事業構想を発展させるような形で、横須賀市に工場を設立し、LIMEXの普及・リサイクルを進めながら、容器包装プラスチックと製品プラスチックを一括回収することにしました。

　TBMの横須賀サーキュラー工場は2022年11月に竣工され、順調に稼働しています。廃プラスチックのほとんどは、自治体や地元の産業廃棄物業者を経由して運び入れられます。焼却してエネルギーを生み出すという熱

回収ではなく、「モノに生まれ変わる」というマテリアルリサイクルです。この点が、現場でも喜ばれているそうです。

　搬入された廃プラスチックには処理費用が支払われるので、ビジネスとして成り立ちます。自治体としては、今までお金を払って燃やしていたものが別の形に生まれ変わるのですから、循環経済にも貢献できます。

　TBMがパートナーとして選んだ自治体は、神奈川県や横須賀市にとどまりません。東日本大震災で被災した地域など、SDGsに積極的な自治体を戦略的に選択して実績を積み上げていきました。

▶ 収益の上げ方

　家庭から出る廃プラスチックについては、一般廃棄物として行政によって回収され、指定業者に届けられます。そこでマテリアルリサイクルされれば、その分量に応じて処理費用を徴収できます。

　その処理費用は、日本容器包装リサイクル協会への委託金から捻出されます。容器包装リサイクル法で、プラスチックの容器包装を使っているメーカーは、同協会に委託金を収めることになっています。そこから捻出されるので、事業基盤は安定しています。

　一方、会社や工場など事業所から出る廃プラスチックは産業廃棄物です。これは、ビルの管理会社らが収集運搬業者に手渡し、処理費を支払って焼却してもらうのが一般的です。しかし、その産業廃棄物をTBMに運び入れることができれば、マテリアルリサイクルすることができます。

　これらに加えて、TBMは工場におけるモノづくりの過程で出てくるマテリアルの引き取りも行っています。金型などでプレスしたときに残る端材は、廃棄されることもあるのですが、良質なプラスチックです。一定量安定的に出てくるので、TBMが買い取ることにしています。

　集められたプラスチックは、リサイクルによって再製品化されます。この事業計画が評価され、TBMは環境大臣および経済産業大臣認定を取得することができました。

図表15-2 | TBMのビジネスモデル図解

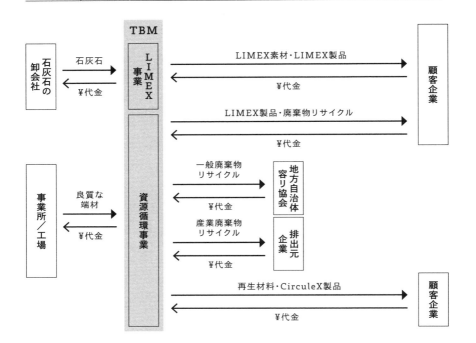

　横須賀のリサイクル工場は、1つの規範的な取り組みとして認知されるようになりました。「うちでもやりたい」と関心を持つ自治体が増えているそうです。

▶ 国外への横展開

　山﨑さんはグローバル展開にも意欲を見せています。LIMEXは世界で利用され始めているので、リサイクルのインフラを整備する必要があります。国内で実績をあげた廃プラごみも含めたリサイクル事業の輸出を進めようとしているのです。
　しかし、これはインフラにかかわる事業なので、一筋縄ではいきません。廃棄物の処理方法というのは、国によって違いがあるからです。たとえば、

途上国ではメーカーからの委託金から処理費用を捻出するという仕組みが整っていません。日本でいう容器包装リサイクル法のようなものが存在しないのです。

政府がルールをつくるのを待っているのでは遅すぎます。委託金のような制度を整えるには時間がかかります。それゆえ、民間の資金で経済合理性を担保しながらリサイクルしていく方法を考える必要があるのです。

なぜ、東南アジアを含めた国々で海洋プラスチックの問題が出るのか。山﨑さんは、社会インフラがないから、不法投棄が増えると考えています。そして、もし社会的な責任のある企業が力を合わせて連携すれば、解決できると言います。

「国や政府が変わっていく前に、その仕組みをつくって先導すれば、その後、国もルールをつくって整備できる。国の動きを待ってからやっていたのでは、たぶん間に合わないと思います」

山﨑さんは、「起業家ならではの発想」をすることで、「スタートアップに固有の社会的役割」を果たせると考えています。時代の先取りをする事業活動によって、業界の規範を打ち立て、規制のあり方をリードし、事業環境を創造していこうというスタンスです。

▶ 持たざる経営

それでは、世界にリサイクル工場を建設するのに必要な資本はどうするのでしょうか。

TBMは、持たざる経営を徹底させます。具体的には、特別目的会社（SPC）をつくって投資家から資金を集めます。そしてTBMがその会社に工場の設備を販売して、操業するというビジネスモデルです。TBMは資産として保有せず、工場の運営を担っているため、バランスシートは重くなりません。横須賀サーキュラー工場も、BS（貸借対照表）に計上しない

ように工夫されています。

　TBMは研究開発型のディープテックだと思われがちですが、山﨑さんはそれ以前に自分たちを「商売人」だと言い表します。いわく、「お金の怖さ、お金の力、お金のありがたみを実感して苦労しているからこそ、熟知している自負がある」というのです。

　持たざる経営によってインフラ事業を拡大していくという戦略は、VCや機関投資家にとっても、望ましい経営であることは間違いありません。

4　適合・選択・操作・創造

▶ **戦略を組み合わせて進化する**

　TBMの事例を見ると、①経営環境への適合から始め、②経営環境の選択と③経営環境の操作を組み合わせて実績を出し、最終的に④経営環境の創造にも挑む、という進化のプロセスをたどっていることがよくわかります。

　まず、SDGsが叫ばれる現在において、環境配慮素材LIMEXを開発してカーボンニュートラルを実現することで、①経営環境への適合を実現します。しかも、この素材は既存の設備をそのまま使うことができるので、投資家たちからも支持されます。

　さらに、TBMは既存の社会インフラを活用してリサイクルを実現しようとします。工場を建設するにあたっては、②経営環境の選択をして、それを応援してくれる自治体から協力を得ています。

　そして、LIMEXの使用から回収・再製品化までを推進するコンソーシアムを立ち上げ、プラ新法に基づくプラスチックの再商品化計画を策定したのです。③経営環境の操作をうまく進めたからこそ成しえた技です。

　この取り組みで原型となるモデルを立ち上げることができたTBMは、

他の地域や海外に横展開するための準備を進めます。規制が整備されるのを待つのではなく、民間の力によって規制をリードしようとするのです。これは、まさに、④経営環境の創造にほかなりません。

LIMEXのレシピにしても、SPCによる工場設置にしても、社会的にインパクトをもたらす事業を、TBMは軽快にやってのけます。だからこそ、社会から望ましい存在として認められ、投資家からも支持されるのです。

そして、このような戦略の組み合わせと進化が、スタートアップが直面するあるパラドックスに対処するヒントとなります。

▶ 正当性獲得のパラドックス

スタートアップが正当性を獲得する過程では、しばしばパラドックスが生じるといわれます。それは2つの矛盾するような期待を背負うというパラドックスです。

実績のないスタートアップが資源にアクセスし、成長するためには正当性が必要なので、ルールに従い、社会の要求や期待に合わせるように求められます。

しかし、その一方で、スタートアップはイノベーションを起こすことが期待されています。ある意味では、既存のあり方に挑戦し、別の新しいあり方を生み出すかもしれないと期待させることも大切なのです。

さて、ユニコーン級のスタートアップとなるためには、ときに、既存の社会構造に疑問を投げかけ、衝撃を与えなければなりません。業界の凝り固まった慣行に反し、既存の企業を刺激し、そして、これまでのあり方から矛盾するような製品・サービスを導入するのです。これが社会から支持されれば、イノベーションの担い手として正当性を獲得することができます。

TBMは、このパラドックスにうまく対応した企業のように思えます。すなわち、既存のあり方に疑問を投げかけつつ、既存の規制や規範に適合してイノベーションを生み出したスタートアップです。そこには正当性の4つの戦略についての巧みな組み合わせがあったのです。

第 16 章

ビジネスモデルを組み合わせる

世の中で、最も良い組み合わせは力と慈悲、
最も悪い組み合わせは弱さと争いである。
──政治家 ウィンストン・チャーチル

1 投資家と対話する

　ビジネスモデルを評価して必要な資金を提供するのは投資家です。投資家にとってビジネスモデルとは何なのか、企業の将来性を評価するにあたってどのような点に注目しているのか。この点を理解していなければ、資金調達もままならず、企業価値を高めることはできません。

　ビジネスモデルは、起業家と投資家の対話を促し、未来を切り開くためのツールです。上手に活用すれば起業家にとっての「強力な武器」となりますが、成長ステージによって描き方も違ってきます。グロース市場に上場した第3段階の成長ステージでは、投資家は企業の将来性を評価するにあたって、どのような点に注目するのでしょうか。

　この段階で投資家にとって大切なのは個別のビジネスモデルだけではありません。むしろ、その組み合わせ方にあります。私たちも投資家数名へのパイロット調査を行いましたが、そこでも「組み合わせ方が大切だ」という声が目立ちました。[1]

> 「日本企業というのは、ビジネスモデル全体で複数の事業をうまく関連させていたりするじゃないですか。まったく関連していない企業に対しては、ポートフォリオ改革を促すために、どのように整理するのかという対話をします」（投資家X）

> 「最初は単純なビジネスモデルの企業でも、規模が大きくなる過程で単一モデルでは成り立たなくなる。そのときにそこから派生していくのか、まったく違うものをビジネスとしてやるのか、どう変わるのかが対話の

1　本章は、井上・近藤（2023）を一部割愛して転載したものです。本調査に協力してくださった機関投資家の皆さまには改めて感謝申し上げます。

ポイントになります」（投資家G）

2 あなたならどこに投資する？

▶ 4つのうちどれを選ぶ？

ここに投資対象となる4つの会社があるとしましょう。いずれも、東証のグロース市場に上場するタイミングにあるとします。それぞれ、同じような業界・市場で異なるビジネスモデルによって事業活動を営んでいます。あなたが投資の優先度の順位を付けるとしたら、Company 1から4まで（C1〜C4）で、どのように順位づけるでしょうか。

C1は医療関連市場に対して1つのビジネスモデルを、C2は医療関連市場に対して、異なる2つのビジネスモデルを構築しています。C3は医療関連市場とフィットネス関連市場にそれぞれ同じビジネスモデルを展開し、C4は医療関連市場とフィットネス関連市場にそれぞれ異なるビジネスモデルを1つずつ展開しています（図表16-1）。

これら4つは、いずれもビジネスモデルを事業系統図として描いたものですが、それぞれが、ある組み合わせパターンの典型を示しています。

▶ 4つの事業系統図が示すもの

学術研究では、このような組み合わせはビジネスモデル・ポートフォリオとして議論されています。

その主唱者であるバレリー・サバティエ教授は、単一のビジネスモデルをレシピにたとえ、そのポートフォリオをディナーにたとえています。[2]

---

2 Sabatier et al.（2010）論文の原題は、"From Recipe to Dinner: Business Model Portfolios in the European Biopharmaceutical Industry" です。

図表16-1　投資対象となる4つの会社のビジネスモデル

C1の事業系統図

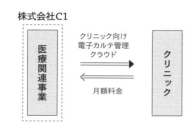

セグメントの名称	料金体系	事業概要
医療関連事業	月額料金によるストック型収入	クリニック向け電子カルテ管理クラウドサービスの提供

C2の事業系統図

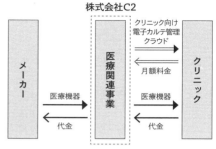

セグメントの名称	料金体系	事業概要
医療関連事業	月額料金によるストック型収入	クリニック向け電子カルテ管理クラウドサービスの提供
	機器販売によるフロー型収入	クリニック向け医療機器の販売

C3の事業系統図

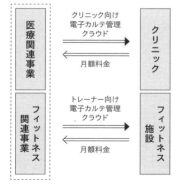

セグメントの名称	料金体系	事業概要
医療関連事業	月額料金によるストック型収入	クリニック向け電子カルテ管理クラウドサービスの提供
フィットネス関連事業	月額料金によるストック型収入	フィットネス施設向け電子カルテ管理クラウドサービスの提供

C4の事業系統図

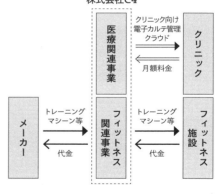

セグメントの名称	料金体系	事業概要
医療関連事業	月額料金によるストック型収入	クリニック向け電子カルテ管理クラウドサービスの提供
フィットネス関連事業	フィットネス機器販売によるフロー型収入	フィットネス施設向けフィットネス機器などの販売

第16章　ビジネスモデルを組み合わせる

論文タイトルも「レシピからディナーまで——欧州のバイオ製剤業界におけるビジネスモデル・ポートフォリオ」という洒落たものです。

　彼女らは、展開している市場と、そこで採用しているビジネスモデルの2つに注目して事例研究を行いました。その結果、1つの市場内で補完的なリソースを組み合わせるパターンと、既存のビジネスモデルの成功の論理を他の市場にも展開するパターンが有望だと結論づけています。

▶ ビジネスモデル・ポートフォリオの4類型

　私たちは、サバティエらの考え方を発展させて、「展開する市場数」と「収益モデルのパターン数」の多・少から、ビジネスモデルのポートフォリオを4つのタイプに分類しました。それが、「特化型（C1）」「融業型（C2）」「横展開型（C3）」「多角化型（C4）」です（図表16-2）。順に説明しましょう。

a. 特化型（C1）
「特化型」（少市場／少モデル）とは、特定の市場を特定のビジネスモデルで攻めるというタイプです。その典型は、プラットフォームなど、資本効率の優れたモデルに経営資源を集中させるような姿でしょう。当該事業が強ければ成長するのですが、事業のライフサイクルを超えて業績を伸ばすためには一工夫必要です。

b. 融業型（C2）
「融業型」（少市場／多モデル）は、少数の市場に対して多くのビジネスモデルを展開するタイプです。同一の顧客基盤に、関連サービスを提供するのがその典型です。顧客の嗜好や購買行動にかかわる情報が集まれば、それを関連するビジネスにも利用できます。市場シナジーが成長の源となりますが、シナジーが実現しなければ効率は落ちてしまいます。

図表16-2　ビジネスモデル・ポートフォリオの4類型

		収益モデルのパターン数	
		少ない	多い
展開する市場数	少ない	特化型	融業型
	多い	横展開型	多角化型

c. 横展開型（C3）

「横展開型」（多市場／少モデル）は、得意なビジネスモデルを確立して、それを複数の市場に展開するタイプです。得意とする儲け方、すなわち価値を創造して獲得するロジックが定まれば、[3] それを別の市場で再利用できるようになります。市場開拓がうまく進めばそのロジックを使い回して成長が見込まれるのですが、市場開拓に過大なコストがかかると業績は悪化します。

d. 多角化型（C4）

「多角化型」（多市場／多モデル）というのは、たくさんの市場（あるいは業種セグメント）でさまざまなビジネスモデルを展開するタイプです。リスク分散により安定性は高まりますが、経営資源を分散させることになるため、経営資源が限られているスタートアップ企業にとっては両刃の剣となります。戦略的に多角化した結果であればよいのですが、強みが明確に定められずにこのパターンに陥る企業も少なくありません。

3　ドミナントロジック（Prahalad and Bettis, 1986）のようなものが想定されます。

3　プロの投資家に聞いてみた

▶ **調査の方法**

　さて、あなたの投資の優先度の順位はどうだったでしょうか。ここで絶対の「正解」を提示することはできませんが、その代わり、プロの投資家たちがどのように順序づけたのかを紹介することはできます。私たちは、日本を代表する資産運用会社の機関投資家とベンチャーキャピタリストとお会いして、C1～C4の事業系統図について評価していただきました。

　対象は資産運用会社13社に勤務する調査協力者28人です。次に本調査として、その中から会社を代表する立場にあるシニアアナリスト6人、ファンドマネージャー5人、ならびにベンチャーキャピタリスト4人（合計15人）に仮想企業の4社のビジネスモデルについて、投資の優先度の評価をしていただきました。

　仮想企業の資料を作成したのは、他の要因を可能な限り排除（統制）するためです。同じビジネスモデルを同じ市場に展開していたとしても、それ以外の要因が評価を左右しうるものです。そこで、調査対象者には提供した情報以外は、すべて一定の条件であるという前提を説明したうえで、実験の性質を帯びたインタビューを実施しました。

① C1からC4までの4つの会社のうち、どれに投資したいと思いますか。順位を付けてください。
② その順位を付けた理由を述べてください。

▶ **実際の回答例**

回答例を１つ紹介しましょう。シニアアナリストのＡさんは、投資の優先順位として、１位はC3、２位はC2、３位はC1、４位はC4と回答しました。その理由については下記のとおりです（下線部は、注目すべき部分）。

「個人的に思っているのが<u>ストック型のビジネスのほうが優れたビジネスモデルだということです</u>。業績の安定性やリソースの組み方が良いので競合に対する優位性を維持しやすいと思います。一方で、卸売りはあまり付加価値が創出できているとは思えないので、<u>物流拠点とかにリソースを割くぐらいなら不要です</u>。

クリニック向けに１つのビジネスを行うC1が良いのか、フィットネス施設向けにも横展開するC3のほうが良いのかを考えたとき、<u>クリニック向けのクラウドサービスで獲得したデータをフィットネス向けのユーザーに使えて、この２つを横展開で連携させることが会社の強みになると思いました</u>。

<u>クリニック向けのビジネスに集中できている</u>ので、C2であれば卸売りのモデルにもそれほどリソースを割かずにできると思いました。C4になると<u>手を広げすぎで</u>、いろんなリソースが分散する。たとえば、営業担当者もクリニック向けとフィットネス向けに必要になり、卸売りの事業を持つなら物流設備も持たなければいけなくなります。大企業がやるならよいのですが、マザーズ上場レベルでここまで広げると、リスクが大きくなると判断しました」

Ａさんは、まず、ビジネスモデルの内容に注目し、ストック型のサブスクリプションのほうが優れていると判断しました。次に、クリニック向けの事業とフィットネス向けの事業が２つあることと、全体のポートフォリオにおいて事業間のシナジーの有無を判断しています。

第16章 ビジネスモデルを組み合わせる

その話しぶりから、普段からどのように判断しているのかがうかがえました。Aさんの説明は理路整然としていましたが、他の投資家たちも同様に、限られた時間で思考プロセスを再現してビジネスモデルを評価してくださいました。

▶ 投資家たちの発言を整理する

　私たちは、投資家たちの思考プロセスを分析するために、発言内容を「見える化」して整理することにしました。[4] 整理するにあたって注目したのが下記の5つの評価項目、すなわち、①ビジネスモデルの内容、②市場の内容、③ビジネスモデルの数、④市場の数、⑤シナジー効果です。

① ビジネスモデルの内容

　ビジネスモデルの内容とは、その企業の採用しているビジネスモデルの種類です。サブスクリプションモデルやプラットフォームモデルは高い成長性をもたらすといわれ、[5] 逆に、単純な小売モデルや物販モデルは相対的に低く評価されがちです。このような違いも勘案し、C1とC3はサブスクリプションモデル、C2とC4はサブスクリプションモデルと小売モデルの2つを展開する企業として設定しました。

② 市場の内容

　市場の内容とは、どの業種のどこの市場セグメントで事業を行っているかです。大切なのはその特徴であり、市場の不確実性、規模、成長性などが投資家の意思決定に影響しています。[6] 今回の調査においてはこれを統制するために、投資対象として注目されている医療・ヘルスケア分野の市場を想定することにしました。

4　Tyebjee and Bruno（1984）をルーツにする一連の研究を参照しました。
5　Cusumano et al.（2019）; Casadesus-Masanell and Zhu（2010）.
6　Shepherd（1999）; Shepherd et al.（2000）; MacMillan et al.（1985）; Tyebjee and Bruno（1984）.

③ ビジネスモデルの数

ビジネスモデルの数とは、何種類のビジネスモデルを採用しているかの数です。ビジネスモデルを増やせば、顧客とのタッチポイントやマネタイズのポイントが増えて成長できるかもしれません。[7] 図表16-1では、C1とC3は単独のビジネスモデルですが、C2とC4は2つの種類のビジネスモデルを組み合わせています。

④ 市場の数

市場の数は、その企業が展開している市場セグメントの数です。これが多いほど、成長の機会も大きくなりますが、必要とされる経営資源も大きくなります。C1とC2はそれぞれ1つの市場に、C3とC4はそれぞれ2つの市場に事業を展開しています。

⑤ シナジー効果

シナジー効果は相乗効果や補完効果のことです。IIRC（国際統合報告評議会）が提唱している国際統合報告フレームワークも、複数のビジネスモデルを持つ企業はモデル間のシナジーに関する解説が不可欠だと明記しており、重要な判断軸の1つとなります。C2は市場にかかわるシナジーが期待できる一方、C3は収益の上げ方にかかわるシナジーが期待できます。

▶ 思考プロセスを整理するための仕分け

順位づけの根拠や理由を問いかけたところ、[8] ほとんどの投資家が重要だと判断した項目から順に説明してくれました。そのため、本研究では言

7　川上（2021）は、成功する企業は価値獲得に重点を置いてビジネスモデルを構想し、多様な収益源によって価値獲得を行うべきだと述べています。
8　Eisenhardt(1989)の調査手順に従い、音声を録音して書き起こし、24時間以内に詳細なインタビューノートを作成し、協議を重ねました。

及した順番に留意しつつ、最も重視したと考えられる箇所に１位、次に重視した箇所に２位、その次の箇所に３位という数字を記録しました。

そのうえで、言及箇所を５つの評価項目（①ビジネスモデルの内容、②市場の内容、③ビジネスモデルの数、④市場の数、⑤シナジー効果）のいずれに該当するのかを仕分けました。

たとえば、ある投資家は「私が個人的にいつも思っているのがストック型のビジネスのほうが全般的に優れているビジネスモデルだということです」と発言しています。この発言は「①ビジネスモデルの内容」に仕分けられます。

また、別の投資家は「この資料を見て投資判断するにあたって、私はタッチポイントの多さで順位をつけました」と述べています。これは「ビジネスモデルの数」に仕分けました。そして、「クリニックによって獲得したデータをフィットネス向けのユーザーにも活用できれば、２つの顧客を連携させられます。会社の強みになると思いました」という発言は、⑤シナジー効果に仕分けられます。

私たちは、アナリスト、ファンドマネージャー、ベンチャーキャピタリストという３つの異なる投資家ごとに集計を行い、分析の結果をまとめました。彼らはビジネスモデル・ポートフォリオの４パターンのうち、どのパターンを高く評価するのでしょうか。また彼らは、５つの項目をどのように見て評価しているのでしょうか。

4 立場によって見方が違う

▶ 役割の違い

　一般に投資運用会社では、アナリストとファンドマネージャーは、それぞれの役割を分担して投資活動を行っています。アナリストは専門性の高い知識から企業分析を行い、ファンドマネージャーに結果を報告します。立場上、分析的なアプローチで評価を行う可能性が高いため、ビジネスモデルの個々の特性に注目しているはずです。

　一方、最終的な投資の意思決定を行うのはファンドマネージャーです。彼らは分析の結果に基づいて迅速な意思決定をする必要があるため、直感的で全体論的なアプローチで投資判断を行っているといわれます（第8章参照）。それゆえポートフォリオ全体が考慮されると考えられます。果たしてこのようなコントラストは認められるのでしょうか。

▶ アナリスト

　図表16-3には、アナリストA～Fの6人の分析結果が示されています。図表16-4に集計されているように、6人のうち5人が「横展開型」を第1位に選んでおり、残りの1人も第2位にこれを選んでいます。このことから、今回の調査に協力してくださったアナリストは「横展開型」のビジネスモデル・ポートフォリオを高く評価していることがわかります。

　一方、評価項目については、人によって注目したポイントが異なっていました。ただし、モデル内容を重視したアナリストが3分の2を占めます。アナリストはビジネスモデルの全体に先立ち、稼ぐ部分に焦点を当てて分析しているようです。

図表16-3　アナリストA〜Fの評価一覧

順位	A	①モデル内容	②市場内容	③モデル数	④市場数	⑤シナジー
3	特化型				3	
2	融業型				3	
1	横展開型	1				2
4	多角化型				3	

順位	B	①モデル内容	②市場内容	③モデル数	④市場数	⑤シナジー
4	特化型		1	1		
3	融業型		1	1		
2	横展開型		1	1		
1	多角化型		1	1		

順位	C	①モデル内容	②市場内容	③モデル数	④市場数	⑤シナジー
4	特化型		2		2	
2	融業型					
1	横展開型	1			1	
2	多角化型					

順位	D	①モデル内容	②市場内容	③モデル数	④市場数	⑤シナジー
2	特化型					
2	融業型					
1	横展開型	1			1	
4	多角化型					2

順位	E	①モデル内容	②市場内容	③モデル数	④市場数	⑤シナジー
1	特化型	1				
3	融業型					1
1	横展開型					1
4	多角化型					1

順位	F	①モデル内容	②市場内容	③モデル数	④市場数	⑤シナジー
3	特化型					
3	融業型					
1	横展開型		1			
1	多角化型		1			

図表16-4 アナリストA〜Fが重視する評価項目についての集計

回答者	1位のポートフォリオ	①モデル内容	②市場内容	③モデル数	④市場数	⑤シナジー
A	横展開型	1				
B	多角化型		1	1		
C	横展開型	1			1	
D	横展開型	1			1	
E	横展開型(条件付きで特化)	1				1
F	横展開型(条件付きで多角化)		1			
合計		4	2	1	2	1
割合		67%	33%	17%	33%	17%

「リスクが少ないストック型のビジネスモデルが優れているとしたら、横展開ができているほうが当然良いので、C3が一番魅力的です」(投資家D)

「個人的に思っているのがストック型のビジネスのほうが優れたビジネスモデルだということです。業績の安定性やリソースの組み方がいいので競合に対する優位性を維持しやすいと思っています。一方で、卸売りはあまり付加価値が創出できているとは思えないので物流拠点とかにリソースを割くぐらいなら不要です」(投資家A)

他のアナリストも、ストック型のサブスクリプションモデルを高く評価し、フロー型の卸売りのビジネスモデルを低く評価する傾向がありました。

▶ ファンドマネージャー

図表16-5には、ファンドマネージャーの個別の分析結果が示されています。この結果から、ファンドマネージャーの5人のうち3人が「横展開型」を第1位に、残りの2人が「融業型」を第1位に選んでいることがわかります。

図表16-5 　ファンドマネージャーG〜Kの評価一覧

順位	G	①モデル内容	②市場内容	③モデル数	④市場数	⑤シナジー
3	特化型		2			
2	融業型		2	3		
1	横展開型					1
4	多角化型					1

順位	H	①モデル内容	②市場内容	③モデル数	④市場数	⑤シナジー
2	特化型	1	2			
3	融業型	1				
1	横展開型	1				1
4	多角化型					1

順位	I	①モデル内容	②市場内容	③モデル数	④市場数	⑤シナジー
4	特化型					1
1	融業型					1
2	横展開型					1
2	多角化型					1

順位	J	①モデル内容	②市場内容	③モデル数	④市場数	⑤シナジー
4	特化型				3	
1	融業型					1
3	横展開型					1
1	多角化型		1			1

順位	K	①モデル内容	②市場内容	③モデル数	④市場数	⑤シナジー
4	特化型				2	
2	融業型					1
1	横展開型					1
3	多角化型					1

図表16-6　ファンドマネージャーG〜Kが重視する評価項目についての集計

回答者	1位のポートフォリオ	①モデル内容	②市場内容	③モデル数	④市場数	⑤シナジー
G	横展開型					1
H	横展開型	1				1
I	融業型					1
J	融業型（条件付きで多角化）		1			1
K	横展開型					1
合計		1	1	0	0	5
割合		20%	20%	0%	0%	100%

驚くべきことに、評価項目については、5人のファンドマネージャー全員がシナジーの項目を最優先にしていました（図表16-6）。彼らは「融業型」や「横展開型」を選んだ理由として、次のように説明してくれました。

「C3（横展開型）は、幅広い領域をプラットフォーマーとして押さえられるイメージがあります。医療、フィットネスだけでなく他の業界にもサブスクリプションモデルを横断的に展開できると思いました。それと比べてC4（多角化型）を一番下にしたのは、この会社がどう儲けるのかというストーリー性を感じなかったからです」

「C2（融業型）は、医療とクリニックと利用者との関係が、医療機器の販売を含めて強そうです。その強い顧客基盤に新たなサービスを載せることができれば優位性を生み出すことができます」

今回の調査対象となったファンドマネージャーは、単にビジネスモデルの強さだけではなく、それを展開する成長ストーリーの有無を投資判断のカギとしているようです。C2の「融業型」は小売モデルが含まれていますが、その顧客基盤を他に活用できれば成長にプラスになります。ファン

ドマネージャーは、ビジネスモデルからストーリーを紡ぎ出し、成長の論理を読み解いているようです。

私たちのインタビュー調査では、アナリストとファンドマネージャーの思考の違いについて次のような指摘がありました。

「ファンドマネージャーの能力とアナリストの能力は本質的に違うものだと思います。ファンドマネージャーはアートが不可欠で、バランスがとれている必要があります。アナリストは逆にしっかり分析する。最終的な売買の判断はファンドマネージャーがすればよいので、正しい分析を伝えることが大切なのです」（投資家H）

一般的に、アナリストは自ら担当する業界セクターが定められており、専門分化が進んでいます。各業界における優れたビジネスモデルや、業界の特性といった内容に精通し、分析アプローチからビジネスモデルの評価を行っている可能性が高いのです。

一方、意思決定者は全体を見て投資判断を行うため、ビジネスモデルやターゲット市場の内容そのものよりも、ビジネスモデルの数や、市場の数、シナジー効果が働くか否かが重要な判断材料となるようです。

▶ **ステージの違い**

駆け出しのスタートアップと、業界を代表する大企業とでは、投資家の評価ポイントも異なります。アーリーステージの場合、資源が分散すると事業が立ち上がらなくなるので、資源の集中をもたらす「特化」が望ましいはずです。しかし、企業が成長して上場間近になると、シナジーを追求する「融業」や「横展開」が好まれるかもしれません。[9]

9　投資案件の各段階における基準に注目したPetty and Gruber（2011）は、初期のスクリーニングでは製品の特性が重視され、後期では取引構造や財務評価が重要な基準となると述べています。

▶ ベンチャーキャピタリスト

　普段からスタートアップに接しているベンチャーキャピタリストたちは、上場企業を顧客にするアナリストやファンドマネージャーと異なる傾向を示すのでしょうか。今回の調査では、対象となったベンチャーキャピタリストは「特化型」や「融業型」の企業を高く評価する傾向があることがわかりました（図表16-7）。

　彼らにとっては、ビジネスモデルの内容や市場内容などの項目は優先順位が高くありません。彼らが問題としているのは展開する市場の数なのです（図表16-8）。その理由について、ベテランのベンチャーキャピタリストは次のように語ってくれました。

「僕らベンチャーキャピタリストは手堅い経営をしてほしいわけではないのです。電子カルテ事業にリソースを集中させ、この事業をより大きく成長させてもらいたい。システムを洗練させ、電子カルテだけを担当する営業人材を雇って電子カルテを販売する、利益がマイナスになってでも一点にリソースをかけてほしい」

「C2は、利用料のストック収入と機器販売のフロー収入を得ていますが、同じ顧客を対象としています。それゆえ経営資源を集中することが可能になり、効率を上げて成長できると考えました」

図表16-7 ベンチャーキャピタリストL〜Oの評価一覧

順位	L	①モデル内容	②市場内容	③モデル数	④市場数	⑤シナジー
1	特化型	2			2	
1	融業型					1
3	横展開型					1
4	多角化型					1

順位	M	①モデル内容	②市場内容	③モデル数	④市場数	⑤シナジー
1	特化型			1	1	
2	融業型			1	1	2
3	横展開型					
3	多角化型					

順位	N	①モデル内容	②市場内容	③モデル数	④市場数	⑤シナジー
2	特化型				1	
1	融業型				1	2
3	横展開型				1	2
4	多角化型				1	2

順位	O	①モデル内容	②市場内容	③モデル数	④市場数	⑤シナジー
1	特化型				1	
3	融業型	3				
2	横展開型					2
4	多角化型	3				

図表16-8 ベンチャーキャピタリストL〜Oが重視する評価項目についての集計

回答者	1位のポートフォリオ	①モデル内容	②市場内容	③モデル数	④市場数	⑤シナジー
L	特化型・融業型					1
M	特化型			1	1	
N	融業型				1	
O	特化型				1	
合計		0	0	1	3	1
割合		0%	0%	25%	75%	25%

ベンチャーキャピタリストは、普段から体力のないスタートアップ企業に投資を行っています。ハンズオンで経営に深くかかわるベンチャーキャピタリストにとって、多様な成長可能性を秘めたシンプルなビジネスモデルは魅力的なようです。あるベンチャーキャピタリストは「特化型」を好む理由として次のように述べました。

　「自分が投資家として深くかかわるなら、C1を選びます。C1はシンプルですが、C2やC3に進化していく可能性があります。大きな成長を見込んで投資できるので、投資家にとって良いオポチュニティになると思います」（投資家O）

　なお、ベンチャーキャピタリストにとっては「融業型」も魅力的に映るようです。すでに開拓した顧客に対して、関連製品・サービスを提供できれば効率的に成長できるからでしょう。
　それでは「横展開型」はどうでしょうか。実績のあるビジネスモデルを多重利用できれば、効率的な成長が見込まれます。しかし、新たな市場開拓は側から見るよりも容易ではないのかもしれません。実際、あるベンチャーキャピタリストは、スタートアップが複数の市場に展開するのは、資金面でも人員面でも難しいといいます。見解が分かれるようです。
　最後に、「多角化型」は資源の分散をもたらすため、予想どおりベンチャーキャピタリストからは敬遠されました。

5　成長ステージで望まれるビジネスモデル

　以上のことから、今回の調査において、アーリーステージのベンチャーを対象とする投資家は、資源の分散を引き起こすビジネスモデル・ポート

フォリオを低く評価する一方で、資源の集中を促すビジネスモデル・ポートフォリオを高く評価するということがわかりました。具体的には、「特化型」や「融業型」の企業を高く評価する傾向があるのです。

一方、レイトステージ（本書でいう成長段階）のベンチャーを対象とする投資家は資源の分散を引き起こすビジネスモデル・ポートフォリオを低く評価する一方で、シナジー効果が見込まれるビジネスモデル・ポートフォリオを高く評価するということがわかりました。具体的には「横展開型」や「融業型」は持続的な成長が見込まれると見なし、高く評価する傾向があるということがあるのです。

このような傾向、安定的な成長が求められるレイトステージに近づくにつれて「横展開型」や「融業型」に期待が集まるという傾向は、ビジネスモデル・ポートフォリオを提唱するサバティエたちの主張と一致するものです。

また、私たちが行った別の実証調査でもこのような傾向が認められています。[10] 私たちは多様なビジネスモデルの組み合わせが観測できる情報通信業界を対象（2003〜19年のグロース市場の上場企業から192社を選び、1653企業年のパネルデータ）に、ビジネスモデル・ポートフォリオと企業価値や業績との因果を分析した結果、少数市場で多数のビジネスモデルを組み合わせる「融業型」と多数市場で少数のビジネスモデルを複製する「横展開型」が好業績をもたらすと示されました。[11]「融業型」は資本効率を高めて利益を生み出す傾向があること、「横展開型」が投資家から高い評価を受けて企業価値を高めるということが示唆されたのです。

序章でも述べたように、第3の成長の段階では、安定性を維持しつつ成長できるかが評価されます。ここではそのスタートアップが株式公開（IPO）するのに十分な事業基盤を持っているかが問題になります。

---

10 近藤・井上（2024）。
11 企業価値（トービンのq）ならびに業績（ROA）との因果を吟味しました。

評価をするのは、上場企業を対象とする機関投資家です。証券会社や資産運用会社の機関投資家は、社会からの高い関心やシンボリックな製品よりも、確固たる売上や利益という実績に関心を持つものです。

　テック系スタートアップが株式を公開して資金を集めるためには、従業員、サプライヤー、顧客、投資家を含む多様な利害関係者の利益のバランスをとり、安定的に事業を継続するためのビジネスモデルを築き上げる必要があるのだと考えられます。

テック系起業家へのメッセージ

一輪であるがゆえのこの美しさ。
それ以外はすべて摘んでおきました。

——茶人 千利休

1 テック系スタートアップの ビジネスモデル

▶ **シンプルで美しい**

　職業柄、「強いビジネスモデルとは何か」と問われることがあります。ビジネスモデルの専門家として、何をどのように評価し、その優劣を見定めるのかということについての質問です。

　いろいろなポイントがあるので一言で言い表せるものではありません。しかし、時間をかけて精査する前に、直感的に見ていることがあります。それが下記の2つです。

- わかりやすいこと
- 奥行きがあること

　わかりやすいビジネスモデルは、何をやっている会社なのか、価値づくりが明確です。学術的な言葉を使えば、アイデンティティが明確だということにも通じます。そして、どのように儲けているかの説明も容易です。顧客に刺さる製品やサービスを手際良く提供するための論理がはっきりしているのです。

　一方、奥行きのあるビジネスモデルというのは、興味を持って調べてみると、感心させられるようなポイントが次から次へと出てくるものです。「神は細部に宿る」というような一貫性があったり、「真似できそうで真似できない」という模倣困難性を感じさせたりします。これならいけると周囲を魅了し、将来の発展可能性を感じさせてくれるのです。

　世界経済を牽引するGAFAも、わかりやすくて奥行きの深いビジネスモデルを提示して、Jカーブの成長軌道を描けたように思います（図表17-1）。

図表17-1 | GAFAのビジネスモデル

	ビジネスモデルの分類	ポートフォリオの種類
グーグル	広告モデル	特化型
アマゾン	流通小売＋継続＋マッチング	多角化型
フェイスブック	広告モデル	横展開型
アップル	製造販売＋継続＋補完財PF	融業型

　いずれも本格的な成長期に入る前から、価値づくりと儲けの仕組みが明確でした。さらに成長とともに一貫性を高めつつ、模倣困難性を確かなものにしていきました。そうしたからこそ、発展性への期待もますます高まり、好循環が作動したのだと考えられます。

　わが国にも、わかりやすくて奥行きがある会社はいくつかあります。たとえばリクルートは、マッチングモデルを基軸としています（縁結びのリボンモデル）。マッチングモデルは成果報酬を基本としますが、実際の契約締結をもって成果とするのか、資料請求をもって成果とするのかさまざまなバリエーションがあります。業種やサービスの性質によって、メディアの作り方も最適な設定は異なります。実に奥行きが深いのです。

　ニトリは、SPAという垂直統合型のビジネスモデルを構築しています。モデルの性質上、企画、生産、流通、販売までを一気通貫で最適化しなければなりませんが、衣料とは異なり、家具は体積が大きくかさばります。配送コストを節約するために、分解設計して組み立てられるようにしなければなりません。情報システムも整備して、在庫を最適化し、流通の仕組みを築き上げるだけの奥行きを備えています。

いずれも、新しい業態を確立して持続的な成長を続ける企業です。奥行きが深い会社は、限られた経営資源しか持ち合わせていなくても、それを特定の価値創造のベクトルにうまく組み合わせて、高いプレゼンスを誇っています。

　その一方で、有名な大企業でも、社歴とともに儲けの構造が複雑になってくると説明しきれなくなります。「あれもやっている、これもやっている」「結局、何の会社かが伝わらない」「保有する経営資源のわりに、企業価値を生み出せていない」……。豊富な資源を価値創造につなげられていない印象を与えます。

　世界有数の投資ファンドからすると、日本の大企業の多くは、あちらこちらに手を出していて多角化の度合いが高く、ビジネスモデルが読み取りにくいそうです。

「日本の優良企業というのは、ビジネスモデル全体で複数の事業をうまく関連させている。しかし、まったく関連していない事業もあって、そこに対しては、ポートフォリオ改革を促すために、どのように整理するのかという対話をします」

　そうであるがゆえに、相互にどのように関連しているかを対話することが大切だといいます。複雑なビジネスモデルはダメだと言い切ることはできません。

　しかし、少なくともスタートアップのビジネスモデルはシンプルで美しいものであるべきです。スタートアップは実績がないので、将来成長するロジックについて、しっかり説明できて、投資家たちに期待を抱かせるものでなければならないのです。

▶ 期待を抱かせる

　序章で、テック系スタートアップは、構想期、商業期、成長期という3

つのステージを経て成長すると説明しました。構想期においては、技術の確かさが評価されます。政府の機関が助成金を与えるにしても、評価するのは専門分野の研究者です。ビジネスモデルよりも技術そのものに注目が集まります。

しかし、商業期においては、様相が異なります。技術を活用して、本当にビジネスが立ち上がるのか。ただでさえ理解して評価するのが難しい先進技術です。わかりやすく説明しなければ、投資家からは見向きもされないことでしょう。価値づくりが明確でなければ、大きな期待を集めることはできません。

そして、成長期にもなると、わかりやすさだけでは物足りなく感じられます。株式公開しても成長は持続するのか、グロース市場で試され、スタンダードやプライム市場への移行が評価されます。

テック系スタートアップの難しさは、技術開発と市場浸透の不確実性が、二重に押し寄せてくる点です。「本当に期待が持てる技術なのか」「社会に実装されて市場が生まれるのか」……。技術の不確実性を乗り越えた後に、次に押し寄せる市場の不確実性を乗り切らなければならないからです。

このときに大切なのがビジネスモデルの奥行きです。底が浅ければ将来の成長は限られたものとなります。一貫性が失われてしまうと、場当たり的な多角化に陥ります。模倣困難性が確保できなければ、競争に巻き込まれてしまいます。

奥行きのあるスタートアップは、調べていても、どんどん面白くなるものです。[1] 投資家にとっても同じことで期待が膨らみます。資本調達を勝ち取るスタートアップは、わかりやすいだけではなく、奥行きも備えているように思われます。成長とともに奥行きが大切になるというわけです。

1　伊丹敬之教授は、優れた研究は、間口は狭くても奥行きが深いといいます（伊丹、2001）。投資家たちも、これと同じような条件を満たしたビジネスには関心を示すように思われます。

2 学術と実践から見えてきたこと

本書を締めくくるにあたって、各章で伝えてきたメッセージを振り返ることにしましょう。いずれも「起業の常識」に反する、ある種の意外性を感じさせるものですが、学術研究と実例に裏づけられた知見です。

その1　基本的な精神属性が起業を決定するわけではない

生まれながらの気質や才能が起業の始まりになるとは限りません。むしろ、ユニークな経験を通じて知識や情報を得て、それに照らし合わせることで得られる気づきこそが大切です。[2]

ある人が知っている情報を別の人は知らないということを「情報の非対称性」といいますが、この非対称性があるからこそチャンスに気づくことができます。これは心的特性の問題ではありません。「生まれながらの起業家」と自覚していなくても、起業家になることはできるのです。

その2　飛び込む前に躊躇して、目を凝らせ

チャンスに気づいても、最初の市場選択には慎重であるべきです。どの市場で勝負するかによって、将来の売上や利益が大きく異なるからです。自らの専門知識と経験から見つけたチャンスというのは特別に感じられます。その劇的な出会いに興奮してしまうと、さらなる探索は、あまり行われません。「熟達した連続起業家であれば、躊躇せずに飛び込むに違いない」と思い込み、他の可能性を十分に検討することなく決めてしまうのです。

しかしながら、最初の市場を選ぶとき、「チャンスあり」と感じても、

2　Shane (2000).

すぐに飛び込むべきではありません。高いパフォーマンスを上げる連続起業家は、複数の可能性を十分に検討してから最初の市場を選び出していることが実証されているのです。[3]

その3　必要なときに必要な人材を招き入れられるとは限らない

　優れたチームを編成できれば、多様な市場機会を見つけやすくなり、成長のステージを乗り切るチャンスも高まります。テック系起業家の場合、技術には精通していますが、ビジネスについての経験は十分ではないので、多様性を意識的に高める必要があります。

　しかし必要なメンバーは、必要なときに追加できるとは限りません。類は友を呼ぶということわざのとおり、最初の創業チームがエンジニア中心で構成されていれば、その部下となる経営幹部もエンジニア中心となりやすくなるものです。組織に慣性が働き、初期の構造が長期にわたって維持されかねません。[4]

　後からオンデマンドで人を採用して配置できるという楽観主義に陥ることなく、最初の創業チームを最適化していくべきです。

その4　先入観を取り除き、グレーゾーンをホワイト化する

　新しい技術によって生み出しうる市場機会は、これまでの規制でカバーできるものとは限りません。テック系の起業家は、製品やサービスを世に出すにあたって、ときに法律のグレーゾーンをホワイト化することが求められます。規制を先取りして寄り添うのか、あるいは市場の支持を得るのか、その判断が迫られるのです。

　規制の固さや社会状況にもよりますが、規制当局に対する思い込みや先入観を取り除くことが大切です。規制当局は、消費者を保護しつつも、イノベーションを阻害しないように注意を払います。後ろ向きの発言があっ

3　Gruber et al.（2008）.
4　Beckman and Burton（2008）.

たとしても、既得権益を守っているのではなく、技術の可能性と製品・サービスの特性を理解していないだけかもしれません。最新の研究によれば、対話を重ねて共により良い社会を実現する「共創戦略」も有効だといいます。[5]

その5　ビジネスモデルは短期、中期、長期でクリアに語る

　製品・サービスが具現化すると、次はいよいよビジネスモデルです。複雑なビジネスモデルでも、基本パターンを組み合わせれば独自性の高いものを設計することができます。[6] 資金調達に成功している起業家は、時間軸を見据えて設計します。

　まず、短期でもマネタイズできる着実なビジネスモデルを示し、信頼を勝ち取ります。次に、スケールのきっかけとなる中期的なモデルを加え、最後に、長期的な視野から成長を加速させるモデルを語ります。

　迷いがある起業家は、覚悟が定まらず、さまざまなビジネスモデルを模索します。市場との対話でビジネスモデルが明確になると同時に、自らのミッションの具現化の方法がわかり、アイデンティティを定めていくのです。

その6　具体性や機能性は控え、ピボットを許容する広がりを持たせる

　ピボットを恐れていては、優れたビジネスモデルは設計できません。致命的なリスクをとらずに小さな実験を繰り返す。そのプロセスで方向転換が必要になります。成功したスタートアップの約9割がピボットを経験しており、ビジネスモデルづくりにおいて、ピボットは不可避なのです。

　しかし、ピボットは「嫌われ者」です。これまでの時間やエネルギーが無駄になるだけでなく、下手をすると「話が違う」と投資家から見放されます。イノベーションのプロセスというのは迂回的にならざるをえないの

5　Gao and McDonald（2022）.
6　近藤・井上（2024）。

ですが、不信感を募らせてしまうのです。大切なのは「想定内のピボットだ」と伝えることです。

具体的には、最初から、①「抽象的なフレーム」をつくり上げて操縦する余地をつくる、②「正当化の橋渡し」をしてフレームの継続性を示す、③ピボットを「融和的なレトリック」で包み込んで既存顧客をつなぎ止める、ということです。[7]

その7　複数の顔を併せ持ちつつも、統合されたアイデンティティを築く

とはいえ、テック系のスタートアップは、どのような社会的価値を生み出すのかがわかりません。構想期、商業期、成長期と進むプロセスで、さまざまな顔を併せ持たざるをえないのです。「本当に成功している企業というのは、既存のカテゴリーに当てはまらない、事業内容を説明しにくい企業」だとすれば、どうすればよいのでしょうか。

さまざまな顔を併せ持っていても、すべてが有機的に結びついていれば、投資家からの期待と信頼を勝ち取ることができます。最初の顔は技術、次の顔は製品・サービス、それらがビジネスモデルとして統合され、1つのアイデンティティを形成すれば、大きな期待を集めることもできるのです。[8]

その8　パートナーであるVCの意思決定プロセスを理解する

ベンチャー投資家は、スタートアップの何を見て投資判断を下しているのでしょうか。投資家の意思決定プロセスを理解していなければ、しかるべき対策を打つことができません。投資家は、たとえ情報が不完全な状況であっても、迅速に判断しなければなりません。「自分だけが知っている」という情報が得られれば、その優位性がなくなる前に意思決定する必要があるからです。

7　McDonald and Guo（2019）.
8　Wry et al.（2014）.

このときに役立つのが専門知識と豊かな経験に基づく直感です。「先に直感を働かせて、その後に論理的に検証する」というのが基本のようです。
　そして、投資家の直感と熟慮は、次の6つの要因に依存します。①起業家に共感を覚えるか、②個人的な関係を築けるか、③自らの専門性と合っているか、④投資家コミュニティはどう評価しているか、⑤支援コストは不当に高くないか、⑥自らの説明責任を果たせそうか、というような点で意思決定を下しているといわれます。[9]

その9　早期のM&Aを試しつつ、様子を見ながら柔軟に判断する

　テック系スタートアップのEXIT戦略は、IPO（株式公開）だけではありません。その多くは、大企業へのM&A（吸収合併）によって完結します。早期のM&Aを決めておけば、無駄な準備や投資をしなくても済みます。販売チャネルや営業担当者を整備する必要がないので、限られたリソースを、技術や製品の開発に集中させられます。
　しかし、早期の技術やプロトタイプは未熟なものです。リスクも高いので、関心を示す買い手は、おのずと少なくなり、ディスカウントされかねません。製品化・事業化に自信のある創業チームは、ある程度完成度を高めてから後期にM&Aをしようと考えます。
　M&A市場が未成熟だと、M&A事例が十分に集まらず、企業価値の相場が適切に形成されません。実績として売却と買収が成立していないのですから、どうしても控え目なものとなってしまいます。意思決定のタイミングを先延ばしにするため、早期のM&Aを試しつつ、様子を見ながら柔軟に判断するというのが1つの方策となります。[10]

その10　競争環境についての独自の認識によって、盲点をつく

　限られた経営資源しか持たないスタートアップにとって大切なのは、自

9　Fisher and Neubert（2023）.
10　Arora et al.（2021）.

分が誰と戦っているかの認識です。誰と戦っているかという1対1の認識を超えて、業界内の複雑な競争環境の全体を把握するのです。

　いかなる会社も潜在的なライバルすべてに目配りをすることはできません。強い注意や関心は、ある競争相手には向けられますが、他の競争相手には向けられません。しかも、その注意や関心はお互いに向けられているとは限らないので、競争上の盲点が生じることもあります。

　最近の学術研究では、競争に対して一風変わった見方をする企業は、より革新的な製品・サービスを提供するといわれています。業界内のライバルたちとは異なる認識で競争環境を捉えることで、より多くの利益が得られるといわれます。[11]

その11　バリュードライバーの組み合わせを最適化する

　IPOのときにアピールすべき1つのポイントは、「ビジネスモデルの価値創造力」です。起業家は、事業のバリュードライバーをうまく機能させ、それを財務パフォーマンスに結びつけなければなりません。

　そのための方法は4つあります。①ビジネスモデルを成立させる取引や活動を新しくして新規性を高める、②個々の取引当たりのコストを低下させて効率性を高める、③いくつかの活動を束ねて補完性を生み出し、別々に活動するよりも価値が高まるようにする、④継続的につながるロックインによって生み出される価値を高める。

　4つのドライバーは単独でも機能しますが、組み合わせても効果を発揮します。起業家は、新規性を軸としつつも、自らのビジネスに適合する組み合わせを探っていく必要があります。[12]

その12　中心にいながら外部と橋渡しする

　スタートアップは、戦略的な資源を獲得し、それを開発して、上手に活

11　Thatchenkery and Katila（2021）.
12　Leppänen et al.（2023）.

用できなければなりません。そのためには必要な情報や経営資源にアクセスしてイノベーションを誘発する必要があります。学術研究では、中心に位置しつつ外部との橋渡しをするような企業からイノベーションが生まれやすいといわれます。[13] また、成功したスタートアップ事例を見ても、同様のことを読み取れました。

　起業家自らが、その業界にいたからこそ得られた知識や人脈もあります。その起業家が、外部の世界と結びつくことで実行力も得ることができる。中心で大切にされている価値観を尊重しつつ、周辺で得られた技術を活用することでイノベーションを引き起こせるのです。

その13　模倣によって新技術の価値をリフレームする

　テック系の起業家は成長ステージに合わせてビジネスモデルを見直し、必要に応じて転換していかなければなりません。それは、自社の強みや儲けの仕組みをリフレームすること、新たな視点や枠組みで再解釈することを意味します。

　異業種のビジネスモデルを模倣することによって、これまでにない価値の創造を実現させるという方法があります。業界外で実績のあるモデルを移植するほうが、ゼロから独自のビジネスモデルを考案するよりも失敗するリスクは低いからです。

　ビジネスモデルの新規性のメリットは、新規性の高いテクノロジーと組み合わされて初めて発揮されます。[14] 業界内の支配的なビジネスモデルが、新しいテクノロジーと相性が良いとは限りません。新規テクノロジーと組み合わせることで、複雑で解読困難な模倣困難性を実現できるかもしれないのです。

13　Stam and Elfring（2008）.
14　Frankenberger and Stam（2020）.

その14　M&Aによる市場の創造と支配を心がける

　M&Aをうまく活用すれば、市場の拡大とともに事業を拡大することも夢ではありません。まず、将来を見越して、競争が過当にならないように手を打っておくことが大切です。当該スタートアップにとって厄介なもの、相性が悪いものは、買収して排除します。

　既存の大手企業の新規参入を阻止するためのM&Aも忘れてはなりません。既存大手は、スタートアップを買収することで、新興市場に容易に参入することができます。脅威を防ぐために、そのスタートアップが大手に買収されないように、先んじて手を打っておくべきです。

　そのうえで、新興市場の急速な拡大とともに、自社の領域を広げることが大切です。小規模であってもライバルを買収すれば、市場のカバー率を高めることができます。大切なのは自社との補完的な領域を担っている企業を買収することです。[15] M&Aによって、「○○といえば××」というような存在になれるかもしれません。

その15　正当性を高めて成長の循環を引き起こす

　スタートアップが成長の3段階をクリアしていくためには、国の助成機関、VC、そして、機関投資家から高い評価を得る必要があります。そのためのカギは正当性です。

　正当性があれば、スタートアップは必要な資源を有する関係者たちにアクセスできます。資本、技術、人材、顧客の支持、人脈などを得る機会が生まれます。経営資源が得られれば、「生存」が可能になり、それが実績となって正当性が高まります。豊かな経営資源を背景にした追加的な戦略もとりやすくなり、成長の好循環が作動します。

　正当性を高める方法は4つあります。①ルールに従い、社会の要求や期待に合わせる、②自らの活動のあり方が受け入れられる国や業界を選ぶ、

15　Santos and Eisenhardt（2009）.

③会社と環境が調和するように環境に働きかける、④規制の空白領域で新しいルールや価値観を植えつける。これらを状況に応じて使い分け、組み合わせる必要があります。[16]

その16　資源の集中とシナジーを両立させる

　グロース市場に上場した第3段階の成長ステージでは、投資家は企業の将来性を評価するにあたって、どのような点に注目するのでしょうか。最終的な投資の意思決定を行うファンドマネージャーは、経験に裏づけられた直感をもとに、全体論的なアプローチで投資判断を行います。この段階で投資家にとって大切なのは個別のビジネスモデルだけではありません。むしろ、その組み合わせ方にあります。

　スタートアップにとって望ましいビジネスモデルのポートフォリオは2つあります。1つは、得意とする市場にさまざまな製品やサービスを展開して、手堅く成長する「融業型」です。もう1つは、得意とするビジネスモデルをさまざまな市場（国や業種）に水平展開する「横展開型」です。いずれも投下する資源を集中させつつも、何らかのシナジーを生み出して成長できるポートフォリオです。[17]

　テック系の起業家は、次から次へと立ちはだかる壁を乗り越えなければなりません。それは、Jカーブの各ステージに固有の「異次元の課題」です。課題の中には、直面してから十分対応できる課題も多いのですが、後からでは克服しにくい課題もあります。つまり、事前に手を打っておかなければ、解消するのが難しいという性質を持っているのです。

　極論すれば、「初期条件が運命を決める」わけです。非常に不利な状況を自ら招いてはなりません。一握りの成功体験やメディアの通説を鵜呑みにすることなく、冷静かつ論理的に準備していきましょう。

16　Zimmerman and Zeitz（2002）.
17　井上・近藤（2023）；近藤・井上（2024）。

あとがき

　テック系の起業家にとって、自社が扱っている技術というのは「虎の子」のようなものです。大切に育て上げ、社会実装させなければなりません。この技術をもとに立ち上げたスタートアップは、自分のキャリアを賭けた唯一無二の会社となります。それゆえ、起業家は破綻させないために懸命に努力します。

　ところが、テック系の事業というのは、立ち上げるまでに時間がかかるうえ、その後に急成長するようなことも稀です。気が遠くなるような年月が必要なこともあり、起業家としては、その道のりをどのように乗り切るのか、いかにして理想とするビジネスモデルを実現するのかに頭を悩ませます。理想を実現するためには、たとえ外部からの資金が途絶えてもなんとか生き延びてチャンスをつなごうとすることでしょう。食い扶持となる事業を立ち上げたり、複数の事業を抱えてリスクを分散させようとしたりするのは、そのためです。

　実際、本書で紹介したスタートアップの多くは、長期戦を覚悟してすぐに収益に結びつくようなビジネスを社内に立ち上げていました。

　エイターリンクはオフィス事業、インテグリカルチャーは化粧品受託事業、アトミスは受託開発、プランテックスはスーパーとの提携事業、テラドローンは産業ソリューション事業を、それぞれ手掛けることで生き残りを確実にし、将来の拡大戦略に備えています。インタビューでも、本命とする事業が軌道に乗るまでの資金を確保する必要があると語った起業家が多かったように思えます。

　しかし、投資をするベンチャーキャピタリストにとって、このような行動は必ずしも望ましいわけではありません。

「VCとしては手堅いビジネスを行ってほしいわけではない」

というコメントが、それを裏づけます。リスクを分散させるような活動に割くエネルギーがあるぐらいなら、それを本命の事業に集中させてほしいのです。

　VCにとって、そのスタートアップというのは、数多くある投資先の1つにすぎません。10のうち1つが大きく成長すればよいのです。複数の投資先でリスク分散するという考え方がベースになっています。

　ここにリスク分散のあるべき姿についての非対称性が生まれます。起業家は、自分の会社をオンリーワンの存在と見なし、社内の複数の事業を保有することによってリスクを分散しようとします。これに対して投資家は、当該企業はワンノブゼムだと見なし、複数のスタートアップへの投資によってリスクを分散させます。個々のスタートアップに対しては、リスクを承知のうえで集中してほしいと考えるのです。

　このような非対称性は、短いタイムスパンで挑戦を繰り返すのが難しい、日本のテック系のスタートアップにおいて生まれやすいと考えられます。日本のように一度の失敗がマイナスに評価されたり、1回の勝負に年月を要するテック系だったりすると、起業家は「虎の子」の当該事業を簡単に諦めることができなくなるからです。

　しかし、そうであるからこそ、短いタイムスパンで挑戦を繰り返す方法を考えなければなりません。シリコンバレーでは失敗は学習の機会だとしてプラスに評価されるので、起業家は短期の挑戦を繰り返すことができます。テック系であっても、同じ技術の用途について、連続起業家が何度もトライアルを繰り返すことができます。

　また、M&A市場も発達しているので、すべての経営資源を短期間で集中させて開発を進め、後の成長を大企業に委ねることもできます。産業全体で見れば、短いタイムスパンでたくさん勝負することができるので、急成長のビジネスモデルが生まれるわけです。

　日本の産業においても、このようなテック系スタートアップを育てるインフラを構築する必要があるのかもしれません。

本書の作成にあたっては、たくさんの方々の協力を得ました。

　まず、筆者にビジネスモデル研究のきっかけを与えてくださった恩師、加護野忠男先生に感謝申し上げます。ビジネスモデルは世界的には、21世紀に差しかかるネットバブルの時期に注目を集め始めた概念ですが、先生はその10年近くも前からビジネスシステムとして概念化されていました。キーコンセプトが生まれる息遣いを間近で見て大いに刺激を受け、実践的な経営学に目覚めることができました。先生の世界観の一部でも引き継ぐことができているのであれば幸いです。本書の仕上げに差しかかった2024年の年末、加護野先生は逝去されました。この場を借りて、ご冥福をお祈り申し上げます。

　そして、本書の取材に協力してくださったテック系の起業家の皆さまに感謝申し上げます。複数回にわたったインタビューにお付き合いいただき、技術の内容からビジネスモデルまで、実にわかりやすく丁寧に説明してくださいました。

　この素晴らしい起業家たちとの出会いは、NEDO（国立研究開発法人新エネルギー・産業技術総合開発機構）の受託調査なしには実現しませんでした。「NEDOプロジェクトにおけるスタートアップ企業のアウトカム指標の調査」において、専門的な視点と豊かな経験からご助言くださった上坂真様、塚越常雄様、和泉茂一様に感謝申し上げます。また、NEDO調査の中で大学発ベンチャーの実際についてご教示くださった早稲田大学アカデミックソリューションの神谷卓郎様にもお礼申し上げます。

　資金調達に注目すべきだという基本的な視座の妥当性については、起業研究の専門家とも意見を交わしました。早稲田大学の樋原伸彦准教授、神戸大学の忽那憲治教授、京都大学の山田仁一郎教授、東京大学の舟津昌平講師からは、深い学識と数々のヒントを頂戴しました。

　本書の執筆にあたっては、井上達彦研究室の大学院生からの支援も得ることができました。早稲田大学大学院商学研究科の坂井貴之さんと近藤祐

大さんは、本書の取材の資料収集や整理を引き受け、すべての取材に同行してくださり、ビジネスモデルを図解化する作業を手伝ってくれました。彼らとは有益な議論を重ね、共著論文を書くことができました。これらの論文のエッセンスを本書で紹介できることを嬉しく感じます。

　本書のもととなるインタビューは、東洋経済オンラインの「日本発イノベーションは世界を席巻するか」という企画がもとになっています。記事の掲載にあたってさまざまな調整をしてくださった黒崎亜弓さんにお礼申し上げます。

　最後になりましたが、東洋経済新報社の佐藤敬さんには、本書の企画段階から粘り強く支援していただきました。途中、弱音を吐くような場面もありましたが、「(爆発的に売れなくても)社会に役立つ書籍を」と元気づけてくださいました。読者の皆さまのお役に立てる書籍になったかどうかは別にして、前向きな気持ちで進められたのは、佐藤さんの励ましとご助言があったからこそです。

　ありうべき誤謬は筆者に帰せられるべきものでありますが、皆さまのお力添えなしには一冊の書籍にまとめることはできなかったと実感しています。そして、本書を手に取って最後までお付き合いいただいた読者の皆さまには、最大級のお礼を申し上げます。

参考文献

板橋悟
　2010.『ビジネスモデルを見える化する ピクト図解』ダイヤモンド社.

伊丹敬之
　2001.『創造的論文の書き方』有斐閣.

井上達彦
　2006.「事業システムの P-VAR 分析——不完備な収益原理を超えて」『早稲田大学商学研究科紀要』62：1-20.
　2012.『模倣の経営学——偉大なる会社はマネから生まれる』日経 BP 社.
　2019.『ゼロからつくるビジネスモデル』東洋経済新報社.

————・近藤祐大
　2023.「投資家に評価されるビジネスモデル」『一橋ビジネスレビュー』71(2)：74-88.

————・藤沢涼生
　2021.『マンガでやさしくわかるビジネスモデル』日本能率協会マネジメントセンター.

加護野忠男・井上達彦
　2004.『事業システム戦略——事業の仕組みと競争優位』有斐閣.

川上昌直
　2021.『収益多様化の戦略——既存事業を変えるマネタイズの新しいロジック』東洋経済新報社.

楠木建
　2015.「解説 良い模倣、悪い模倣」井上達彦『模倣の経営学——偉大なる会社はマネから生まれる』日経ビジネス人文庫，pp.318-328.

近藤祐大・井上達彦
　2024.「ビジネスモデル・ポートフォリオの実証研究」『組織科学』57(3)：33-47.

坂井貴之・井上達彦

2024.「ベンチャー研究の潮流を読み解く――計量書誌分析を用いたシステマティックレビュー」Jxiv（DOI: https://doi.org/10.51094/jxiv.985）.

2025.「アントレプレナーシップ研究の潮流を読み解く――計量書誌分析を用いたシステマティックレビュー」AAOS Transactions（投稿中）.

清水洋

2016.『ジェネラル・パーパス・テクノロジーのイノベーション――半導体レーザーの技術進化の日米比較』有斐閣.

田村正紀

2006.『リサーチ・デザイン――経営知識創造の基本技術』白桃書房.

出川通

2004.『技術経営の考え方――MOTと開発ベンチャーの現場から』光文社新書.

Abhishek, and Srivastava, M.

2021. "Mapping the Influence of Influencer Marketing: A Bibliometric Analysis." *Marketing Intelligence and Planning* 39(7): 979-1003.

Alvarez, S. A., and J. B. Barney.

2007. "Discovery and Creation: An Explanatory Model of Entrepreneurial Action." *Academy of Management Review* 32(1): 154-174.

Amit, R., and C. Zott.

2001. "Value Creation in E-business." *Strategic Management Journal* 22(6-7): 493-520.

Arora, A., A. Fosfuri, and T. Rønde.

2021. "Waiting for the Payday? The Market for Startups and the Timing of Entrepreneurial Exit." *Management Science* 67(3): 1453-1467.

Baker, T., and R. Nelson.

2005. "Creating Something from Nothing: Resource Construction through Entrepreneurial Bricolage." *Administrative Science Quarterly* 50(3): 329-366.

Barney, J.

1991. "Firm Resources and Sustained Competitive Advantage." *Journal of Management* 17(1): 99-120.

Baron, R. A., and M. D. Ensley.

2006. "Opportunity Recognition as the Detection of Meaningful Patterns: Evidence from Comparisons of Novice and Experienced Entrepreneurs." *Management Science* 52(9): 1331-1344.

Beckman, C. M., and M. D. Burton.

2008. "Founding the Future: Path Dependence in the Evolution of Top Management Teams from Founding to IPO." *Organization Science* 19(1): 3-24.

Begley, T. M., and D. P. Boyd.

1987. "Psychological Characteristics Associated with Performance in Entrepreneurial Firms and Smaller Businesses." *Journal of Business Venturing* 2(1): 79–93.

Bhide, A. V.

2000. *The Origin and Evolution of New Businesses*. Oxford University Press.

Bikhchandani, S., D. Hirshleifer, and I. Welch.

1992. "A Theory of Fads, Fashion, Custom, and Cultural Change as Informational Cascades." *Journal of Political Economy* 100(5): 992-1026.

Bingham, C. B., and K. M. Eisenhardt.

2011. "Rational Heuristics: What Firms Explicitly Learn from Their Process Experiences." *Strategic Management Journal* 32(13): 1437-1464.

Cardon, M. S., J. Wincent, J. Singh, and M. Drnovsek.

2009. "The Nature and Experience of Entrepreneurial Passion." *Academy of Management Review* 34(3): 511–532.

Casadesus-Masanell, R., and F. Zhu.

    2010. "Strategies to Fight Ad-sponsored Rivals." *Management Science* 56(9): 1484-1499.

Chen, C. C., P. G. Greene, and A. Crick.

    1998. "Does Entrepreneurial Self-efficacy Distinguish Entrepreneurs from Managers?" *Journal of Business Venturing* 13(4): 295-316.

Christensen, C. M.

    1997. *The Innovator's Dilemma: When New Technologies Cause Great Firms to Fail*. Harvard Business Review Press（玉田俊平太監修, 伊豆原弓訳『イノベーションのジレンマ——技術革新が巨大企業を滅ぼすとき（増補改訂版）』翔泳社, 2001年）.

Covin, J. G., and D. P. Slevin.

    1989. "Strategic Management of Small Firms in Hostile and Benign Environments." *Strategic Management Journal* 10(1): 75-87.

Cusumano, M. A., A. Gawer, and D. B. Yoffie.

    2019. *The Business of Platforms: Strategy in the Age of Digital Competition, Innovation, and Power*. Harper Business（青島矢一監訳『プラットフォームビジネス——デジタル時代を支配する力と陥穽』有斐閣, 2020年）.

Dane, E., and M. G. Pratt.

    2007. "Exploring Intuition and Its Role in Managerial Decision Making." *Academy of Management Review* 32(1): 33-54.

Donthu, N., S. Kumar, D. Mukherjee, N. Pandey, and W. M. Lim.

    2021. "How to Conduct a Bibliometric Analysis: An Overview and Guidelines." *Journal of Business Research* 133: 285-296.

Eisenhardt, K. M.

    1989. "Building Theories from Case Study Research." *Academy of Management Review* 14(4): 532-550.

Fauchart, E., and M. Gruber.

    2011. "Darwinians, Communitarians, and Missionaries: The Role of Founder Identity in Entrepreneurship." *Academy of Management Journal* 54(5): 935-957.

Fisher, G., and E. Neubert.

    2023. "Evaluating Ventures Fast and Slow: Sensemaking, Intuition, and Deliberation in Entrepreneurial Resource Provision Decisions." *Entrepreneurship Theory and Practice* 47(4): 1298-1326.

———, Kotha, S., and A. Lahiri.

    2016. "Changing with the Times: An Integrated View of Identity, Legitimacy, and New Venture Life Cycles." *Academy of Management Review* 41(3): 383-409.

Fiske, S., and S. Taylor.

    1991. *Social Cognition* (2nd ed.). McGraw-Hill.

Frankenberger, K., and W. Stam.

    2020. "Entrepreneurial Copycats: A Resource Orchestration Perspective on the Link between Extra-industry Business Model Imitation and New Venture Growth." *Long Range Planning* 53(4): 101872.

Gao, C., and R. McDonald.

    2022. "Shaping Nascent Industries: Innovation Strategy and Regulatory Uncertainty in Personal Genomics." *Administrative Science Quarterly* 67(4): 915-967.

Gauthier, É.

    1998. "Bibliometric Analysis of Scientific and Technological Research: A User's Guide to the Methodology." Science and Technology Redesign Project Statistics. Ottawa, Ontario, Canada: Observatoire des Sciences et des Technologies (CIRST).

Gavetti, G., and J. W. Rivkin.

 2007. "On the Origin of Strategy: Action and Cognition Over Time." *Organization Science* 18(3): 420-439.

Geletkanycz, M. A., and D. C. Hambrick.

 1997. "The External Ties of Top Executives: Implications for Strategic Choice and Performance." *Administrative Science Quarterly* 42(4): 654-681.

Gruber, M., I. C. MacMillan, and J. D. Thompson.

 2008. "Look before you Leap: Market Opportunity Identification in Emerging Technology Firms." *Management science* 54(9): 1652-1665.

Hiatt, S. R., and W. D. Sine.

 2014. "Clear and Present Danger: Planning and New Venture Survival Amid Political and Civil Violence." *Strategic Management Journal* 35(5): 773-785.

Hsu, D. H.

 2008. "Technology-based Entrepreneurship." In S. Shane (ed.), *Handbook of technology and Innovation Management*, Wiley, pp.367-388.

Kahneman, D.

 2011. *Thinking, Fast and Slow*. Farrar, Straus and Giroux（村井章子訳『ファスト＆スロー――あなたの意思はどのように決まるか？（上・下）』ハヤカワ文庫, 2014年）.

Kaplan, S. N., B. A. Sensoy, and P. Strömberg.

 2009. "Should Investors Bet on the Jockey or the Horse? Evidence from the Evolution of Firms from Early Business Plans to Public Companies." *Journal of Finance* 64(1): 75-115.

Klein, G.

 2008. "Naturalistic Decision Making." *Human Factors: Journal of the Human Factors and Ergonomics Society* 50(3): 456-460.

Kraatz, M. S., and E. S. Block.
>2008. "Organizational Implications of Institutional Pluralism." In R. Greenwood, C. Oliver, K. Sahlin, and R. Suddaby (eds.), *The Sage Handbook of Organizational Institutionalism*, Sage Publications, pp.243-275.

Leppänen, P., G. George, and O. Alexy.
>2023. "When do Novel Business Models Lead to High Performance? A Configurational Approach to Value Drivers, Competitive Strategy, and Firm Environment." *Academy of Management Journal* 66(1): 164-194.

Lumpkin, G. T., and G. G. Dess.
>1996. "Clarifying the Entrepreneurial Orientation Construct and Linking it to Performance." *Academy of Management Review* 21(1): 135-172.
>2001. "Linking Two Dimensions of Entrepreneurial Orientation to Firm Performance: The Moderating Role of Environment and Industry Life Cycle." *Journal of Business Venturing* 16(5): 429-451.

MacMillan, I. C., R. Siegel, and P. S. Narasimha.
>1985. "Criteria Used by Venture Capitalists to Evaluate New Venture Proposals." *Journal of Business Venturing* 1(1): 119-128.

Marx, M., J. S. Gans, and D. H. Hsu.
>2014. "Dynamic Commercialization Strategies for Disruptive Technologies: Evidence from the Speech Recognition Industry." *Management Science* 60(12): 3103-3123.

Maurer, I., and M. Ebers.
>2006. "Dynamics of Social Capital and Their Performance Implications: Lessons from Biotechnology Start-ups." *Administrative Science Quarterly* 51(2) : 262-292.

McClelland, D. C.
>1961. *The Achieving Society*. Van Nostrand.

McDonald, R., and C. Gao.

 2019. "Pivoting Isn't Enough? Managing Strategic Reorientation in New Ventures." *Organization Science* 30(6): 1289-1318.

――――, and K. Eisenhardt.

 2020. "Parallel Play: Startups, Nascent Markets, and Effective Business-Model Design." *Administrative Science Quarterly* 65(2): 483-523.

Miller, D.

 1983. "The Correlates of Entrepreneurship in Three Types of Firms." *Management Science* 29(7) : 770-791.

Nahapiet, J., and S. Ghoshal.

 1998. "Social Capital, Intellectual Capital, and the Organizational Advantage." *Academy of Management Review* 23(2): 242-266.

Navis, C., and M. A. Glynn.

 2011. "Legitimate Distinctiveness and the Entrepreneurial Identity: Influence on Investor Judgments of New Venture Plausibility." *Academy of Management Review* 36(3): 479-499.

Osterwalder, A., and Y. Pigneur.

 2010. *Business Model Generation: A Handbook for Visionaries, Game Changers, and Challengers*. Wiley（小山龍介訳『ビジネスモデル・ジェネレーション――ビジネスモデル設計書　ビジョナリー，イノベーターと挑戦者のためのハンドブック』翔泳社，2012 年).

Ozcan, P., and F. M. Santos.

 2015. "The Market that Never Was: Turf Wars and Failed Alliances in Mobile Payments." *Strategic Management Journal* 36(10): 1486-1512.

Park, C. W., S. Y. Jun, and A. D. Shocker.

 1996. "Composite Branding Alliances: An Investigation of Extension and Feedback Effects." *Journal of Marketing Research* 33(4): 453-466.

Petty, J., and M. Gruber.
>2011. "'In Pursuit of the Real Deal': A Longitudinal Study of VC Decision Making." *Journal of Business Venturing* 26(2): 172-188.

Posen, H. E., J. M. Ross, B. Wu, S. Benigni, and Z. Cao.
>2023. "Reconceptualizing Imitation: Implications for Dynamic Capabilities, Innovation, and Competitive Advantage." *Academy of Management Annals* 17(1): 74-112.

Powell, W. W., and K. W. Sandholtz.
>2012. "Amphibious Entrepreneurs and the Emergence of Organizational Forms." *Strategic Entrepreneurship Journal* 6(2): 94-115.

―――, K. W. Koput, and L. Smith-Doerr.
>1996. "Interorganizational Collaboration and the Locus of Innovation: Networks of Learning in Biotechnology." *Administrative Science Quarterly* 41(1): 116-145.

Prahalad, C. K., and R. A. Bettis.
>1986. "The Dominant Logic: A New Linkage between Diversity and Performance." *Strategic Management Journal* 7(6): 485-501.

Ries, E.
>2011. *The Lean Startup: How Today's Entrepreneurs Use Continuous Innovation to Create Radically Successful Businesses*. Crown Business（井口耕二訳，伊藤穰一解説『リーン・スタートアップ――ムダのない起業プロセスでイノベーションを生みだす』日経BP，2012年）.

Rindova, V., E. Dalpiaz, and D. Ravasi.
>2011. "A Cultural Quest: A Study of Organizational Use of New Cultural Resources in Strategy Formation." *Organization Science* 22(2): 413-431.

Sabatier, V., V. Mangematin, and T. Rousselle.
>2010. "From Recipe to Dinner: Business Model Portfolios in the European Biopharmaceutical Industry." *Long Range Planning* 43(2-3): 431-447.

Salas, E., M. A. Rosen, and D. DiazGranados.
　2010. "Expertise-based Intuition and Decision Making in Organizations." *Journal of Management* 36(4): 941-973.

Santos, F. M., and K. M. Eisenhardt.
　2009. "Constructing Markets and Shaping Boundaries: Entrepreneurial Power in Nascent Fields." *Academy of Management Journal* 52(4): 643-671.

Shane, S.
　2000. "Prior Knowledge and the Discovery of Entrepreneurial Opportunities." *Organization Science* 11(4): 448-469.

―――, and S. Venkataraman.
　2000. "The Promise of Entrepreneurship as a Field of Research." *Academy of Management Review* 25(1): 217-226.

Shenkar, O.
　2010. *Copycats: How Smart Companies Use Imitation to Gain a Strategic Edge*. Harvard Business Press（井上達彦監訳，遠藤真美訳『コピーキャット――模倣者こそがイノベーションを起こす』東洋経済新報社，2013年）.

Shepherd, D. A.
　1999. "Venture Capitalists' Introspection: A Comparison of 'In Use' and 'Espoused' Decision Policies." *Journal of Small Business Management* 37(2): 76-87.

―――, E. J. Douglas, and M. Shanley.
　2000. "New Venture Survival: Ignorance, External Shocks, and Risk Reduction Strategies." *Journal of Business Venturing* 15(5-6): 393-410.

Stam, W., and T. Elfring.
　2008. "Entrepreneurial Orientation and New Venture Performance: The Moderating Role of Intra- and Extra-industry Social Capital." *Academy of Management Journal* 51(1): 97-111.

Stinchcombe, A. L.

    1965. "Social Structure and Organizations." In J. P. March (ed.), *Handbook of Organizations*, Rand McNally, pp.142-193.

Suchman, M. C.

    1995. "Managing Legitimacy: Strategic and Institutional Approaches." *Academy of Management Review* 20(3): 571–610.

Teece, D. J.

    2007. "Explicating Dynamic Capabilities: The Nature and Microfoundations of (Sustainable) Enterprise Performance." *Strategic Management Journal* 28(13): 1319-1350.

Thatchenkery, S., and R. Katila.

    2021. "Seeing What Others Miss: A Competition Network Lens on Product Innovation." *Organization Science* 32(5): 1346-1370.

Tversky, A., and D. Kahneman.

    1983. "Extensional Versus Intuitive Reasoning: The Conjunction Fallacy in Probability Judgment." *Psychological Review* 90(4): 293-315.

Tyebjee, T. T., and A. V. Bruno.

    1984. "A Model of Venture Capitalist Investment Activity." *Management Science* 30(9): 1051-1066.

Venkataraman, S.

    1997. "The Distinctive Domain of Entrepreneurship Research." In J. Katz (ed.), *Advances in Entrepreneurship, Firm Emergence and Growth*, Vol.3, JAI Press, pp.119-138.

Wiklund, J., and D. Shepherd.

    2005. "Entrepreneurial Orientation and Small Business Performance: A Configurational Approach." *Journal of Business Venturing* 20(1): 71-91.

Wry, T., M. Lounsbury, and P. D. Jennings.

    2014. "Hybrid Vigor: Securing Venture Capital by Spanning Categories in Nanotechnology." *Academy of Management Journal* 57(5): 1309-1333.

Zimmerman, M. A., and G. J. Zeitz.

    2002. "Beyond Survival: Achieving New Venture Growth by Building Legitimacy." *Academy of Management Review* 27(3): 414-431.

Zott, C., and R. Amit.

    2007. "Business Model Design and the Performance of Entrepreneurial Firms." *Organization Science* 18(2): 181-199.

    2008. "The Fit between Product Market Strategy and Business Model: Implications for Firm Performance." *Strategic Management Journal* 29(1): 1-26.

Zuckerman, E. W.

    1999. "The Categorical Imperative: Securities Analysts and the Illegitimacy Discount." *American Journal of Sociology* 104(5): 1398-1438.

【著者紹介】
井上達彦（いのうえ　たつひこ）
早稲田大学商学学術院教授。
1968年兵庫県生まれ。92年横浜国立大学経営学部卒業、97年神戸大学大学院経営学研究科博士課程修了、博士（経営学）取得。広島大学社会人大学院マネジメント専攻助教授などを経て、2008年より現職。経済産業研究所（RIETI）ファカルティフェロー、ペンシルベニア大学ウォートンスクール・シニアフェロー、早稲田大学産学官研究推進センター副センター長・インキュベーション推進室長などを歴任。専門はビジネスモデルと競争戦略。
主な著書に『模倣の経営学』『模倣の経営学 実践プログラム版』『ブラックスワンの経営学』（以上、日経BP社）、『ゼロからつくるビジネスモデル』（東洋経済新報社）、『収益エンジンの論理』（編著、白桃書房）、『事業システム戦略』『キャリアで語る経営組織』（以上、共著、有斐閣）などがある。

テック系スタートアップのビジネスモデル
起業の常識を覆す

2025年3月11日発行

著　者──井上達彦
発行者──山田徹也
発行所──東洋経済新報社
　　　　〒103-8345　東京都中央区日本橋本石町1-2-1
　　　　電話＝東洋経済コールセンター　03(6386)1040
　　　　　　　　https://toyokeizai.net/

ブックデザイン・DTP……小林祐司
製　版………………朝日メディアインターナショナル
印　刷………………TOPPANクロレ
編集担当……………佐藤　敬
©2025 Inoue Tatsuhiko　　Printed in Japan　　ISBN 978-4-492-50358-4

　本書のコピー、スキャン、デジタル化等の無断複製は、著作権法上での例外である私的利用を除き禁じられています。本書を代行業者等の第三者に依頼してコピー、スキャンやデジタル化することは、たとえ個人や家庭内での利用であっても一切認められておりません。
　落丁・乱丁本はお取替えいたします。